BIELORRUSSO
VOCABULÁRIO

PALAVRAS MAIS ÚTEIS

PORTUGUÊS BIELORRUSSO

Para alargar o seu léxico e apurar as suas competências linguísticas

9000 palavras

Vocabulário Português-Bielorrusso - 9000 palavras
Por Andrey Taranov

Os vocabulários da T&P Books destinam-se a ajudar a aprender, a memorizar, e a rever palavras estrangeiras. O dicionário é dividido em temas, cobrindo todas as principais esferas de atividades quotidianas, negócios, ciência, cultura, etc.

O processo de aprendizagem, utilizando os dicionários baseados em temáticas da T&P Books dá-lhe as seguintes vantagens:

- Informação de origem corretamente agrupada predetermina o sucesso em fases subsequentes da memorização de palavras
- Disponibilização de palavras derivadas da mesma raiz, o que permite a memorização de unidades de texto (em vez de palavras separadas)
- Pequenas unidades de palavras facilitam o processo de estabelecimento de vínculos associativos necessários para a consolidação do vocabulário
- O nível de conhecimento da língua pode ser estimado pelo número de palavras aprendidas

Copyright © 2019 T&P Books Publishing

Todos os direitos reservados. Nenhuma parte desta publicação pode ser reproduzida, total ou parcialmente, por quaisquer métodos ou processos, sejam eles eletrónicos, mecânicos, de fotocópia ou outros, sem a autorização escrita do editor. Esta publicação não pode ser divulgada, copiada ou distribuída em nenhum formato.

T&P Books Publishing
www.tpbooks.com

ISBN: 978-1-78400-845-1

Este livro também está disponível em formato E-book.
Por favor visite www.tpbooks.com ou as principais livrarias on-line.

VOCABULÁRIO BIELORRUSSO
palavras mais úteis

Os vocabulários da T&P Books destinam-se a ajudar a aprender, a memorizar, e a rever palavras estrangeiras. O vocabulário contém mais de 9000 palavras de uso comum organizadas tematicamente.

O vocabulário contém as palavras mais comummente usadas
Recomendado como adicional para qualquer curso de línguas
Satisfaz as necessidades dos iniciados e dos alunos avançados de línguas estrangeiras
Conveniente para o uso diário, sessões de revisão e atividades de auto-teste
Permite avaliar o seu vocabulário

Características especias do vocabulário

- As palavras estão organizadas de acordo com o seu significado, e não por ordem alfabética
- As palavras são apresentadas em três colunas para facilitar os processos de revisão e auto-teste
- As palavras compostas são divididas em pequenos blocos para facilitar o processo de aprendizagem
- O vocabulário oferece uma transcrição simples e adequada de cada palavra estrangeira

O vocabulário contém 256 tópicos incluindo:

Conceitos básicos, Números, Cores, Meses, Estações do ano, Unidades de medida, Roupas & Acessórios, Alimentos & Nutrição, Restaurante, Membros da Família, Parentes, Caráter, Sentimentos, Emoções, Doenças, Cidade, Passeios, Compras, Dinheiro, Casa, Lar, Escritório, Trabalho no Escritório, Importação & Exportação, Marketing, Pesquisa de Emprego, Desportos, Educação, Computador, Internet, Ferramentas, Natureza, Países, Nacionalidades e muito mais ...

TABELA DE CONTEÚDOS

Guia de pronunciação 11
Abreviaturas 12

CONCEITOS BÁSICOS 13
Conceitos básicos. Parte 1 13

1. Pronomes 13
2. Cumprimentos. Saudações. Despedidas 13
3. Como se dirigir a alguém 14
4. Números cardinais. Parte 1 14
5. Números cardinais. Parte 2 15
6. Números ordinais 16
7. Números. Frações 16
8. Números. Operações básicas 16
9. Números. Diversos 16
10. Os verbos mais importantes. Parte 1 17
11. Os verbos mais importantes. Parte 2 18
12. Os verbos mais importantes. Parte 3 19
13. Os verbos mais importantes. Parte 4 20
14. Cores 21
15. Questões 21
16. Preposições 22
17. Palavras funcionais. Advérbios. Parte 1 22
18. Palavras funcionais. Advérbios. Parte 2 24

Conceitos básicos. Parte 2 26

19. Opostos 26
20. Dias da semana 28
21. Horas. Dia e noite 28
22. Meses. Estações 29
23. Tempo. Diversos 31
24. Linhas e formas 32
25. Unidades de medida 32
26. Recipientes 33
27. Materiais 34
28. Metais 35

O SER HUMANO 36
O ser humano. O corpo 36

29. Humanos. Conceitos básicos 36
30. Anatomia humana 36

31. Cabeça 37
32. Corpo humano 38

Vestuário & Acessórios 39

33. Roupa exterior. Casacos 39
34. Vestuário de homem & mulher 39
35. Vestuário. Roupa interior 40
36. Adereços de cabeça 40
37. Calçado 40
38. Têxtil. Tecidos 41
39. Acessórios pessoais 41
40. Vestuário. Diversos 42
41. Cuidados pessoais. Cosméticos 42
42. Joalheria 43
43. Relógios de pulso. Relógios 44

Alimentação. Nutrição 45

44. Comida 45
45. Bebidas 46
46. Vegetais 47
47. Frutos. Nozes 48
48. Pão. Bolaria 49
49. Pratos cozinhados 49
50. Especiarias 50
51. Refeições 51
52. Por a mesa 52
53. Restaurante 52

Família, parentes e amigos 53

54. Informação pessoal. Formulários 53
55. Membros da família. Parentes 53
56. Amigos. Colegas de trabalho 54
57. Homem. Mulher 55
58. Idade 55
59. Crianças 56
60. Casais. Vida de família 57

Caráter. Sentimentos. Emoções 58

61. Sentimentos. Emoções 58
62. Caráter. Personalidade 59
63. O sono. Sonhos 60
64. Humor. Riso. Alegria 61
65. Discussão, conversação. Parte 1 61
66. Discussão, conversação. Parte 2 62
67. Discussão, conversação. Parte 3 64
68. Acordo. Recusa 64
69. Sucesso. Boa sorte. Insucesso 65
70. Conflitos. Emoções negativas 66

| Medicina | 68 |

71. Doenças	68
72. Sintomas. Tratamentos. Parte 1	69
73. Sintomas. Tratamentos. Parte 2	70
74. Sintomas. Tratamentos. Parte 3	71
75. Médicos	72
76. Medicina. Drogas. Acessórios	72
77. Fumar. Produtos tabágicos	73

HABITAT HUMANO	74
Cidade	74

78. Cidade. Vida na cidade	74
79. Instituições urbanas	75
80. Sinais	76
81. Transportes urbanos	77
82. Turismo	78
83. Compras	79
84. Dinheiro	80
85. Correios. Serviço postal	81

Moradia. Casa. Lar	82

86. Casa. Habitação	82
87. Casa. Entrada. Elevador	83
88. Casa. Eletricidade	83
89. Casa. Portas. Fechaduras	83
90. Casa de campo	84
91. Moradia. Mansão	84
92. Castelo. Palácio	85
93. Apartamento	85
94. Apartamento. Limpeza	86
95. Mobiliário. Interior	86
96. Quarto de dormir	87
97. Cozinha	87
98. Casa de banho	88
99. Eletrodomésticos	89
100. Reparações. Renovação	89
101. Canalizações	90
102. Fogo. Deflagração	90

ATIVIDADES HUMANAS	92
Emprego. Negócios. Parte 1	92

103. Escritório. O trabalho no escritório	92
104. Processos negociais. Parte 1	93
105. Processos negociais. Parte 2	94
106. Produção. Trabalhos	95
107. Contrato. Acordo	96
108. Importação & Exportação	97

109. Finanças	97
110. Marketing	98
111. Publicidade	99
112. Banca	99
113. Telefone. Conversação telefónica	100
114. Telefone móvel	101
115. Estacionário	101
116. Vários tipos de documentos	102
117. Tipos de negócios	103

Emprego. Negócios. Parte 2 — 105

118. Espetáculo. Feira	105
119. Media	106
120. Agricultura	107
121. Construção. Processo de construção	108
122. Ciência. Investigação. Cientistas	109

Profissões e ocupações — 110

123. Procura de emprego. Demissão	110
124. Gente de negócios	110
125. Profissões de serviços	111
126. Profissões militares e postos	112
127. Oficiais. Padres	113
128. Profissões agrícolas	113
129. Profissões artísticas	114
130. Várias profissões	114
131. Ocupações. Estatuto social	116

Desportos — 117

132. Tipos de desportos. Desportistas	117
133. Tipos de desportos. Diversos	118
134. Ginásio	118
135. Hóquei	119
136. Futebol	119
137. Esqui alpino	121
138. Ténis. Golfe	121
139. Xadrez	122
140. Boxe	122
141. Desportos. Diversos	123

Educação — 125

142. Escola	125
143. Colégio. Universidade	126
144. Ciências. Disciplinas	127
145. Sistema de escrita. Ortografia	127
146. Línguas estrangeiras	128

147. Personagens de contos de fadas	129
148. Signos do Zodíaco	130

Artes   131

149. Teatro	131
150. Cinema	132
151. Pintura	133
152. Literatura & Poesia	134
153. Circo	134
154. Música. Música popular	135

Descanso. Entretenimento. Viagens   137

155. Viagens	137
156. Hotel	137
157. Livros. Leitura	138
158. Caça. Pesca	140
159. Jogos. Bilhar	141
160. Jogos. Jogar cartas	141
161. Casino. Roleta	141
162. Descanso. Jogos. Diversos	142
163. Fotografia	142
164. Praia. Natação	143

EQUIPAMENTO TÉCNICO. TRANSPORTES   145
Equipamento técnico. Transportes   145

165. Computador	145
166. Internet. E-mail	146
167. Eletricidade	147
168. Ferramentas	147

Transportes   150

169. Avião	150
170. Comboio	151
171. Barco	152
172. Aeroporto	153
173. Bicicleta. Motocicleta	154

Carros   155

174. Tipos de carros	155
175. Carros. Carroçaria	155
176. Carros. Habitáculo	156
177. Carros. Motor	157
178. Carros. Batidas. Reparação	158
179. Carros. Estrada	159
180. Sinais de trânsito	160

PESSOAS. EVENTOS	161
Eventos	161

181.	Férias. Evento	161
182.	Funerais. Enterro	162
183.	Guerra. Soldados	162
184.	Guerra. Ações militares. Parte 1	164
185.	Guerra. Ações militares. Parte 2	165
186.	Armas	166
187.	Povos da antiguidade	168
188.	Idade média	169
189.	Líder. Chefe. Autoridades	170
190.	Estrada. Caminho. Direções	171
191.	Viloação da lei. Criminosos. Parte 1	172
192.	Viloação da lei. Criminosos. Parte 2	173
193.	Polícia. Lei. Parte 1	174
194.	Polícia. Lei. Parte 2	175

NATUREZA	177
A Terra. Parte 1	177

195.	Espaço sideral	177
196.	A Terra	178
197.	Pontos cardeais	179
198.	Mar. Oceano	179
199.	Nomes de Mares e Oceanos	180
200.	Montanhas	181
201.	Nomes de montanhas	182
202.	Rios	182
203.	Nomes de rios	183
204.	Floresta	183
205.	Recursos naturais	184

A Terra. Parte 2	186

206.	Tempo	186
207.	Tempo extremo. Catástrofes naturais	187
208.	Ruídos. Sons	187
209.	Inverno	188

Fauna	190

210.	Mamíferos. Predadores	190
211.	Animais selvagens	190
212.	Animais domésticos	191
213.	Cães. Raças de cães	192
214.	Sons produzidos pelos animais	193
215.	Animais jovens	193
216.	Pássaros	194
217.	Pássaros. Canto e sons	195
218.	Peixes. Animais marinhos	195
219.	Amfíbios. Répteis	196

220.	Insetos	197
221.	Animais. Partes do corpo	197
222.	Ações dos animais	198
223.	Animais. Habitats	199
224.	Cuidados com os animais	199
225.	Animais. Diversos	200
226.	Cavalos	200

Flora 202

227.	Árvores	202
228.	Arbustos	202
229.	Cogumelos	203
230.	Frutos. Bagas	203
231.	Flores. Plantas	204
232.	Cereais, grãos	205
233.	Vegetais. Verduras	206

GEOGRAFIA REGIONAL 207
Países. Nacionalidades 207

234.	Europa Ocidental	207
235.	Europa Central e de Leste	209
236.	Países da ex-URSS	210
237.	Asia	211
238.	América do Norte	213
239.	América Central do Sul	213
240.	Africa	214
241.	Austrália. Oceania	215
242.	Cidades	215
243.	Política. Governo. Parte 1	216
244.	Política. Governo. Parte 2	218
245.	Países. Diversos	219
246.	Grupos religiosos mais importantes. Confissões	219
247.	Religiões. Padres	221
248.	Fé. Cristianismo. Islão	221

TEMAS DIVERSOS 224

249.	Várias palavras úteis	224
250.	Modificadores. Adjetivos. Parte 1	225
251.	Modificadores. Adjetivos. Parte 2	227

500 VERBOS PRINCIPAIS 230

252.	Verbos A-B	230
253.	Verbos C-D	231
254.	Verbos E-J	234
255.	Verbos L-P	236
256.	Verbos Q-Z	238

GUIA DE PRONUNCIAÇÃO

Letra	Exemplo Bielorrusso	Alfabeto fonético T&P	Exemplo Português
A a	Англія	[a]	chamar
Б б	бульба	[b]	barril
В в	вечар	[v]	fava
Г г	галава	[ɦ]	agora
Д д	дзіця	[d]	dentista
Дж дж	джаз	[dʒ]	adjetivo
Е е	метр	[ɛ]	mesquita
Ё ё	вясёлы	[jɔ]	ioga
Ж ж	жыццё	[ʒ]	talvez
З з	заўтра	[z]	sésamo
І і	нізкі	[i]	sinónimo
Й й	англійскі	[j]	géiser
К к	красавік	[k]	kiwi
Л л	лінія	[l]	libra
М м	камень	[m]	magnólia
Н н	Новы год	[n]	natureza
О о	опера	[ɔ]	emboço
П п	піва	[p]	presente
Р р	морква	[r]	riscar
С с	соль	[s]	sanita
Т т	трус	[t]	tulipa
У у	ізумруд	[u]	bonita
Ў ў	каўбаса	[w]	página web
Ф ф	футра	[f]	safári
Х х	захад	[h]	[h] aspirada
Ц ц	цэнтр	[ts]	tsé-tsé
Ч ч	пачатак	[tʃ], [c]	Tchau!
Ш ш	штодня	[ʃ]	mês
Ь ь	попельніца	[ʲ]	sinal suave
Ы ы	рыжы	[ɨ]	sinónimo
'	сузор'е	[ˈ]	sinal forte
Э э	Грэцыя	[ɛ]	mesquita
Ю ю	плюс	[ʉ]	nacional
Я я	трусяня	[ja], [ˈa]	Himalaias

Combinações de letras

дз	дзень	[dz]	pizza
дзь	лебедзь	[dʑ]	tajique
дж	джаз	[dʒ]	adjetivo

ABREVIATURAS
usadas no vocabulário

Abreviaturas do Português

adj	-	adjetivo
adv	-	advérbio
anim.	-	animado
conj.	-	conjunção
desp.	-	desporto
etc.	-	etecetra
ex.	-	por exemplo
f	-	nome feminino
f pl	-	feminino plural
fem.	-	feminino
inanim.	-	inanimado
m	-	nome masculino
m pl	-	masculino plural
m, f	-	masculino, feminino
masc.	-	masculino
mat.	-	matemática
mil.	-	militar
pl	-	plural
prep.	-	preposição
pron.	-	pronome
sb.	-	sobre
sing.	-	singular
v aux	-	verbo auxiliar
vi	-	verbo intransitivo
vi, vt	-	verbo intransitivo, transitivo
vr	-	verbo reflexivo
vt	-	verbo transitivo

Abreviaturas do Bielorrusso

ж	-	nome feminino
ж мн	-	feminino plural
м	-	nome masculino
м мн	-	masculino plural
м, ж	-	masculino, feminino
мн	-	plural
н	-	neutro
н мн	-	neutro plural

CONCEITOS BÁSICOS

Conceitos básicos. Parte 1

1. Pronomes

eu	я	[ʲa]
tu	ты	[tʲ]
ele	ён	[ʲon]
ela	яна	[ʲaˈna]
ele, ela (neutro)	яно	[ʲaˈnɔ]
nós	мы	[ˈmɨ]
vocês	вы	[ˈvɨ]
eles, elas	яны	[ʲaˈnɨ]

2. Cumprimentos. Saudações. Despedidas

Olá!	Вітаю!	[viˈtau̯]
Bom dia! (formal)	Вітаю вас!	[viˈtau̯ vas]
Bom dia! (de manhã)	Добрай раніцы!	[dɔbraj ˈranʲitsʲi]
Boa tarde!	Добры дзень!	[dɔbrɨ ˈdzenʲ]
Boa noite!	Добры вечар!	[dɔbrɨ ˈvetʃar]
cumprimentar (vt)	вітацца	[vʲiˈtatsa]
Olá!	Прывітанне!	[priviˈtanne]
saudação (f)	прывітанне (н)	[priviˈtanne]
saudar (vt)	вітаць	[vʲiˈtatsʲ]
Como vai?	Як маецеся?	[ʲak ˈmaetsesʲa]
O que há de novo?	Што новага?	[ʃtɔ ˈnɔvaɦa]
Até à vista!	Да пабачэння!	[da pabaˈtʃɛnnʲa]
Adeus! (formal)	Да пабачэння!	[da pabaˈtʃɛnnʲa]
Até à vista! (informal)	Бывай!	[bɨˈvaj]
Até breve!	Да хуткай сустрэчы!	[da ˈhutkaj susˈtrɛtʃɨ]
Adeus! (sing.)	Бывай!	[bɨˈvaj]
Adeus! (pl)	Бывайце!	[bɨˈvajtse]
despedir-se (vr)	развітвацца	[razˈvitvatsa]
Até logo!	Пакуль!	[paˈkulʲ]
Obrigado! -a!	Дзякуй!	[ˈdzʲakuj]
Muito obrigado! -a!	Вялікі дзякуй!	[vʲaˈlʲiki ˈdzʲakuj]
De nada	Калі ласка.	[kaˈlʲi ˈlaska]
Não tem de quê	Не варта падзякі	[nʲa ˈvarta paˈdzʲaki]
De nada	Няма за што.	[nʲaˈma za ʃtɔ]
Desculpa!	Прабач!	[praˈbatʃ]

Desculpe!	Прабачце!	[pra'batʃtse]
desculpar (vt)	прабачаць	[praba'tʃatsʲ]
desculpar-se (vr)	прасіць прабачэння	[pra'sitsʲ praba'tʃɛnnʲa]
As minhas desculpas	Прашу прабачэння	[pra'ʃu praba'tʃɛnnʲa]
Desculpe!	Выбачайце!	[viba'tʃajtse]
perdoar (vt)	выбачаць	[viba'tʃatsʲ]
Não faz mal	Нічога страшнага.	[ni'tʃɔɣa 'straʃnaɣa]
por favor	калі ласка	[ka'li 'laska]
Não se esqueça!	Не забудзьце!	[ne za'butsʲe]
Certamente! Claro!	Вядома!	[vʲa'dɔma]
Claro que não!	Вядома, не!	[vʲa'dɔma, 'ne]
Está bem! De acordo!	Згодзен!	['zɦɔdzen]
Basta!	Хопіць!	['hɔpitsʲ]

3. Como se dirigir a alguém

Desculpe (para chamar a atenção)	Прабачце, ...	[pra'batʃtse, ...]
senhor	Спадар	[spa'dar]
senhora	Спадарыня	[spa'darinʲa]
rapariga	Спадарыня	[spa'darinʲa]
rapaz	Малады чалавек	[mala'di tʃala'vek]
menino	Хлопчык	['hlɔptʃik]
menina	Дзяўчынка	[dzʲaw'tʃinka]

4. Números cardinais. Parte 1

zero	нуль (м)	['nulʲ]
um	адзін	[a'dzin]
dois	два	['dva]
três	тры	['tri]
quatro	чатыры	[tʃa'tiri]
cinco	пяць	['pʲatsʲ]
seis	шэсць	['ʃɛstsʲ]
sete	сем	['sem]
oito	восем	['vɔsem]
nove	дзевяць	['dzevʲatsʲ]
dez	дзесяць	['dzesʲatsʲ]
onze	адзінаццаць	[adzi'natsatsʲ]
doze	дванаццаць	[dva'natsatsʲ]
treze	трынаццаць	[tri'natsatsʲ]
catorze	чатырнаццаць	[tʃatir'natsatsʲ]
quinze	пятнаццаць	[pʲat'natsatsʲ]
dezasseis	шаснаццаць	[ʃas'natsatsʲ]
dezassete	семнаццаць	[sʲam'natsatsʲ]
dezoito	васемнаццаць	[vasʲam'natsatsʲ]
dezanove	дзевятнаццаць	[dzevʲat'natsatsʲ]

vinte	дваццаць	['dvatsatsʲ]
vinte e um	дваццаць адзін	[dvatsatsʲ a'dzin]
vinte e dois	дваццаць два	[dvatsatsʲ 'dva]
vinte e três	дваццаць тры	[dvatsatsʲ 'tri]
trinta	трыццаць	['tritsatsʲ]
trinta e um	трыццаць адзін	[tritsatsʲ a'dzin]
trinta e dois	трыццаць два	[tritsatsʲ 'dva]
trinta e três	трыццаць тры	[tritsatsʲ 'tri]
quarenta	сорак	['sɔrak]
quarenta e um	сорак адзін	[sɔrak a'dzin]
quarenta e dois	сорак два	[sɔrak 'dva]
quarenta e três	сорак тры	[sɔrak 'tri]
cinquenta	пяцьдзесят	[pʲadzʲa'sʲat]
cinquenta e um	пяцьдзесят адзін	[pʲadzʲa'sʲat a'dzin]
cinquenta e dois	пяцьдзесят два	[pʲadzʲa'sʲat 'dva]
cinquenta e três	пяцьдзесят тры	[pʲadzʲa'sʲat 'tri]
sessenta	шэсцьдзесят	['ʃɛzʲdzesʲat]
sessenta e um	шэсцьдзесят адзін	[ʃɛzʲdzesʲat a'dzin]
sessenta e dois	шэсцьдзесят два	[ʃɛzʲdzesʲat 'dva]
sessenta e três	шэсцьдзесят тры	[ʃɛzʲdzesʲat 'tri]
setenta	семдзесят	['semdzesʲat]
setenta e um	семдзесят адзін	[semdzesʲat a'dzin]
setenta e dois	семдзесят два	[semdzesʲat 'dva]
setenta e três	семдзесят тры	[semdzesʲat 'tri]
oitenta	восемдзесят	['vɔsemdzesʲat]
oitenta e um	восемдзесят адзін	[vɔsemdzesʲat a'dzin]
oitenta e dois	восемдзесят два	[vɔsemdzesʲat 'dva]
oitenta e três	восемдзесят тры	[vɔsemdzesʲat 'tri]
noventa	дзевяноста	[dzevʲa'nɔsta]
noventa e um	дзевяноста адзін	[dzevʲa'nɔsta a'dzin]
noventa e dois	дзевяноста два	[dzevʲa'nɔsta 'dva]
noventa e três	дзевяноста тры	[dzevʲa'nɔsta 'tri]

5. Números cardinais. Parte 2

cem	сто	['stɔ]
duzentos	дзвесце	[dzj'vesʲtse]
trezentos	трыста	['trista]
quatrocentos	чатырыста	[tʃa'tirista]
quinhentos	пяцьсот	[pʲats'sɔt]
seiscentos	шэсцьсот	[ʃɛstsʲ'sɔt]
setecentos	семсот	[sem'sɔt]
oitocentos	восемсот	[vɔsem'sɔt]
novecentos	дзевяцьсот	[dzevʲatsʲ'sɔt]
mil	тысяча	['tisʲatʃa]
dois mil	дзве тысячы	['dzʲve 'tisʲatʃi]

De quem são ...?	тры тысячы	['tri 'tisʲatʃi]
dez mil	дзесяць тысяч	['dzesʲatsʲ 'tisʲatʃ]
cem mil	сто тысяч	['stɔ 'tisʲatʃ]
um milhão	мільён (м)	[mi'lʲɔn]
mil milhões	мільярд (м)	[mi'lʲart]

6. Números ordinais

primeiro	першы	['perʃi]
segundo	другі	[dru'hi]
terceiro	трэці	['trɛtsi]
quarto	чацвёрты	[tʃats'vʲorti]
quinto	пяты	['pʲati]
sexto	шосты	['ʃɔsti]
sétimo	сёмы	['sʲomi]
oitavo	восьмы	['vɔsʲmi]
nono	дзевяты	[dzʲa'vʲati]
décimo	дзесяты	[dzʲa'sʲati]

7. Números. Frações

fração (f)	дроб (м)	['drɔp]
um meio	адна другая	[ad'na dru'haʲa]
um terço	адна трэцяя	[ad'na 'trɛtsææʲa]
um quarto	адна чацвёртая	[ad'na tʃats'vʲortaʲa]
um oitavo	адна восьмая	[ad'na 'vɔsʲmaʲa]
um décimo	адна дзесятая	[ad'na dzʲa'sʲataʲa]
dois terços	дзве трэція	['dzʲve 'trɛtsiʲa]
três quartos	тры чацвёртыя	['tri tʃats'vʲortiʲa]

8. Números. Operações básicas

subtração (f)	адніманне (н)	[adni'manne]
subtrair (vi, vt)	аднімаць	[adni'matsʲ]
divisão (f)	дзяленне (н)	[dzʲa'lenne]
dividir (vt)	дзяліць	[dzʲa'litsʲ]
adição (f)	складанне (н)	[skla'danne]
somar (vt)	скласці	['sklasʲtsi]
adicionar (vt)	прыбаўляць	[pribaw'lʲatsʲ]
multiplicação (f)	множанне (н)	['mnɔʒanne]
multiplicar (vt)	памнажаць	[pamna'ʒatsʲ]

9. Números. Diversos

| algarismo, dígito (m) | лічба (ж) | ['lidʒba] |
| número (m) | лік (м) | ['lik] |

numeral (m)	лічэбнік (м)	[li'tʃɛbnik]
menos (m)	мінус (м)	['minus]
mais (m)	плюс (м)	['plʉs]
fórmula (f)	формула (ж)	['fɔrmula]
cálculo (m)	вылічэнне (н)	[vɨli'tʃɛnne]
contar (vt)	лічыць	[li'tʃitsʲ]
calcular (vt)	падлічваць	[pad'litʃvatsʲ]
comparar (vt)	параўноўваць	[paraw'nɔwvatsʲ]
Quanto, -os, -as?	Колькі?	['kɔlʲki]
soma (f)	сума (ж)	['suma]
resultado (m)	вынік (м)	['vɨnik]
resto (m)	астача (ж)	[as'tatʃa]
alguns, algumas ...	некалькі	['nekalʲki]
um pouco de ...	нямнога	[nʲam'nɔha]
resto (m)	астатняе (н)	[as'tatnʲae]
um e meio	паўтара	[pawta'ra]
dúzia (f)	тузін (м)	['tuzin]
ao meio	напалову	[napa'lɔvu]
em partes iguais	пароўну	[pa'rɔwnu]
metade (f)	палова (ж)	[pa'lɔva]
vez (f)	раз (м)	['ras]

10. Os verbos mais importantes. Parte 1

abrir (vt)	адчыняць	[atʃi'nʲatsʲ]
acabar, terminar (vt)	заканчваць	[za'kantʃvatsʲ]
aconselhar (vt)	раіць	['raitsʲ]
adivinhar (vt)	адгадаць	[adha'datsʲ]
advertir (vt)	папярэджваць	[papʲa'rɛdʒvatsʲ]
ajudar (vt)	дапамагаць	[dapama'hatsʲ]
almoçar (vi)	абедаць	[a'bedatsʲ]
alugar (~ um apartamento)	наймаць	[naj'matsʲ]
amar (vt)	кахаць	[ka'hatsʲ]
ameaçar (vt)	пагражаць	[pahra'ʒatsʲ]
anotar (escrever)	запісваць	[za'pisvatsʲ]
apanhar (vt)	лавіць	[la'vitsʲ]
apressar-se (vr)	спяшацца	[spʲa'ʃatsa]
arrepender-se (vr)	шкадаваць	[ʃkada'vatsʲ]
assinar (vt)	падпісваць	[pat'pisvatsʲ]
atirar, disparar (vi)	страляць	[stra'lʲatsʲ]
brincar (vi)	жартаваць	[ʒarta'vatsʲ]
brincar, jogar (crianças)	гуляць	[hu'lʲatsʲ]
buscar (vt)	шукаць ...	[ʃu'katsʲ ...]
caçar (vi)	паляваць	[palʲa'vatsʲ]
cair (vi)	падаць	['padatsʲ]
cavar (vt)	капаць	[ka'patsʲ]

cessar (vt)	спыняць	[spi'nʲatsʲ]
chamar (~ por socorro)	клікаць	['klikatsʲ]
chegar (vi)	прыязджаць	[prʲiaʒ'dʒatsʲ]
chorar (vi)	плакаць	['plakatsʲ]
começar (vt)	пачынаць	[patʃi'natsʲ]
comparar (vt)	параўноўваць	[paraw'nɔwvatsʲ]
compreender (vt)	разумець	[razu'metsʲ]
concordar (vi)	згаджацца	[zɦa'dʒatsa]
confiar (vt)	давяраць	[davʲa'ratsʲ]
confundir (equivocar-se)	блытаць	['blitatsʲ]
conhecer (vt)	ведаць	['vedatsʲ]
contar (fazer contas)	лічыць	[li'tʃitsʲ]
contar com (esperar)	разлічваць на …	[raz'litʃvatsʲ na …]
continuar (vt)	працягваць	[pra'tsʲaɦvatsʲ]
controlar (vt)	кантраляваць	[kantralʲa'vatsʲ]
convidar (vt)	запрашаць	[zapra'ʃatsʲ]
correr (vi)	бегчы	['beɦtʃi]
criar (vt)	стварыць	[stva'ritsʲ]
custar (vt)	каштаваць	[kaʃta'vatsʲ]

11. Os verbos mais importantes. Parte 2

dar (vt)	даваць	[da'vatsʲ]
dar uma dica	падказаць	[patka'zatsʲ]
decorar (enfeitar)	упрыгожваць	[upri'ɦɔʒvatsʲ]
defender (vt)	абараняць	[abara'nʲatsʲ]
deixar cair (vt)	упускаць	[upus'katsʲ]
descer (para baixo)	спускацца	[spu'skatsa]
desculpar (vt)	прабачаць	[praba'tʃatsʲ]
desculpar-se (vr)	прасіць прабачэння	[pra'sitsʲ praba'tʃɛnnʲa]
dirigir (~ uma empresa)	кіраваць	[kira'vatsʲ]
discutir (notícias, etc.)	абмяркоўваць	[abmʲar'kɔwvatsʲ]
dizer (vt)	сказаць	[ska'zatsʲ]
duvidar (vt)	сумнявацца	[sumnʲa'vatsa]
encontrar (achar)	знаходзіць	[zna'ɦɔdzitsʲ]
enganar (vt)	падманваць	[pad'manvatsʲ]
entrar (na sala, etc.)	уваходзіць	[uva'ɦɔdzitsʲ]
enviar (uma carta)	адпраўляць	[atpraw'lʲatsʲ]
errar (equivocar-se)	памыляцца	[pami'lʲatsa]
escolher (vt)	выбіраць	[vibi'ratsʲ]
esconder (vt)	хаваць	[ha'vatsʲ]
escrever (vt)	пісаць	[pi'satsʲ]
esperar (o autocarro, etc.)	чакаць	[tʃa'katsʲ]
esperar (ter esperança)	спадзявацца	[spadzʲa'vatsa]
esquecer (vt)	забываць	[zabi'vatsʲ]
estudar (vt)	вывучаць	[vivu'tʃatsʲ]
exigir (vt)	патрабаваць	[patraba'vatsʲ]

existir (vi)	існаваць	[isna'vatsʲ]
explicar (vt)	тлумачыць	[tlu'matʃitsʲ]
falar (vi)	гаварыць	[ɦava'ritsʲ]
faltar (clases, etc.)	прапускаць	[prapus'katsʲ]
fazer (vt)	рабіць	[ra'bitsʲ]
gabar-se, jactar-se (vr)	выхваляцца	[vihva'lʲatsa]
gostar (apreciar)	падабацца	[pada'batsa]
gritar (vi)	крычаць	[kri'tʃatsʲ]
guardar (cartas, etc.)	захоўваць	[za'hɔwvatsʲ]
informar (vt)	інфармаваць	[infarma'vatsʲ]
insistir (vi)	настойваць	[na'stɔjvatsʲ]
insultar (vt)	абражаць	[abra'ʒatsʲ]
interessar-se (vr)	цікавіцца ...	[tsi'kavitsa ...]
ir (a pé)	ісці	[is'tsi]
ir nadar	купацца	[ku'patsa]
jantar (vi)	вячэраць	[vʲa'tʃɛratsʲ]

12. Os verbos mais importantes. Parte 3

ler (vt)	чытаць	[tʃi'tatsʲ]
libertar (cidade, etc.)	вызваляць	[vizva'lʲatsʲ]
matar (vt)	забіваць	[zabi'vatsʲ]
mencionar (vt)	згадваць	['zɦadvatsʲ]
mostrar (vt)	паказваць	[pa'kazvatsʲ]
mudar (modificar)	змяніць	[zmʲa'nitsʲ]
nadar (vi)	плаваць	['plavatsʲ]
negar-se a ...	адмаўляцца	[admaw'lʲatsa]
objetar (vt)	пярэчыць	[pʲa'rɛtʃitsʲ]
observar (vt)	назіраць	[nazi'ratsʲ]
ordenar (mil.)	загадваць	[za'ɦadvatsʲ]
ouvir (vt)	чуць	['tʃutsʲ]
pagar (vt)	плаціць	[pla'tsitsʲ]
parar (vi)	спыняцца	[spi'nʲatsa]
participar (vi)	удзельнічаць	[u'dzelʲnitʃatsʲ]
pedir (comida)	заказваць	[za'kazvatsʲ]
pedir (um favor, etc.)	прасіць	[pra'sitsʲ]
pegar (tomar)	браць	['bratsʲ]
pensar (vt)	думаць	['dumatsʲ]
perceber (ver)	заўважаць	[zawva'ʒatsʲ]
perdoar (vt)	выбачаць	[viba'tʃatsʲ]
perguntar (vt)	пытаць	[pi'tatsʲ]
permitir (vt)	дазваляць	[dazva'lʲatsʲ]
pertencer a ...	належаць	[na'leʒatsʲ]
planear (vt)	планаваць	[plana'vatsʲ]
poder (vi)	магчы	[maɦ'tʃi]
possuir (vt)	валодаць	[va'lɔdatsʲ]
preferir (vt)	аддаваць перавагу	[adda'vatsʲ pera'vaɦu]

preparar (vt)	гатаваць	[hata'vatsʲ]
prever (vt)	прадбачыць	[prad'batʃitsʲ]
prometer (vt)	абяцаць	[abʲa'tsatsʲ]
pronunciar (vt)	вымаўляць	[vimaw'lʲatsʲ]
propor (vt)	прапаноўваць	[prapa'nɔwvatsʲ]
punir (castigar)	караць	[ka'ratsʲ]

13. Os verbos mais importantes. Parte 4

quebrar (vt)	ламаць	[la'matsʲ]
queixar-se (vr)	скардзіцца	['skardzitsa]
querer (desejar)	хацець	[ha'tsetsʲ]
recomendar (vt)	рэкамендаваць	[rɛkamenda'vatsʲ]
repetir (dizer outra vez)	паўтараць	[pawta'ratsʲ]

repreender (vt)	лаяць	['laʲatsʲ]
reservar (~ um quarto)	рэзерваваць	[rɛzerva'vatsʲ]
responder (vt)	адказваць	[at'kazvatsʲ]
rir (vi)	смяяцца	[smæˀʲatsa]

roubar (vt)	красці	['krasʲtsi]
saber (vt)	ведаць	['vedatsʲ]
sair (~ de casa)	выходзіць	[vi'hɔdzitsʲ]
salvar (vt)	ратаваць	[rata'vatsʲ]
seguir ...	накіроўвацца ...	[naki'rɔwvatsa ...]

sentar-se (vr)	садзіцца	[sa'dzitsa]
ser necessário	патрабавацца	[patraba'vatsa]
ser, estar	быць	['bitsʲ]
significar (vt)	азначаць	[azna'tʃatsʲ]

| sorrir (vi) | усміхацца | [usmi'hatsa] |
| subestimar (vt) | недаацэньваць | [nedaa'tsɛnʲvatsʲ] |

| surpreender-se (vr) | здзіўляцца | [zʲdziw'lʲatsa] |
| tentar (vt) | спрабаваць | [spraba'vatsʲ] |

| ter (vt) | мець | ['metsʲ] |
| ter fome | хацець есці | [ha'tsetsʲ 'esʲtsi] |

| ter medo | баяцца | [baˀʲatsa] |
| ter sede | хацець піць | [ha'tsetsʲ 'pitsʲ] |

tocar (com as mãos)	кранаць	[kra'natsʲ]
tomar o pequeno-almoço	снедаць	['snedatsʲ]
trabalhar (vi)	працаваць	[pratsa'vatsʲ]

| traduzir (vt) | перакладаць | [perakla'datsʲ] |
| unir (vt) | аб'ядноўваць | [abʲˀad'nɔwvatsʲ] |

vender (vt)	прадаваць	[prada'vatsʲ]
ver (vt)	бачыць	['batʃitsʲ]
virar (ex. ~ à direita)	паварочваць	[pava'rɔtʃvatsʲ]
voar (vi)	ляцець	[lʲa'tsetsʲ]

14. Cores

cor (f)	колер (м)	['kɔler]
matiz (m)	адценне (н)	[a'tsenne]
tom (m)	тон (м)	['tɔn]
arco-íris (m)	вясёлка (ж)	[vʲa'sʲolka]

branco	белы	['belʲi]
preto	чорны	['t͡ʃɔrnʲi]
cinzento	шэры	['ʃɛrʲi]

verde	зялёны	[zʲa'lʲonʲi]
amarelo	жоўты	['ʒɔwtʲi]
vermelho	чырвоны	[t͡ʃir'vɔnʲi]

azul	сіні	['sinʲi]
azul claro	блакітны	[bla'kitnʲi]
rosa	ружовы	[ru'ʒɔvʲi]
laranja	аранжавы	[a'ranʒavʲi]
violeta	фіялетавы	[fiʲa'letavʲi]
castanho	карычневы	[ka'rit͡ʃnevʲi]

dourado	залаты	[zala'tʲi]
prateado	серабрысты	[sera'brʲistʲi]

bege	бэжавы	['bɛʒavʲi]
creme	крэмавы	['krɛmavʲi]
turquesa	бірузовы	[biru'zɔvʲi]
vermelho cereja	вішнёвы	[viʃ'nʲovʲi]
lilás	лiловы	[li'lɔvʲi]
carmesim	малінавы	[ma'linavʲi]

claro	светлы	['svetlʲi]
escuro	цёмны	['tsʲomnʲi]
vivo	яркі	['ʲarkʲi]

de cor	каляровы	[kalʲa'rɔvʲi]
a cores	каляровы	[kalʲa'rɔvʲi]
preto e branco	чорна-белы	[t͡ʃɔrna 'belʲi]
unicolor	аднакаляровы	[adnakalʲa'rɔvʲi]
multicor	рознакаляровы	[rɔznakalʲa'rɔvʲi]

15. Questões

Quem?	Хто?	['htɔ]
Que?	Што?	['ʃtɔ]
Onde?	Дзе?	['dze]
Para onde?	Куды?	[ku'dʲi]
De onde?	Адкуль?	[at'kulʲ]
Quando?	Калі?	[ka'lʲi]
Para quê?	Навошта?	[na'vɔʃta]
Porquê?	Чаму?	[t͡ʃa'mu]
Para quê?	Для чаго?	[dlʲa t͡ʃa'ɦɔ]

Como?	Як?	[ˡak]
Qual?	Які?	[ˡaˈki]
Qual? (entre dois ou mais)	Каторы?	[kaˈtɔri]

A quem?	Каму?	[kaˈmu]
Sobre quem?	Пра каго?	[pra kaˈɦɔ]
Do quê?	Пра што?	[pra ˈʂtɔ]
Com quem?	З кім?	[s kim]

Quanto, -os, -as?	Колькі?	[ˈkɔlʲki]
De quem? (masc.)	Чый?	[ˈt͡ʂɨj]
De quem são? (pl)	Чые?	[t͡ʂɨe?]

16. Preposições

com (prep.)	з	[z]
sem (prep.)	без	[ˈbes]
a, para (exprime lugar)	у	[u]
sobre (ex. falar ~)	аб	[ap]
antes de ...	перад	[ˈperat]
diante de ...	перад ...	[ˈperat ...]

sob (debaixo de)	пад	[ˈpat]
sobre (em cima de)	над	[ˈnat]
sobre (~ a mesa)	на	[na]
de (vir ~ Lisboa)	з	[z]
de (feito ~ pedra)	з	[z]

| dentro de (~ dez minutos) | праз | [ˈpras] |
| por cima de ... | праз | [ˈpras] |

17. Palavras funcionais. Advérbios. Parte 1

Onde?	Дзе?	[ˈdze]
aqui	тут	[ˈtut]
lá, ali	там	[ˈtam]

| em algum lugar | дзесьці | [ˈdzesʲt͡si] |
| em lugar nenhum | нідзе | [niˈdze] |

| ao pé de ... | ля ... | [lʲa ...] |
| ao pé da janela | ля акна | [lʲa akˈna] |

Para onde?	Куды?	[kuˈdɨ]
para cá	сюды	[sʉˈdɨ]
para lá	туды	[tuˈdɨ]
daqui	адсюль	[aˈt͡sʉlʲ]
de lá, dali	адтуль	[atˈtulʲ]

perto	блізка	[ˈbliska]
longe	далёка	[daˈlʲoka]
perto de ...	каля	[kaˈlʲa]

ao lado de	побач	['pɔbatʃ]
perto, não fica longe	недалёка	[neda'lʲoka]
esquerdo	левы	['levi]
à esquerda	злева	['zleva]
para esquerda	налева	[na'leva]
direito	правы	['pravi]
à direita	справа	['sprava]
para direita	направа	[na'prava]
à frente	спераду	['speradu]
da frente	пярэдні	[pʲa'rɛdni]
em frente (para a frente)	наперад	[na'perat]
atrás de ...	ззаду	['zzadu]
por detrás (vir ~)	ззаду	['zzadu]
para trás	назад	[na'zat]
meio (m), metade (f)	сярэдзіна (ж)	[sʲa'rɛdzina]
no meio	пасярэдзіне	[pasʲa'rɛdzine]
de lado	збоку	['zbɔku]
em todo lugar	усюды	[u'sʉdʲi]
ao redor (olhar ~)	навакол	[nava'kɔl]
de dentro	знутры	[znu'tri]
para algum lugar	кудысьці	[ku'disʲtsi]
diretamente	наўпрост	[naw'prɔst]
de volta	назад	[na'zat]
de algum lugar	адкуль-небудзь	[at'kulʲ 'nebutsʲ]
de um lugar	аднекуль	[ad'nekulʲ]
em primeiro lugar	па-першае	[pa 'perʃae]
em segundo lugar	па-другое	[pa dru'hɔe]
em terceiro lugar	па-трэцяе	[pa 'trɛtsʲae]
de repente	раптам	['raptam]
no início	напачатку	[napa'tʃatku]
pela primeira vez	упершыню	[uperʃi'nʉ]
muito antes de ...	задоўга да ...	[za'dɔwɦa da ...]
de novo, novamente	нанава	['nanava]
para sempre	назусім	[nazu'sim]
nunca	ніколі	[ni'kɔli]
de novo	зноўку	['znɔwku]
agora	цяпер	[tsʲa'per]
frequentemente	часта	['tʃasta]
então	тады	[ta'di]
urgentemente	тэрмінова	[tɛrmi'nɔva]
usualmente	звычайна	[zvi'tʃajna]
a propósito, ...	дарэчы, ...	[da'rɛtʃi, ...]
é possível	магчыма	[maɦ'tʃima]
provavelmente	напэўна	[na'pɛwna]

talvez	мабыць	['mabitsʲ]
além disso, ...	акрамя таго, ...	[akra'mʲa ta'ɦɔ, ...]
por isso ...	таму ...	[ta'mu ...]
apesar de ...	нягледзячы на ...	[nʲaɦ'ledzʲatʃi na ...]
graças a ...	дзякуючы ...	['dzʲakuʉtʃi ...]

que (pron.)	што	['ʃtɔ]
que (conj.)	што	['ʃtɔ]
algo	нешта	['neʃta]
alguma coisa	што-небудзь	[ʃtɔ'nebutsʲ]
nada	нічога	[ni'tʃɔɦa]

quem	хто	['htɔ]
alguém (~ teve uma ideia ...)	хтосьці	['htɔsʲtsi]
alguém	хто-небудзь	[htɔ'nebutsʲ]

ninguém	ніхто	[niɦ'tɔ]
para lugar nenhum	нікуды	[ni'kudi]
de ninguém	нічый	[ni'tʃij]
de alguém	чый-небудзь	[tʃij'nebutsʲ]

tão	так	['tak]
também (gostaria ~ de ...)	таксама	[tak'sama]
também (~ eu)	таксама	[tak'sama]

18. Palavras funcionais. Advérbios. Parte 2

Porquê?	Чаму?	[tʃa'mu]
por alguma razão	чамусьці	[tʃa'musʲtsi]
porque ...	бо ...	[bɔ ...]
por qualquer razão	наштосьці	[naʃ'tɔsʲtsi]

e (tu ~ eu)	і	[i]
ou (ser ~ não ser)	або	[a'bɔ]
mas (porém)	але	[a'le]
para (~ a minha mãe)	для	['dlʲa]

demasiado, muito	занадта	[za'natta]
só, somente	толькі	['tɔlʲki]
exatamente	дакладна	[da'kladna]
cerca de (~ 10 kg)	каля	[ka'lʲa]

aproximadamente	прыблізна	[prib'lizna]
aproximado	прыблізны	[prib'lizni]
quase	амаль	[a'malʲ]
resto (m)	астатняе (н)	[as'tatnʲae]

o outro (segundo)	другі	[dru'ɦi]
outro	другі, іншы	[dru'ɦi, in'ʃi]
cada	кожны	['kɔʒni]
qualquer	любы	[lʉ'bi]
muito	шмат	['ʃmat]
muitas pessoas	многія	['mnɔɦiʲa]
todos	усе	[u'se]

em troca de …	у абмен на …	[u ab'men na …]
em troca	наўзамен	[nawza'men]
à mão	уручную	[urutʃ'nuʉ]
pouco provável	наўрад ці	[naw'ratsi]
provavelmente	пэўна	['pɛwna]
de propósito	знарок	[zna'rɔk]
por acidente	выпадкова	[vɨpat'kɔva]
muito	вельмі	['velʲmi]
por exemplo	напрыклад	[na'priklat]
entre	між	['miʃ]
entre (no meio de)	сярод	[sʲa'rɔt]
tanto	столькі	['stɔlʲki]
especialmente	асабліва	[asa'bliva]

Conceitos básicos. Parte 2

19. Opostos

rico	багаты	[ba'ɦati]
pobre	бедны	['bednʲi]
doente	хворы	['hvɔri]
são	здаровы	[zda'rɔvɨ]
grande	вялікі	[vʲa'liki]
pequeno	маленькі	[ma'lenʲki]
rapidamente	хутка	['hutka]
lentamente	павольна	[pa'vɔlʲna]
rápido	хуткі	['hutki]
lento	павольны	[pa'vɔlʲnɨ]
alegre	вясёлы	[vʲa'sʲolɨ]
triste	сумны	['sumnɨ]
juntos	разам	['razam]
separadamente	асобна	[a'sɔbna]
em voz alta (ler ~)	уголас	[u'ɦolas]
para si (em silêncio)	сам сабе	[sam sa'be]
alto	высокі	[vɨ'sɔki]
baixo	нізкі	['niski]
profundo	глыбокі	[ɦlɨ'bɔki]
pouco fundo	мелкі	['melki]
sim	так	['tak]
não	не	[ne]
distante (no espaço)	далёкі	[da'lʲoki]
próximo	блізкі	['bliski]
longe	далёка	[da'lʲoka]
perto	побач	['pɔbatʃ]
longo	доўгі	['dɔwɦi]
curto	кароткі	[ka'rɔtki]
bom, bondoso	добры	['dɔbri]
mau	злы	['zlʲi]
casado	жанаты	[ʒa'nati]

solteiro	халасты	[halas'tɨ]
proibir (vt)	забараніць	[zabara'nitsʲ]
permitir (vt)	дазволіць	[daz'vɔlitsʲ]
fim (m)	канец (м)	[ka'nets]
começo (m)	пачатак (м)	[pa'tʃatak]
esquerdo	левы	['levɨ]
direito	правы	['pravɨ]
primeiro	першы	['perʃɨ]
último	апошні	[a'pɔʃni]
crime (m)	злачынства (н)	[zla'tʃinstva]
castigo (m)	пакаранне (н)	[paka'ranne]
ordenar (vt)	загадаць	[zaɦa'datsʲ]
obedecer (vt)	падпарадкавацца	[patparatka'vatsa]
reto	прамы	[pra'mɨ]
curvo	крывы	[krɨ'vɨ]
paraíso (m)	рай (м)	['raj]
inferno (m)	пекла (н)	['pekla]
nascer (vi)	нарадзіцца	[nara'dzitsa]
morrer (vi)	памерці	[pa'mertsi]
forte	моцны	['mɔtsnɨ]
fraco, débil	слабы	['slabɨ]
idoso	стары	[sta'rɨ]
jovem	малады	[mala'dɨ]
velho	стары	[sta'rɨ]
novo	новы	['nɔvɨ]
duro	цвёрды	['tsvʲordɨ]
mole	мяккі	['mʲakki]
tépido	цёплы	['tsʲoplɨ]
frio	халодны	[ha'lɔdnɨ]
gordo	тоўсты	['tɔwstɨ]
magro	худы	[hu'dɨ]
estreito	вузкі	['vuski]
largo	шырокі	[ʃɨ'rɔki]
bom	добры	['dɔbrɨ]
mau	дрэнны	['drɛnnɨ]
valente	адважны	[ad'vaʒnɨ]
cobarde	баязлівы	[baʲaz'livɨ]

20. Dias da semana

segunda-feira (f)	панядзелак (м)	[panʲaˈdzelak]
terça-feira (f)	аўторак (м)	[awˈtɔrak]
quarta-feira (f)	серада (ж)	[seraˈda]
quinta-feira (f)	чацвер (м)	[tʂatsˈver]
sexta-feira (f)	пятніца (ж)	[ˈpʲatnitsa]
sábado (m)	субота (ж)	[suˈbɔta]
domingo (m)	нядзеля (ж)	[nʲaˈdzelʲa]
hoje	сёння	[ˈsʲɔnnʲa]
amanhã	заўтра	[ˈzawtra]
depois de amanhã	паслязаўтра	[paslʲaˈzawtra]
ontem	учора	[uˈtʂɔra]
anteontem	заўчора	[zawˈtʂɔra]
dia (m)	дзень (м)	[ˈdzenʲ]
dia (m) de trabalho	працоўны дзень (м)	[praˈtsɔwni ˈdzenʲ]
feriado (m)	святочны дзень (м)	[svʲaˈtɔtʂni ˈdzenʲ]
dia (m) de folga	выхадны дзень (м)	[vihadˈni ˈdzenʲ]
fim (m) de semana	выхадныя (м мн)	[vihadˈnʲʲa]
o dia todo	увесь дзень	[uˈvezʲ ˈdzenʲ]
no dia seguinte	на наступны дзень	[na naˈstupni ˈdzenʲ]
há dois dias	два дні таму	[dva ˈdni taˈmu]
na véspera	напярэдадні	[napʲaˈrɛdadni]
diário	штодзённы	[ʂtɔˈdzʲɔnnɨ]
todos os dias	штодня	[ʂtɔˈdnʲa]
semana (f)	тыдзень (м)	[ˈtidzenʲ]
na semana passada	на мінулым тыдні	[na miˈnulim ˈtidni]
na próxima semana	на наступным тыдні	[na naˈstupnim ˈtidni]
semanal	штотыднёвы	[ʂtotidˈnʲovi]
cada semana	штотыдзень	[ʂtɔˈtidzenʲ]
duas vezes por semana	два разы на тыдзень	[dva raˈzɨ na ˈtidzenʲ]
cada terça-feira	штоаўторак	[ʂtɔaˈwtɔrak]

21. Horas. Dia e noite

manhã (f)	ранак (м)	[ˈranak]
de manhã	ранкам	[ˈrankam]
meio-dia (m)	поўдзень (м)	[ˈpowdzenʲ]
à tarde	пасля абеду	[paˈslʲa aˈbedu]
noite (f)	вечар (м)	[ˈvetʂar]
à noite (noitinha)	увечар	[uˈvetʂar]
noite (f)	ноч (ж)	[ˈnɔtʂ]
à noite	уначы	[unaˈtʂi]
meia-noite (f)	поўнач (ж)	[ˈpownatʂ]
segundo (m)	секунда (ж)	[seˈkunda]
minuto (m)	хвіліна (ж)	[hviˈlina]
hora (f)	гадзіна (ж)	[ɦaˈdzina]

meia hora (f)	паўгадзіны	[pawɦaˈdzini]
quarto (m) de hora	чвэрць (ж) гадзіны	[tʃvɛrtsʲ ɦaˈdzini]
quinze minutos	пятнаццаць хвілін	[pʲatˈnatsatsʲ hviˈlin]
vinte e quatro horas	суткі (мн)	[ˈsutki]

nascer (m) do sol	узыход (м) сонца	[uziˈhɔt ˈsɔntsa]
amanhecer (m)	світанак (м)	[sviˈtanak]
madrugada (f)	ранічка (ж)	[ˈranitʃka]
pôr do sol (m)	захад (м)	[ˈzahat]

de madrugada	ранічкаю	[ˈranitʃkaʉ]
hoje de manhã	сёння ранкам	[sʲonnʲa ˈrankam]
amanhã de manhã	заўтра ранкам	[ˈzawtra ˈrankam]

hoje à tarde	сёння ўдзень	[sʲonnʲa uˈdzenʲ]
à tarde	пасля абеду	[paˈslʲa aˈbedu]
amanhã à tarde	заўтра пасля абеду	[ˈzawtra paˈslʲa aˈbedu]

hoje à noite	сёння ўвечары	[sʲonnʲa uˈwetʃari]
amanhã à noite	заўтра ўвечары	[zawtra uˈwetʃari]

às três horas em ponto	роўна а трэцяй гадзіне	[rɔwna a ˈtrɛtsʲaj ɦaˈdzine]
por volta das quatro	каля чацвёртай гадзіны	[kaˈlʲa tʃatsʲvʲortaj ɦaˈdzini]
às doze	пад дванаццатую гадзіну	[pad dvaˈnatsatuʉ ɦaˈdzinu]

dentro de vinte minutos	праз дваццаць хвілін	[praz ˈdvatsatsʲ hviˈlin]
dentro duma hora	праз гадзіну	[praz ɦaˈdzinu]
a tempo	своечасова	[svɔetʃaˈsɔva]

menos um quarto	без чвэрці ...	[ˈbʲaʃ ˈtʃvɛrtsi ...]
durante uma hora	на працягу гадзіны	[na praˈtsʲaɦu ɦaˈdzini]
a cada quinze minutos	кожныя пятнаццаць хвілін	[ˈkɔʒnʲʲa pʲatˈnatsatsʲ hviˈlin]
as vinte e quatro horas	круглыя суткі (мн)	[ˈkruɦlʲʲa ˈsutki]

22. Meses. Estações

janeiro (m)	студзень (м)	[ˈstudzenʲ]
fevereiro (m)	люты (м)	[ˈlʉti]
março (m)	сакавік (м)	[sakaˈvik]
abril (m)	красавік (м)	[krasaˈvik]
maio (m)	май (м)	[ˈmaj]
junho (m)	чэрвень (м)	[ˈtʃɛrvenʲ]

julho (m)	ліпень (м)	[ˈlipenʲ]
agosto (m)	жнівень (м)	[ˈʒnivenʲ]
setembro (m)	верасень (м)	[ˈverasenʲ]
outubro (m)	кастрычнік (м)	[kasˈtritʃnik]
novembro (m)	лістапад (м)	[listaˈpat]
dezembro (m)	снежань (м)	[ˈsneʒanʲ]

primavera (f)	вясна (ж)	[vʲasˈna]
na primavera	увесну	[uˈvesnu]
primaveril	вясновы	[vʲasˈnɔvɨ]

verão (m)	лета (н)	['leta]
no verão	улетку	[u'letku]
de verão	летні	['letni]
outono (m)	восень (ж)	['vɔsenʲ]
no outono	увосень	[u'vɔsenʲ]
outonal	восеньскі	['vɔsenʲski]
inverno (m)	зіма (ж)	[zi'ma]
no inverno	узімку	[u'zimku]
de inverno	зімовы	[zi'movɨ]
mês (m)	месяц (м)	['mesʲats]
este mês	у гэтым месяцы	[u 'hɛtim 'mesʲatsi]
no próximo mês	у наступным месяцы	[u nas'tupnɨm 'mesʲatsi]
no mês passado	у мінулым месяцы	[u mi'nulɨm 'mesʲatsi]
há um mês	месяц таму	[mesʲats ta'mu]
dentro de um mês	праз месяц	[praz 'mesʲats]
dentro de dois meses	праз два месяцы	[praz 'dva 'mesʲatsi]
todo o mês	увесь месяц	[u'vesʲ 'mesʲats]
um mês inteiro	цэлы месяц	[tsɛlɨ 'mesʲats]
mensal	штомесячны	[ʃtɔ'mesʲatʃnɨ]
mensalmente	штомесяц	[ʃtɔ'mesʲats]
cada mês	штомесяц	[ʃtɔ'mesʲats]
duas vezes por mês	два разы на месяц	[dva ra'zɨ na 'mesʲats]
ano (m)	год (м)	['hɔt]
este ano	сёлета	['sʲoleta]
no próximo ano	налета	[na'leta]
no ano passado	летась	['letasʲ]
há um ano	год таму	[hɔt ta'mu]
dentro dum ano	праз год	[praz 'hɔt]
dentro de 2 anos	праз два гады	[praz 'dva ha'dɨ]
todo o ano	увесь год	[u'vezʲ 'hɔt]
um ano inteiro	цэлы год	[tsɛlɨ 'hɔt]
cada ano	штогод	[ʃtɔ'hɔt]
anual	штогадовы	[ʃtɔha'dovɨ]
anualmente	штогод	[ʃtɔ'hɔt]
quatro vezes por ano	чатыры разы на год	[tʃa'tɨrɨ ra'zɨ na 'hɔt]
data (~ de hoje)	дзень (м)	['dzenʲ]
data (ex. ~ de nascimento)	дата (ж)	['data]
calendário (m)	каляндар (м)	[kalʲan'dar]
meio ano	паўгода	[paw'hɔda]
seis meses	паўгоддзе (н)	[paw'hɔdzʲe]
estação (f)	сезон (м)	[se'zɔn]
século (m)	стагоддзе (н)	[sta'hɔdzʲe]

23. Tempo. Diversos

tempo (m)	час (м)	['tʃas]
momento (m)	міг (м)	['miɦ]
instante (m)	імгненне (н)	[im'ɦnenne]
instantâneo	імгненны	[im'ɦnenni]
lapso (m) de tempo	адрэзак (м)	[at'rɛzak]
vida (f)	жыццё (н)	[ʒiˈtsʲo]
eternidade (f)	вечнасць (ж)	['vetʃnastsʲ]
época (f)	эпоха (ж)	[ɛ'pɔha]
era (f)	эра (ж)	['ɛra]
ciclo (m)	цыкл (м)	['tsikl]
período (m)	перыяд (м)	[pe'rʲat]
prazo (m)	тэрмін (м)	['tɛrmin]
futuro (m)	будучыня (ж)	['budutʃinʲa]
futuro	будучы	['budutʃi]
da próxima vez	наступным разам	[na'stupnim 'razam]
passado (m)	мінуўшчына (ж)	[mi'nuwʃçina]
passado	мінулы	[mi'nulʲi]
na vez passada	мінулым разам	[mi'nulʲim 'razam]
mais tarde	пазней	[paz'nej]
depois	пасля	[pa'slʲa]
atualmente	цяпер	[tsʲa'per]
agora	цяпер	[tsʲa'per]
imediatamente	неадкладна	[neat'kladna]
em breve, brevemente	неўзабаве	[newza'bawe]
de antemão	загадзя	['zaɦadzʲa]
há muito tempo	даўно	[daw'nɔ]
há pouco tempo	нядаўна	[nʲa'dawna]
destino (m)	лёс (м)	['lʲos]
recordações (f pl)	памяць (ж)	['pamʲatsʲ]
arquivo (m)	архіў (м)	[ar'hiw]
durante ...	падчас ...	[pa'tʃas ...]
durante muito tempo	доўга	['dɔwɦa]
pouco tempo	нядоўга	[nʲa'dɔwɦa]
cedo (levantar-se ~)	рана	['rana]
tarde (deitar-se ~)	позна	['pɔzna]
para sempre	назаўжды	[nazawʒ'di]
começar (vi)	пачынаць	[patʃi'natsʲ]
adiar (vt)	перанесці	[pera'nesʲtsi]
simultaneamente	адначасова	[adnatʃa'sɔva]
permanentemente	заўсёды	[zaw'sʲodi]
constante (ruído, etc.)	заўсёдны	[zaw'sʲodni]
temporário	часовы	[tʃa'sɔvi]
às vezes	часам	['tʃasam]
raramente	рэдка	['rɛtka]
frequentemente	часта	['tʃasta]

24. Linhas e formas

Português	Bielorrusso	Transcrição
quadrado (m)	квадрат (м)	[kvad'rat]
quadrado	квадратны	[kvad'ratnʲi]
círculo (m)	круг (м)	['kruh]
redondo	круглы	['kruhli]
triângulo (m)	трохвугольнік (м)	[trɔhvu'hɔlʲnik]
triangular	трохвугольны	[trɔhvu'hɔlʲni]
oval (f)	авал (м)	[a'val]
oval	авальны	[a'valʲni]
retângulo (m)	прамавугольнік (м)	[pramavu'hɔlʲnik]
retangular	прамавугольны	[pramavu'hɔlʲni]
pirâmide (f)	піраміда (ж)	[pira'mida]
rombo, losango (m)	ромб (м)	['rɔmp]
trapézio (m)	трапецыя (ж)	[tra'petsʲia]
cubo (m)	куб (м)	['kup]
prisma (m)	прызма (ж)	['prizma]
circunferência (f)	акружнасць (ж)	[ak'ruʒnastsʲ]
esfera (f)	сфера (ж)	['sfera]
globo (m)	шар (м)	['ʃar]
diâmetro (m)	дыяметр (м)	[dʲiʲametr]
raio (m)	радыус (м)	['radius]
perímetro (m)	перыметр (м)	[pe'rimetr]
centro (m)	цэнтр (м)	['tsɛntr]
horizontal	гарызантальны	[harizan'talʲni]
vertical	вертыкальны	[vertʲi'kalʲni]
paralela (f)	паралель (ж)	[para'lelʲ]
paralelo	паралельны	[para'lelʲni]
linha (f)	лінія (ж)	['linʲia]
traço (m)	рыса (ж)	['risa]
reta (f)	прамая (ж)	[pra'maʲa]
curva (f)	крывая (ж)	[kri'vaʲa]
fino (linha ~a)	тонкі	['tɔnki]
contorno (m)	контур (м)	['kɔntur]
interseção (f)	перасячэнне (н)	[perasʲa'tʃɛnne]
ângulo (m) reto	прамы вугал (м)	[pra'mɨ 'vuhal]
segmento (m)	сегмент (м)	[seh'ment]
setor (m)	сектар (м)	['sektar]
lado (de um triângulo, etc.)	старана (ж)	[stara'na]
ângulo (m)	вугал (м)	['vuhal]

25. Unidades de medida

Português	Bielorrusso	Transcrição
peso (m)	вага (ж)	[va'ha]
comprimento (m)	даўжыня (ж)	[dawʒɨ'nʲa]
largura (f)	шырыня (ж)	[ʃirɨ'nʲa]
altura (f)	вышыня (ж)	[viʃɨ'nʲa]

profundidade (f)	глыбіня (ж)	[ɦlʲibʲi'nʲa]
volume (m)	аб'ём (м)	[a'bʲom]
área (f)	плошча (ж)	['plɔʃca]

grama (m)	грам (м)	['ɦram]
miligrama (m)	міліграм (м)	[mili'ɦram]
quilograma (m)	кілаграм (м)	[kila'ɦram]
tonelada (f)	тона (ж)	['tɔna]
libra (453,6 gramas)	фунт (м)	['funt]
onça (f)	унцыя (ж)	['untsʲʲa]

metro (m)	метр (м)	['metr]
milímetro (m)	міліметр (м)	[mili'metr]
centímetro (m)	сантыметр (м)	[santʲi'metr]
quilómetro (m)	кіламетр (м)	[kila'metr]
milha (f)	міля (ж)	['milʲa]

polegada (f)	цаля (ж)	['tsalʲa]
pé (304,74 mm)	фут (м)	['fut]
jarda (914,383 mm)	ярд (м)	[ʲart]

metro (m) quadrado	квадратны метр (м)	[kvad'ratnʲi 'metr]
hectare (m)	гектар (м)	[ɦek'tar]

litro (m)	літр (м)	['litr]
grau (m)	градус (м)	['ɦradus]
volt (m)	вольт (м)	['vɔlʲt]
ampere (m)	ампер (м)	[am'per]
cavalo-vapor (m)	конская сіла (ж)	[kɔnskaʲa 'sila]

quantidade (f)	колькасць (ж)	['kɔlʲkastsʲ]
um pouco de ...	нямнога ...	[nʲam'nɔɦa ...]
metade (f)	палова (ж)	[pa'lɔva]
dúzia (f)	тузін (м)	['tuzin]
peça (f)	штука (ж)	[ʲʃtuka]

dimensão (f)	памер (м)	[pa'mer]
escala (f)	маштаб (м)	[maʃ'tap]

mínimo	мінімальны	[mini'malʲnʲi]
menor, mais pequeno	найменшы	[naj'menʃi]
médio	сярэдні	[sʲa'rɛdnʲi]
máximo	максімальны	[maksi'malʲnʲi]
maior, mais grande	найбольшы	[naj'bɔlʲʃi]

26. Recipientes

boião (m) de vidro	слоік (м)	['slɔik]
lata (~ de cerveja)	бляшанка (ж)	[blʲa'ʃanka]
balde (m)	вядро (н)	[vʲa'drɔ]
barril (m)	бочка (ж)	['bɔtʃka]

bacia (~ de plástico)	таз (м)	['tas]
tanque (m)	бак (м)	['bak]

cantil (m) de bolso	біклажка (ж)	[bik'laʃka]
bidão (m) de gasolina	каністра (ж)	[ka'nistra]
cisterna (f)	цыстэрна (ж)	[tsɨs'tɛrna]
caneca (f)	кубак (м)	['kubak]
chávena (f)	кубак (м)	['kubak]
pires (m)	сподак (м)	['spɔdak]
copo (m)	шклянка (ж)	['ʃklʲanka]
taça (f) de vinho	келіх (м)	['kelih]
panela, caçarola (f)	рондаль (м)	['rɔndalʲ]
garrafa (f)	бутэлька (ж)	[bu'tɛlʲka]
gargalo (m)	рыльца (н)	['rilʲtsa]
jarro, garrafa (f)	графін (м)	[ɦra'fin]
jarro (m) de barro	збан (м)	['zban]
recipiente (m)	пасудзіна (ж)	[pa'sudzina]
pote (m)	гаршчок (м)	[ɦar'ʃɕɔk]
vaso (m)	ваза (ж)	['vaza]
frasco (~ de perfume)	флакон (м)	[fla'kɔn]
frasquinho (ex. ~ de iodo)	бутэлечка (ж)	[bu'tɛletʃka]
tubo (~ de pasta dentífrica)	цюбік (м)	['tsʉbik]
saca (ex. ~ de açúcar)	мяшок (м)	[mʲa'ʃɔk]
saco (~ de plástico)	пакет (м)	[pa'ket]
maço (m)	пачак (м)	['patʃak]
caixa (~ de sapatos, etc.)	каробка (ж)	[ka'rɔpka]
caixa (~ de madeira)	скрынка (ж)	['skrɨnka]
cesta (f)	кош (м)	['kɔʃ]

27. Materiais

material (m)	матэрыял (м)	[matɛri'ʲal]
madeira (f)	дрэва (н)	['drɛva]
de madeira	драўляны	[draw'lʲanʲi]
vidro (m)	шкло (н)	['ʃklɔ]
de vidro	шкляны	[ʃklʲa'ni]
pedra (f)	камень (м)	['kamenʲ]
de pedra	каменны	[ka'mennʲi]
plástico (m)	пластык (м)	['plastik]
de plástico	пластмасавы	[plast'masavʲi]
borracha (f)	гума (ж)	['ɦuma]
de borracha	гумовы	[ɦu'mɔvʲi]
tecido, pano (m)	тканіна (ж)	[tka'nina]
de tecido	з тканіны	[s tka'ninʲi]
papel (m)	папера (ж)	[pa'pera]
de papel	папяровы	[papʲa'rɔvʲi]

cartão (m)	кардон (м)	[kar'dɔn]
de cartão	кардонны	[kar'dɔnnʲ]
polietileno (m)	поліэтылен (м)	[pɔliɛti'len]
celofane (m)	цэлафан (м)	[tsɛla'fan]
contraplacado (m)	фанера (ж)	[fa'nera]
porcelana (f)	фарфор (м)	[far'fɔr]
de porcelana	фарфоравы	[far'fɔravʲ]
barro (f)	гліна (ж)	['ɦlina]
de barro	гліняны	[ɦli'nʲanʲ]
cerâmica (f)	кераміка (ж)	[ke'ramika]
de cerâmica	керамічны	[kera'mitʃnʲ]

28. Metais

metal (m)	метал (м)	[me'tal]
metálico	металічны	[meta'litʃnʲ]
liga (f)	сплаў (м)	['splaw]
ouro (m)	золата (н)	['zɔlata]
de ouro	залаты	[zala'tʲ]
prata (f)	срэбра (н)	['srɛbra]
de prata	срэбны	['srɛbnʲ]
ferro (m)	жалеза (н)	[ʒa'leza]
de ferro	жалезны	[ʒa'leznʲ]
aço (m)	сталь (ж)	['stalʲ]
de aço	сталёвы	[sta'lʲovʲ]
cobre (m)	медзь (ж)	['metsʲ]
de cobre	медны	['mednʲ]
alumínio (m)	алюміній (м)	[alʉ'minij]
de alumínio	алюмініевы	[alʉ'minievʲ]
bronze (m)	бронза (ж)	['brɔnza]
de bronze	бронзавы	['brɔnzavʲ]
latão (m)	латунь (ж)	[la'tunʲ]
níquel (m)	нікель (м)	['nikelʲ]
platina (f)	плаціна (ж)	['platsina]
mercúrio (m)	ртуць (ж)	['rtutsʲ]
estanho (m)	волава (н)	['vɔlava]
chumbo (m)	свінец (м)	[svi'nets]
zinco (m)	цынк (м)	['tsɨnk]

O SER HUMANO

O ser humano. O corpo

29. Humanos. Conceitos básicos

ser (m) humano	чалавек (м)	[tʃala'vek]
homem (m)	мужчына (м)	[mu'ʃɕina]
mulher (f)	жанчына (ж)	[ʒan'tʃina]
criança (f)	дзіця (н)	[dzi'tsʲa]
menina (f)	дзяўчынка (ж)	[dzʲaw'tʃinka]
menino (m)	хлопчык (м)	['hlɔptʃik]
adolescente (m)	падлетак (м)	[pad'letak]
velho (m)	стары (м)	[sta'ri]
velha, anciã (f)	старая (ж)	[sta'raʲa]

30. Anatomia humana

organismo (m)	арганізм (м)	[arɦa'nizm]
coração (m)	сэрца (н)	['sɛrtsa]
sangue (m)	кроў (ж)	['krɔw]
artéria (f)	артэрыя (ж)	[ar'tɛrʲʲa]
veia (f)	вена (ж)	['vena]
cérebro (m)	мозг (м)	['mɔsk]
nervo (m)	нерв (м)	['nerv]
nervos (m pl)	нервы (м мн)	['nervɨ]
vértebra (f)	пазванок (м)	[pazva'nɔk]
coluna (f) vertebral	пазваночнік (м)	[pazva'nɔtʃnik]
estômago (m)	страўнік (м)	['strawnik]
intestinos (m pl)	кішэчнік (м)	[ki'ʃɛtʃnik]
intestino (m)	кішка (ж)	['kiʃka]
fígado (m)	печань (ж)	['petʃanʲ]
rim (m)	нырка (ж)	['nɨrka]
osso (m)	косць (ж)	['kɔstsʲ]
esqueleto (m)	шкілет (м)	[ʃki'let]
costela (f)	рабро (н)	[rab'rɔ]
crânio (m)	чэрап (м)	['tʃɛrap]
músculo (m)	цягліца (ж)	[tsʲaɦ'litsa]
bíceps (m)	біцэпс (м)	['bitsɛps]
tríceps (m)	трыцэпс (м)	['tritsɛps]
tendão (m)	сухажылле (н)	[suɦa'ʒille]
articulação (f)	сустаў (м)	[sus'taw]

pulmões (m pl)	лёгкія (н мн)	['lʲohkʲiʲa]
órgãos (m pl) genitais	палавыя органы (м мн)	[pala'vʲia 'orɦani]
pele (f)	скура (ж)	['skura]

31. Cabeça

cabeça (f)	галава (ж)	[ɦala'va]
cara (f)	твар (м)	['tvar]
nariz (m)	нос (м)	['nɔs]
boca (f)	рот (м)	['rɔt]

olho (m)	вока (н)	['vɔka]
olhos (m pl)	вочы (н мн)	['vɔtʃi]
pupila (f)	зрэнка (ж)	['zrɛnka]
sobrancelha (f)	брыво (н)	[bri'vɔ]
pestana (f)	вейка (ж)	['vejka]
pálpebra (f)	павека (н)	[pa'veka]

língua (f)	язык (м)	[ʲa'zɨk]
dente (m)	зуб (м)	['zup]
lábios (m pl)	губы (ж мн)	['ɦubɨ]
maçãs (f pl) do rosto	скулы (ж мн)	['skulɨ]
gengiva (f)	дзясна (ж)	[dzʲas'na]
palato (m)	паднябенне (н)	[padnʲa'benne]

narinas (f pl)	ноздры (ж мн)	['nɔzdri]
queixo (m)	падбародак (м)	[padba'rɔdak]
mandíbula (f)	сківіца (ж)	['skivitsa]
bochecha (f)	шчака (ж)	[ʃɕa'ka]

testa (f)	лоб (м)	['lɔp]
têmpora (f)	скронь (ж)	['skrɔnʲ]
orelha (f)	вуха (н)	['vuha]
nuca (f)	патыліца (ж)	[pa'tɨlitsa]
pescoço (m)	шыя (ж)	['ʃɨʲa]
garganta (f)	горла (н)	['hɔrla]

cabelos (m pl)	валасы (м мн)	[vala'sɨ]
penteado (m)	прычоска (ж)	[pri'tʃɔska]
corte (m) de cabelo	стрыжка (ж)	['striʃka]
peruca (f)	парык (м)	[pa'rɨk]

bigode (m)	вусы (м мн)	['vusɨ]
barba (f)	барада (ж)	[bara'da]
usar, ter (~ barba, etc.)	насіць	[na'sitsʲ]
trança (f)	каса (ж)	[ka'sa]
suíças (f pl)	бакенбарды (мн)	[baken'bardɨ]

ruivo	рыжы	['rɨʒɨ]
grisalho	сівы	[si'vɨ]
calvo	лысы	['lɨsɨ]
calva (f)	лысіна (ж)	['lɨsina]
rabo-de-cavalo (m)	хвост (м)	['hvɔst]
franja (f)	чубок (м)	[tʃu'bɔk]

32. Corpo humano

mão (f)	кісць (ж)	['kistsʲ]
braço (m)	рука (ж)	[ru'ka]

dedo (m)	палец (м)	['palets]
dedo (m) do pé	палец (м)	['palets]
polegar (m)	вялікі палец (м)	[vʲa'liki 'palets]
dedo (m) mindinho	мезенец (м)	['mezenets]
unha (f)	пазногаць (м)	[paz'nɔhatsʲ]

punho (m)	кулак (м)	[ku'lak]
palma (f) da mão	далонь (ж)	[da'lɔnʲ]
pulso (m)	запясце (н)	[za'pʲasʲtse]
antebraço (m)	перадплечча (н)	[perat'pletʃa]
cotovelo (m)	локаць (м)	['lɔkatsʲ]
ombro (m)	плячо (н)	[plʲa'tʃɔ]

perna (f)	нага (ж)	[na'ɦa]
pé (m)	ступня (ж)	[stup'nʲa]
joelho (m)	калена (н)	[ka'lena]
barriga (f) da perna	лытка (ж)	['litka]
anca (f)	сцягно (н)	[stsʲaɦ'nɔ]
calcanhar (m)	пятка (ж)	['pʲatka]

corpo (m)	цела (н)	['tsela]
barriga (f)	жывот (м)	[ʒi'vɔt]
peito (m)	грудзі (мн)	['ɦrudzi]
seio (m)	грудзі (мн)	['ɦrudzi]
lado (m)	бок (м)	['bɔk]
costas (f pl)	спіна (ж)	['spina]
região (f) lombar	паясніца (ж)	[paʲas'nitsa]
cintura (f)	талія (ж)	['taliʲa]

umbigo (m)	пупок (м)	[pu'pɔk]
nádegas (f pl)	ягадзіцы (ж мн)	[ʲaɦadzitsʲi]
traseiro (m)	зад (м)	['zat]

sinal (m)	радзімка (ж)	[ra'dzimka]
sinal (m) de nascença	радзімая пляма (ж)	[ra'dzimaʲa 'plʲama]
tatuagem (f)	татуіроўка (ж)	[tatui'rɔwka]
cicatriz (f)	шрам (м)	['ʃram]

Vestuário & Acessórios

33. Roupa exterior. Casacos

roupa (f)	адзенне (н)	[a'dzenne]
roupa (f) exterior	вопратка (ж)	['vɔpratka]
roupa (f) de inverno	зімовая вопратка (ж)	[zi'mɔvaʲa 'vɔpratka]
sobretudo (m)	паліто (н)	[pali'tɔ]
casaco (m) de peles	футра (н)	['futra]
casaco curto (m) de peles	паўкажушак (м)	[pawka'ʒwʃak]
casaco (m) acolchoado	пухавік (м)	[puha'vik]
casaco, blusão (m)	куртка (ж)	['kurtka]
impermeável (m)	плашч (м)	['plaʃc]
impermeável	непрамакальны	[neprama'kalʲni]

34. Vestuário de homem & mulher

camisa (f)	кашуля (ж)	[ka'ʃulʲa]
calças (f pl)	штаны (мн)	[ʃta'ni]
calças (f pl) de ganga	джынсы (мн)	['dʒinsi]
casaco (m) de fato	пінжак (м)	[pin'ʒak]
fato (m)	касцюм (м)	[kas'tsʉm]
vestido (ex. ~ vermelho)	сукенка (ж)	[su'kenka]
saia (f)	спадніца (ж)	[spad'nitsa]
blusa (f)	блузка (ж)	['bluska]
casaco (m) de malha	кофта (ж)	['kɔfta]
casaco, blazer (m)	жакет (м)	[ʒa'ket]
T-shirt, camiseta (f)	футболка (ж)	[fud'bɔlka]
calções (Bermudas, etc.)	шорты (мн)	['ʃɔrti]
fato (m) de treino	спартыўны касцюм (м)	[spar'tiwni kas'tsʉm]
roupão (m) de banho	халат (м)	[ha'lat]
pijama (m)	піжама (ж)	[pi'ʒama]
suéter (m)	світэр (м)	['svitɛr]
pulôver (m)	пуловер (м)	[pu'lɔver]
colete (m)	камізэлька (ж)	[kami'zɛlʲka]
fraque (m)	фрак (м)	['frak]
smoking (m)	смокінг (м)	['smɔkinɦ]
uniforme (m)	форма (ж)	['fɔrmɑ]
roupa (f) de trabalho	працоўнае адзенне (н)	[pra'tsɔwnae a'dzenne]
fato-macaco (m)	камбінезон (м)	[kambine'zɔn]
bata (~ branca, etc.)	халат (м)	[ha'lat]

35. Vestuário. Roupa interior

roupa (f) interior	бялізна (ж)	[bʲaˈlizna]
cuecas boxer (f pl)	трусы (мн)	[truˈsi̯]
cuecas (f pl)	трусікі (мн)	[ˈtrusiki]
camisola (f) interior	майка (ж)	[ˈmajka]
peúgas (f pl)	шкарпэткі (ж мн)	[ʃkarˈpɛtki]
camisa (f) de noite	начная кашуля (ж)	[natʃˈnaʲa kaˈʃulʲa]
sutiã (m)	бюстгальтар (м)	[bʉzˈhalʲtar]
meias longas (f pl)	гольфы (мн)	[ˈhɔlʲfi̯]
meia-calça (f)	калготкі (мн)	[kalˈhotki]
meias (f pl)	панчохі (ж мн)	[panˈtʃohi]
fato (m) de banho	купальнік (м)	[kuˈpalʲnik]

36. Adereços de cabeça

chapéu (m)	шапка (ж)	[ˈʃapka]
chapéu (m) de feltro	капялюш (м)	[kapʲaˈlʉʃ]
boné (m) de beisebol	бейсболка (ж)	[bejzˈbolka]
boné (m)	кепка (ж)	[ˈkepka]
boina (f)	берэт (м)	[bʲaˈrɛt]
capuz (m)	капюшон (м)	[kapʉˈʃɔn]
panamá (m)	панамка (ж)	[paˈnamka]
gorro (m) de malha	вязаная шапачка (ж)	[vʲazanaʲa ˈʃapatʃka]
lenço (m)	хустка (ж)	[ˈhustka]
chapéu (m) de mulher	капялюшык (м)	[kapʲaˈlʉʃik]
capacete (m) de proteção	каска (ж)	[ˈkaska]
bibico (m)	пілотка (ж)	[piˈlotka]
capacete (m)	шлем (м)	[ˈʃlem]
chapéu-coco (m)	кацялок (м)	[katsʲaˈlɔk]
chapéu (m) alto	цыліндр (м)	[tsiˈlindr]

37. Calçado

calçado (m)	абутак (м)	[aˈbutak]
botinas (f pl)	чаравікі (м мн)	[tʃaraˈviki]
sapatos (de salto alto, etc.)	туфлі (м мн)	[ˈtufli]
botas (f pl)	боты (м мн)	[ˈboti̯]
pantufas (f pl)	тапачкі (ж мн)	[ˈtapatʃki]
ténis (m pl)	красоўкі (ж мн)	[kraˈsowki]
sapatilhas (f pl)	кеды (м мн)	[ˈkedi̯]
sandálias (f pl)	сандалі (ж мн)	[sanˈdali]
sapateiro (m)	шавец (м)	[ʃaˈvets]
salto (m)	абцас (м)	[apˈtsas]

par (m)	пара (ж)	['para]
atacador (m)	шнурок (м)	[ʃnu'rɔk]
apertar os atacadores	шнураваць	[ʃnura'vatsʲ]
calçadeira (f)	ражок (м)	[ra'ʒɔk]
graxa (f) para calçado	крэм (м) для абутку	['krɛm dlʲa a'butku]

38. Têxtil. Tecidos

algodão (m)	баваўна (ж)	[ba'vɔwna]
de algodão	з баваўны	[z ba'vɔwni]
linho (m)	лён (м)	['lʲon]
de linho	з лёну	[zʲ 'lʲonu]
seda (f)	шоўк (м)	['ʃɔwk]
de seda	шаўковы	[ʃaw'kɔvi]
lã (f)	шэрсць (ж)	['ʃɛrstsʲ]
de lã	шарсцяны	[ʃarstsʲa'ni]
veludo (m)	аксаміт (м)	[aksa'mit]
camurça (f)	замша (ж)	['zamʃa]
bombazina (f)	вельвет (м)	[velʲ'vet]
náilon (m)	нейлон (м)	[nej'lɔn]
de náilon	з нейлону	[zʲ nej'lɔnu]
poliéster (m)	паліэстэр (м)	[pali'ɛstɛr]
de poliéster	паліэстэравы	[pali'ɛstɛravi]
couro (m)	скура (ж)	['skura]
de couro	са скуры	[sa 'skuri]
pele (f)	футра (н)	['futra]
de peles, de pele	футравы	['futravi]

39. Acessórios pessoais

luvas (f pl)	пальчаткі (ж мн)	[palʲ'tʃatki]
mitenes (f pl)	рукавіцы (ж мн)	[ruka'vitsi]
cachecol (m)	шалік (м)	['ʃalik]
óculos (m pl)	акуляры (мн)	[aku'lʲari]
armação (f) de óculos	аправа (ж)	[a'prava]
guarda-chuva (m)	парасон (м)	[para'sɔn]
bengala (f)	палка (ж)	['palka]
escova (f) para o cabelo	шчотка (ж) для валасоў	['ʃtɕotka dlʲa vala'sɔw]
leque (m)	веер (м)	['veer]
gravata (f)	гальштук (м)	['halʲʃtuk]
gravata-borboleta (f)	гальштук-мушка (ж)	['halʲʃtuk 'muʃka]
suspensórios (m pl)	шлейкі (мн)	['ʃlejki]
lenço (m)	насоўка (ж)	[na'sɔwka]
pente (m)	грабянец (м)	[ɦrabʲa'nets]
travessão (m)	заколка (ж)	[za'kɔlka]

gancho (m) de cabelo	шпілька (ж)	[ˈʃpilʲka]
fivela (f)	спражка (ж)	[ˈspraʃka]
cinto (m)	пояс (м)	[ˈpɔʲas]
correia (f)	рэмень (м)	[ˈrɛmenʲ]
mala (f)	сумка (ж)	[ˈsumka]
mala (f) de senhora	сумачка (ж)	[ˈsumatʃka]
mochila (f)	рукзак (м)	[rugˈzak]

40. Vestuário. Diversos

moda (f)	мода (ж)	[ˈmɔda]
na moda	модны	[ˈmɔdnʲi]
estilista (m)	мадэльер (м)	[madɛˈlʲer]
colarinho (m), gola (f)	каўнер (м)	[kawˈner]
bolso (m)	кішэня (ж)	[kiˈʃɛnʲa]
de bolso	кішэнны	[kiˈʃɛnnʲi]
manga (f)	рукаў (м)	[ruˈkaw]
alcinha (f)	вешалка (ж)	[ˈveʃalka]
braguilha (f)	прарэх (м)	[praˈrɛh]
fecho (m) de correr	маланка (ж)	[maˈlanka]
fecho (m), colchete (m)	зашпілька (ж)	[zaˈʃpilʲka]
botão (m)	гузік (м)	[ˈɦuzik]
casa (f) de botão	прарэшак (м)	[praˈrɛʃak]
soltar-se (vr)	адарвацца	[adarˈvatsa]
coser, costurar (vi)	шыць	[ˈʃɨtsʲ]
bordar (vt)	вышываць	[vɨʃɨˈvatsʲ]
bordado (m)	вышыўка (ж)	[ˈvɨʃɨwka]
agulha (f)	іголка (ж)	[iˈɦɔlka]
fio (m)	нітка (ж)	[ˈnʲitka]
costura (f)	шво (н)	[ˈʃvɔ]
sujar-se (vr)	запэцкацца	[zaˈpɛtskatsa]
mancha (f)	пляма (ж)	[ˈplʲama]
engelhar-se (vr)	памяцца	[paˈmʲatsa]
rasgar (vt)	падраць	[padˈratsʲ]
traça (f)	моль (ж)	[ˈmɔlʲ]

41. Cuidados pessoais. Cosméticos

pasta (f) de dentes	зубная паста (ж)	[zubˈnaʲa ˈpasta]
escova (f) de dentes	зубная шчотка (ж)	[zubˈnaʲa ˈʃɕɔtka]
escovar os dentes	чысціць зубы	[tɕisʲtsitsʲ zuˈbɨ]
máquina (f) de barbear	брытва (ж)	[ˈbrɨtva]
creme (m) de barbear	крэм (м) для галення	[ˈkrɛm dlʲa ɦaˈlʲennʲa]
barbear-se (vr)	галіцца	[ɦaˈlʲitsa]
sabonete (m)	мыла (н)	[ˈmɨla]

champô (m)	шампунь (м)	[ʃamˈpunʲ]
tesoura (f)	нажніцы (мн)	[naʒˈnitsi]
lima (f) de unhas	пілачка (ж) для пазногцяў	[ˈpilatʃka dlʲa pazˈnɔɦtsʲaw]
corta-unhas (m)	шчыпчыкі (мн)	[ˈɕiptʃiki]
pinça (f)	пінцэт (м)	[pinˈtsɛt]
cosméticos (m pl)	касметыка (ж)	[kasˈmetika]
máscara (f) facial	маска (ж)	[ˈmaska]
manicura (f)	манікюр (м)	[maniˈkʉr]
fazer a manicura	рабіць манікюр	[raˈbitsʲ maniˈkʉr]
pedicure (f)	педыкюр (м)	[pediˈkʉr]
mala (f) de maquilhagem	касметычка (ж)	[kasmeˈtitʃka]
pó (m)	пудра (ж)	[ˈpudra]
caixa (f) de pó	пудраніца (ж)	[ˈpudranitsa]
blush (m)	румяны (мн)	[ruˈmʲani]
perfume (m)	парфума (ж)	[parˈfuma]
água (f) de toilette	туалетная вада (ж)	[tuaˈletnaʲa vaˈda]
loção (f)	ласьён (м)	[laˈsʲɔn]
água-de-colónia (f)	адэкалон (м)	[adɛkaˈlɔn]
sombra (f) de olhos	цені (м мн) для павек	[ˈtseni dlʲa paˈvek]
lápis (m) delineador	аловак (м) для вачэй	[aˈlɔvaɦ dlʲa vaˈtʃɛj]
máscara (f), rímel (m)	туш (ж)	[ˈtuʃ]
batom (m)	губная памада (ж)	[ɦubˈnaʲa paˈmada]
verniz (m) de unhas	лак (м) для пазногцяў	[ˈlaɦ dlʲa pazˈnɔɦtsʲaw]
laca (f) para cabelos	лак (м) для валасоў	[ˈlaɦ dlʲa valaˈsow]
desodorizante (m)	дэзадарант (м)	[dɛzadaˈrant]
creme (m)	крэм (м)	[ˈkrɛm]
creme (m) de rosto	крэм (м) для твару	[ˈkrɛm dlʲa ˈtvaru]
creme (m) de mãos	крэм (м) для рук	[ˈkrɛm dlʲa ˈruk]
creme (m) antirrugas	крэм (м) супраць зморшчын	[ˈkrɛm ˈsupratsʲ zmɔrʃɕin]
creme (m) de dia	дзённы крэм (м)	[ˈdzʲɔnnɨ ˈkrɛm]
creme (m) de noite	начны крэм (м)	[natʃˈnɨ ˈkrɛm]
de dia	дзённы	[ˈdzʲɔnnɨ]
da noite	начны	[natʃˈnɨ]
tampão (m)	тампон (м)	[tamˈpɔn]
papel (m) higiénico	туалетная папера (ж)	[tuaˈletnaʲa paˈpera]
secador (m) elétrico	фен (м)	[ˈfen]

42. Joalheria

joias (f pl)	каштоўнасці (ж мн)	[kaʃˈtownasʲtsi]
precioso	каштоўны	[kaʃˈtownɨ]
marca (f) de contraste	проба (ж)	[ˈprɔba]
anel (m)	пярсцёнак (м)	[pʲarsˈtsʲɔnak]
aliança (f)	заручальны пярсцёнак (м)	[zaruˈtʃalʲnɨ pʲarsˈtsʲɔnak]
pulseira (f)	бранзалет (м)	[branzaˈlet]

brincos (m pl)	завушніцы (ж мн)	[zavuʃˈnitsʲi]
colar (m)	каралі (мн)	[kaˈralʲi]
coroa (f)	карона (ж)	[kaˈrɔna]
colar (m) de contas	пацеркі (ж мн)	[ˈpatserki]
diamante (m)	брыльянт (м)	[briˈlʲant]
esmeralda (f)	ізумруд (м)	[izumˈrut]
rubi (m)	рубін (м)	[ruˈbin]
safira (f)	сапфір (м)	[sapˈfir]
pérola (f)	жэмчуг (м)	[ˈʒɛmtʃuɦ]
âmbar (m)	бурштын (м)	[burˈʃtin]

43. Relógios de pulso. Relógios

relógio (m) de pulso	гадзіннік (м)	[ɦaˈdzinnik]
mostrador (m)	цыферблат (м)	[tsiferˈblat]
ponteiro (m)	стрэлка (ж)	[ˈstrɛlka]
bracelete (f) em aço	бранзалет (м)	[branzaˈlet]
bracelete (f) em couro	раменьчык (м)	[raˈmenʲtʃik]
pilha (f)	батарэйка (ж)	[bataˈrɛjka]
descarregar-se	сесці	[ˈsesʲtsi]
trocar a pilha	памяняць батарэйку	[pamʲaˈnʲatsʲ bataˈrɛjku]
estar adiantado	спяшацца	[spʲaˈʃatsa]
estar atrasado	адставаць	[atstaˈvatsʲ]
relógio (m) de parede	гадзіннік (м) насценны	[ɦaˈdzinnik nasˈtsennʲi]
ampulheta (f)	гадзіннік (м) пясочны	[ɦaˈdzinnik pʲaˈsɔtʃnʲi]
relógio (m) de sol	гадзіннік (м) сонечны	[ɦaˈdzinnik ˈsɔnetʃnʲi]
despertador (m)	будзільнік (м)	[buˈdzilʲnik]
relojoeiro (m)	гадзіншчык (м)	[ɦaˈdzinʃcik]
reparar (vt)	рамантаваць	[ramantaˈvatsʲ]

Alimentação. Nutrição

44. Comida

carne (f)	мяса (н)	['mʲasa]
galinha (f)	курыца (ж)	['kuritsa]
frango (m)	кураня (н)	[kura'nʲa]
pato (m)	качка (ж)	['katʃka]
ganso (m)	гусь (ж)	['husʲ]
caça (f)	дзічына (ж)	[dzi'tʃina]
peru (m)	індычка (ж)	[in'ditʃka]
carne (f) de porco	свініна (ж)	[svi'nina]
carne (f) de vitela	цяляціна (ж)	[tsʲa'lʲatsina]
carne (f) de carneiro	бараніна (ж)	[ba'ranina]
carne (f) de vaca	ялавічына (ж)	[ʲalavitʃina]
carne (f) de coelho	трус (м)	['trus]
chouriço, salsichão (m)	каўбаса (ж)	[kawba'sa]
salsicha (f)	сасіска (ж)	[sa'siska]
bacon (m)	бекон (м)	[be'kɔn]
fiambre (f)	вяндліна (ж)	[vʲand'lina]
presunto (m)	кумпяк (м)	[kum'pʲak]
patê (m)	паштэт (м)	[paʃ'tɛt]
fígado (m)	печань (ж)	['petʃanʲ]
carne (f) moída	фарш (м)	['farʃ]
língua (f)	язык (м)	[ʲa'zik]
ovo (m)	яйка (н)	['ʲajka]
ovos (m pl)	яйкі (н мн)	['ʲajki]
clara (f) do ovo	бялок (м)	[bʲa'lɔk]
gema (f) do ovo	жаўток (м)	[ʒaw'tɔk]
peixe (m)	рыба (ж)	['riba]
mariscos (m pl)	морапрадукты (м мн)	[mɔrapra'dukti]
crustáceos (m pl)	ракападобныя (мн)	[rakapa'dɔbnʲʲa]
caviar (m)	ікра (ж)	[ik'ra]
caranguejo (m)	краб (м)	['krap]
camarão (m)	крэветка (ж)	[krɛ'vetka]
ostra (f)	вустрыца (ж)	['vustritsa]
lagosta (f)	лангуст (м)	[lan'ɦust]
polvo (m)	васьміног (м)	[vasʲmi'nɔɦ]
lula (f)	кальмар (м)	[kalʲ'mar]
esturjão (m)	асятрына (ж)	[aɕa'trina]
salmão (m)	ласось (м)	[la'sɔsʲ]
halibute (m)	палтус (м)	['paltus]
bacalhau (m)	траска (ж)	[tras'ka]

cavala, sarda (f)	скумбрыя (ж)	['skumbrʲɨa]
atum (m)	тунец (м)	[tu'nets]
enguia (f)	вугор (м)	[vu'hɔr]
truta (f)	стронга (ж)	['strɔnɦa]
sardinha (f)	сардзіна (ж)	[sar'dzina]
lúcio (m)	шчупак (м)	[ʃɕu'pak]
arenque (m)	селядзец (м)	[selʲa'dzets]
pão (m)	хлеб (м)	['hlep]
queijo (m)	сыр (м)	['sɨr]
açúcar (m)	цукар (м)	['tsukar]
sal (m)	соль (ж)	['sɔlʲ]
arroz (m)	рыс (м)	['rɨs]
massas (f pl)	макарона (ж)	[maka'rɔna]
talharim (m)	локшына (ж)	['lɔkʃɨna]
manteiga (f)	масла (н)	['masla]
óleo (m) vegetal	алей (м)	[a'lej]
óleo (m) de girassol	сланечнікавы алей (м)	[sla'netʃnikavɨ a'lej]
margarina (f)	маргарын (м)	[marɦa'rɨn]
azeitonas (f pl)	алівы (ж мн)	[a'livɨ]
azeite (m)	алей (м) аліўкавы	[a'lej a'liwkavɨ]
leite (m)	малако (н)	[mala'kɔ]
leite (m) condensado	згушчанае малако (н)	['zɦuʃɕanae mala'kɔ]
iogurte (m)	ёгурт (м)	['ʲoɦurt]
nata (f) azeda	смятана (ж)	[smʲa'tana]
nata (f) do leite	вяршкі (мн)	[vʲar'ʃki]
maionese (f)	маянэз (м)	[maʲa'nɛs]
creme (m)	крэм (м)	['krɛm]
grãos (m pl) de cereais	крупы (мн)	['krupɨ]
farinha (f)	мука (ж)	[mu'ka]
enlatados (m pl)	кансервы (ж мн)	[kan'servɨ]
flocos (m pl) de milho	кукурузныя шматкі (м мн)	[kuku'ruznɨʲa ʃmat'ki]
mel (m)	мёд (м)	['mʲot]
doce (m)	джэм (м)	['dʒɛm]
pastilha (f) elástica	жавальная гумка (ж)	[ʒa'valʲnaʲa 'ɦumka]

45. Bebidas

água (f)	вада (ж)	[va'da]
água (f) potável	пітная вада (ж)	[pit'naʲa va'da]
água (f) mineral	мінеральная вада (ж)	[mine'ralʲnaʲa va'da]
sem gás	без газу	[bʲaz 'ɦazu]
gaseificada	газіраваны	[ɦazira'vanɨ]
com gás	з газам	[z 'ɦazam]
gelo (m)	лёд (м)	['lʲot]

com gelo	з лёдам	[zʲ 'lʲodam]
sem álcool	безалкагольны	[bezalka'holʲnɨ]
bebida (f) sem álcool	безалкагольны напітак (m)	[bezalka'holʲnɨ na'pitak]
refresco (m)	прахаладжальны напітак (m)	[prahala'dʒalʲnɨ na'pitak]
limonada (f)	лiманад (m)	[lima'nat]
bebidas (f pl) alcoólicas	алкагольныя напіткі (m мн)	[alka'holʲnʲia na'pitki]
vinho (m)	віно (n)	[vi'nɔ]
vinho (m) branco	белае віно (n)	['belae vi'nɔ]
vinho (m) tinto	чырвонае віно (n)	[tʃɨr'vɔnae vi'nɔ]
licor (m)	лікёр (m)	[li'kʲor]
champanhe (m)	шампанскае (n)	[ʃam'panskae]
vermute (m)	вермут (m)	['vermut]
uísque (m)	віскі (n)	['viski]
vodka (f)	гарэлка (ж)	[ɦa'rɛlka]
gim (m)	джын (m)	['dʒɨn]
conhaque (m)	каньяк (m)	[ka'nʲak]
rum (m)	ром (m)	['rɔm]
café (m)	кава (ж)	['kava]
café (m) puro	чорная кава (ж)	['tʃɔrnaʲa 'kava]
café (m) com leite	кава (ж) з малаком	['kava z mala'kɔm]
cappuccino (m)	кава (ж) з вяршкамі	['kava zʲ vʲarʃ'kami]
café (m) solúvel	растваральная кава (ж)	[rastva'ralʲnaʲa 'kava]
leite (m)	малако (n)	[mala'kɔ]
coquetel (m)	кактэйль (m)	[kak'tɛjlʲ]
batido (m) de leite	малочны кактэйль (m)	[ma'lɔtʃnɨ kak'tɛjlʲ]
sumo (m)	сок (m)	['sɔk]
sumo (m) de tomate	таматны сок (m)	[ta'matnɨ 'sɔk]
sumo (m) de laranja	апельсінавы сок (m)	[apelʲ"sɨnavɨ 'sɔk]
sumo (m) fresco	свежавыцiснуты сок (m)	[sveʒa'vɨtsisnutɨ 'sɔk]
cerveja (f)	піва (n)	['piva]
cerveja (f) clara	светлае піва (n)	['svetlae 'piva]
cerveja (f) preta	цёмнае піва (n)	['tsʲomnae 'piva]
chá (m)	чай (m)	['tʃaj]
chá (m) preto	чорны чай (m)	['tʃɔrnɨ 'tʃaj]
chá (m) verde	зялёны чай (m)	[zʲa'lʲonɨ 'tʃaj]

46. Vegetais

legumes (m pl)	гародніна (ж)	[ɦa'rɔdnina]
verduras (f pl)	зяляніна (ж)	[zelʲa'nina]
tomate (m)	памідор (m)	[pami'dɔr]
pepino (m)	агурок (m)	[aɦu'rɔk]
cenoura (f)	морква (ж)	['mɔrkva]
batata (f)	бульба (ж)	['bulʲba]

cebola (f)	цыбуля (ж)	[tsʲiˈbulʲa]
alho (m)	часнок (м)	[tʃasˈnɔk]

couve (f)	капуста (ж)	[kaˈpusta]
couve-flor (f)	квяцістая капуста (ж)	[kvʲaˈtsistaʲa kaˈpusta]
couve-de-bruxelas (f)	брусельская капуста (ж)	[bruˈselʲskaʲa kaˈpusta]
brócolos (m pl)	капуста (ж) браколі	[kaˈpusta braˈkɔli]

beterraba (f)	бурак (м)	[buˈrak]
beringela (f)	баклажан (м)	[baklaˈʒan]
curgete (f)	кабачок (м)	[kabaˈtʃɔk]
abóbora (f)	гарбуз (м)	[ɦarˈbus]
nabo (m)	рэпа (ж)	[ˈrɛpa]

salsa (f)	пятрушка (ж)	[pʲatˈruʃka]
funcho, endro (m)	кроп (м)	[ˈkrɔp]
alface (f)	салата (ж)	[saˈlata]
aipo (m)	сельдэрэй (м)	[selʲdɛˈrɛj]
espargo (m)	спаржа (ж)	[ˈsparʒa]
espinafre (m)	шпінат (м)	[ʃpiˈnat]

ervilha (f)	гарох (м)	[ɦaˈrɔh]
fava (f)	боб (м)	[ˈbɔp]
milho (m)	кукуруза (ж)	[kukuˈruza]
feijão (m)	фасоля (ж)	[faˈsɔlʲa]

pimentão (m)	перац (м)	[ˈperats]
rabanete (m)	радыска (ж)	[raˈdiska]
alcachofra (f)	артышок (м)	[artiˈʃɔk]

47. Frutos. Nozes

fruta (f)	фрукт (м)	[ˈfrukt]
maçã (f)	яблык (м)	[ˈʲablik]
pera (f)	груша (ж)	[ˈɦruʃa]
limão (m)	лімон (м)	[liˈmɔn]
laranja (f)	апельсін (м)	[apelʲˈsin]
morango (m)	клубніцы (ж мн)	[klubˈnitsi]

tangerina (f)	мандарын (м)	[mandaˈrin]
ameixa (f)	сліва (ж)	[ˈsliva]
pêssego (m)	персік (м)	[ˈpersik]
damasco (m)	абрыкос (м)	[abriˈkɔs]
framboesa (f)	маліны (ж мн)	[maˈlini]
ananás (m)	ананас (м)	[anaˈnas]

banana (f)	банан (м)	[baˈnan]
melancia (f)	кавун (м)	[kaˈvun]
uva (f)	вінаград (м)	[vinaˈɦrat]
ginja (f)	вішня (ж)	[ˈviʃnʲa]
cereja (f)	чарэшня (ж)	[tʃaˈrɛʃnʲa]
meloa (f)	дыня (ж)	[ˈdinʲa]
toranja (f)	грэйпфрут (м)	[ɦrɛjpˈfrut]
abacate (m)	авакада (н)	[avaˈkada]

papaia (f)	папайя (ж)	[pa'paʲa]
manga (f)	манга (н)	['manɦa]
romã (f)	гранат (м)	[ɦra'nat]

groselha (f) vermelha	чырвоныя парэчкі (ж мн)	[tʃɨr'vonʲʲa pa'rɛtʃki]
groselha (f) preta	чорныя парэчкі (ж мн)	['tʃɔrnʲʲa pa'rɛtʃki]
groselha (f) espinhosa	агрэст (м)	[aɦ'rɛst]
mirtilo (m)	чарніцы (ж мн)	[tʃar'nitsʲi]
amora silvestre (f)	ажыны (ж мн)	[a'ʒɨnʲi]

uvas (f pl) passas	разынкі (ж мн)	[ra'zinki]
figo (m)	інжыр (м)	[in'ʒɨr]
tâmara (f)	фінік (м)	['finik]

amendoim (m)	арахіс (м)	[a'rahis]
amêndoa (f)	міндаль (м)	[min'dalʲ]
noz (f)	арэх (м)	[a'rɛh]
avelã (f)	арэх (м)	[a'rɛh]
coco (m)	арэх (м) какосавы	[a'rɛh ka'kɔsavʲi]
pistáchios (m pl)	фісташкі (ж мн)	[fis'taʃki]

48. Pão. Bolaria

pastelaria (f)	кандытарскія вырабы (м мн)	[kan'dɨtarskiʲa 'vɨrabɨ]
pão (m)	хлеб (м)	['hlep]
bolacha (f)	печыва (н)	['petʃɨva]

chocolate (m)	шакалад (м)	[ʃaka'lat]
de chocolate	шакаладны	[ʃaka'ladnʲi]
rebuçado (m)	цукерка (ж)	[tsu'kerka]
bolo (cupcake, etc.)	пірожнае (н)	[pi'rɔʒnae]
bolo (m) de aniversário	торт (м)	['tɔrt]

| tarte (~ de maçã) | пірог (м) | [pi'rɔɦ] |
| recheio (m) | начынка (ж) | [na'tʃɨnka] |

doce (m)	варэнне (н)	[va'rɛnne]
geleia (f) de frutas	мармелад (м)	[marme'lat]
waffle (m)	вафлі (ж мн)	['vafli]
gelado (m)	марожанае (н)	[ma'rɔʒanae]

49. Pratos cozinhados

prato (m)	страва (ж)	['strava]
cozinha (~ portuguesa)	кухня (ж)	['kuhnʲa]
receita (f)	рэцэпт (м)	[rɛ'tsɛpt]
porção (f)	порцыя (ж)	['pɔrtsʲʲa]

salada (f)	салата (ж)	[sa'lata]
sopa (f)	суп (м)	['sup]
caldo (m)	булён (м)	[bu'lʲon]

sandes (f)	бутэрброд (м)	[butɛr'brɔt]
ovos (m pl) estrelados	яечня (ж)	[ʲa'etʃnʲa]
hambúrguer (m)	гамбургер (м)	['ɦamburɦer]
bife (m)	біфштэкс (м)	[bif'ʃtɛks]
conduto (m)	гарнір (м)	[ɦar'nir]
espaguete (m)	спагеці (мн)	[spa'ɦetsi]
puré (m) de batata	бульбяное пюрэ (н)	[bulʲbʲa'nɔe pʉ'rɛ]
pizza (f)	піца (ж)	['pitsa]
papa (f)	каша (ж)	['kaʃa]
omelete (f)	амлет (м)	[am'let]
cozido em água	вараны	['varani]
fumado	вэнджаны	['vɛndʒani]
frito	смажаны	['smaʒani]
seco	сушаны	['suʃani]
congelado	замарожаны	[zama'rɔʒani]
em conserva	марынаваны	[marina'vani]
doce (açucarado)	салодкі	[sa'lɔtki]
salgado	салёны	[sa'lʲoni]
frio	халодны	[ɦa'lɔdni]
quente	гарачы	[ɦa'ratʃi]
amargo	горкі	['ɦɔrki]
gostoso	смачны	['smatʃni]
cozinhar (em água a ferver)	варыць	[va'ritsʲ]
fazer, preparar (vt)	гатаваць	[ɦata'vatsʲ]
fritar (vt)	смажыць	['smaʒitsʲ]
aquecer (vt)	разаграваць	[razaɦra'vatsʲ]
salgar (vt)	саліць	[sa'litsʲ]
apimentar (vt)	перчыць	['pertʃitsʲ]
ralar (vt)	драць	['dratsʲ]
casca (f)	лупіна (ж)	[lu'pina]
descascar (vt)	абіраць	[abi'ratsʲ]

50. Especiarias

sal (m)	соль (ж)	['sɔlʲ]
salgado	салёны	[sa'lʲoni]
salgar (vt)	саліць	[sa'litsʲ]
pimenta (f) preta	чорны перац (м)	['tʃɔrni 'perats]
pimenta (f) vermelha	чырвоны перац (м)	[tʃir'vɔni 'perats]
mostarda (f)	гарчыца (ж)	[ɦar'tʃitsa]
raiz-forte (f)	хрэн (м)	['ɦrɛn]
condimento (m)	прыправа (ж)	[prip'rava]
especiaria (f)	духмяная спецыя (ж)	[duɦ'mʲanaʲa 'spetsʲʲa]
molho (m)	соус (м)	['sɔus]
vinagre (m)	воцат (м)	['vɔtsat]
anis (m)	аніс (м)	[a'nis]

manjericão (m)	базілік (м)	[bazi'lik]
cravo (m)	гваздзіка (ж)	[ɦvazʲ'dzika]
gengibre (m)	імбір (м)	[im'bir]
coentro (m)	каляндра (ж)	[ka'lʲandra]
canela (f)	карыца (ж)	[ka'ritsa]
sésamo (m)	кунжут (м)	[kun'ʒut]
folhas (f pl) de louro	лаўровы ліст (м)	[law'rɔvɨ 'list]
páprica (f)	папрыка (ж)	['paprika]
cominho (m)	кмен (м)	['kmen]
açafrão (m)	шафран (м)	[ʃafʲran]

51. Refeições

comida (f)	ежа (ж)	['eʒa]
comer (vt)	есці	['esʲtsi]

pequeno-almoço (m)	сняданак (м)	[snʲa'danak]
tomar o pequeno-almoço	снедаць	['snedatsʲ]
almoço (m)	абед (м)	[a'bet]
almoçar (vi)	абедаць	[a'bedatsʲ]
jantar (m)	вячэра (ж)	[vʲa'tʃɛra]
jantar (vi)	вячэраць	[vʲa'tʃɛratsʲ]

apetite (m)	апетыт (м)	[ape'tit]
Bom apetite!	Смачна есці!	[smatʃna 'esʲtsi]

abrir (~ uma lata, etc.)	адкрываць	[atkri'vatsʲ]
derramar (vt)	разліць	[raz'litsʲ]
derramar-se (vr)	разліцца	[raz'litsa]

ferver (vi)	кіпець	[ki'petsʲ]
ferver (vt)	кіпяціць	[kipʲa'tsitsʲ]
fervido	кіпячоны	[kipʲa'tʃɔnɨ]
arrefecer (vt)	астудзіць	[astu'dzitsʲ]
arrefecer-se (vr)	астуджвацца	[as'tudʒvatsa]

sabor, gosto (m)	смак (м)	['smak]
gostinho (m)	прысмак (м)	['prismak]

fazer dieta	худзець	[hu'dzetsʲ]
dieta (f)	дыета (ж)	[di'eta]
vitamina (f)	вітамін (м)	[vita'min]
caloria (f)	каларыя (ж)	[ka'lɔrɨʲa]

vegetariano (m)	вегетарыянец (м)	[veɦetariʲanets]
vegetariano	вегетарыянскі	[veɦetariʲanski]

gorduras (f pl)	тлушчы (м мн)	[tlu'ʃʧi]
proteínas (f pl)	бялкі (м мн)	[bʲal'ki]
carboidratos (m pl)	вугляводы (м мн)	[vuɦlʲa'vɔdɨ]
fatia (~ de limão, etc.)	лустачка (ж)	['lustatʃka]
pedaço (~ de bolo)	кавалак (м)	[ka'valak]
migalha (f)	крошка (ж)	['krɔʃka]

52. Por a mesa

colher (f)	лыжка (ж)	['liʃka]
faca (f)	нож (м)	['nɔʃ]
garfo (m)	відэлец (м)	[vi'dɛlets]
chávena (f)	кубак (м)	['kubak]
prato (m)	талерка (ж)	[ta'lerka]
pires (m)	сподак (м)	['spɔdak]
guardanapo (m)	сурвэтка (ж)	[sur'vɛtka]
palito (m)	зубачыстка (ж)	[zuba'tʃistka]

53. Restaurante

restaurante (m)	рэстаран (м)	[rɛsta'ran]
café (m)	кавярня (ж)	[ka'vʲarnʲa]
bar (m), cervejaria (f)	бар (м)	['bar]
salão (m) de chá	чайны салон (м)	['tʃajnɨ sa'lɔn]
empregado (m) de mesa	афіцыянт (м)	[afitsɨʲʲant]
empregada (f) de mesa	афіцыянтка (ж)	[afitsɨʲʲantka]
barman (m)	бармэн (м)	[bar'mɛn]
ementa (f)	меню (н)	[me'nʉ]
lista (f) de vinhos	карта (ж) вінаў	['karta 'vinaw]
reservar uma mesa	забраніраваць столік	[zabra'niravatsʲ 'stɔlik]
prato (m)	страва (ж)	['strava]
pedir (vt)	заказаць	[zaka'zatsʲ]
fazer o pedido	зрабіць заказ	[zra'bitsʲ za'kas]
aperitivo (m)	аперытыў (м)	[aperi'tiw]
entrada (f)	закуска (ж)	[za'kuska]
sobremesa (f)	дэсерт (м)	[dɛ'sert]
conta (f)	рахунак (м)	[ra'hunak]
pagar a conta	аплаціць рахунак	[apla'tsitsʲ ra'hunak]
dar o troco	даць рэшту	['datsʲ 'rɛʃtu]
gorjeta (f)	чаявыя (мн)	[tʃaʲa'vʲʲa]

Família, parentes e amigos

54. Informação pessoal. Formulários

nome (m)	імя (н)	[i'mʲa]
apelido (m)	прозвішча (н)	['prozʲviʃɕa]
data (f) de nascimento	дата (ж) нараджэння	['data nara'dʒɛnnʲa]
local (m) de nascimento	месца (н) нараджэння	['mesʲtsa nara'dʒɛnnʲa]
nacionalidade (f)	нацыянальнасць (ж)	[natsʲiʲa'nalʲinastsʲ]
lugar (m) de residência	месца (н) жыхарства	['mesʲtsa ʒʲi'harstva]
país (m)	краіна (ж)	[kra'ina]
profissão (f)	прафесія (ж)	[pra'fesʲiʲa]
sexo (m)	пол (м)	['pɔl]
estatura (f)	рост (м)	['rɔst]
peso (m)	вага (ж)	[va'ɦa]

55. Membros da família. Parentes

mãe (f)	маці (ж)	['matsi]
pai (m)	бацька (м)	['batsʲka]
filho (m)	сын (м)	['sin]
filha (f)	дачка (ж)	[datʃ'ka]
filha (f) mais nova	малодшая дачка (ж)	[ma'lɔtʃaʲa datʃ'ka]
filho (m) mais novo	малодшы сын (м)	[ma'lɔtʃɨ 'sin]
filha (f) mais velha	старэйшая дачка (ж)	[sta'rɛjʃaʲa datʃ'ka]
filho (m) mais velho	старэйшы сын (м)	[sta'rɛjʃɨ 'sin]
irmão (m)	брат (м)	['brat]
irmão (m) mais velho	старшы брат (м)	['starʃɨ 'brat]
irmão (m) mais novo	меншы брат (м)	['menʃɨ 'brat]
irmã (f)	сястра (ж)	[sʲast'ra]
irmã (f) mais velha	старшая сястра (ж)	['starʃaʲa sʲas'tra]
irmã (f) mais nova	малодшая сястра (ж)	[ma'lɔtʃaʲa sʲas'tra]
primo (m)	стрыючны брат (м)	[strɨ'etʃnɨ 'brat]
prima (f)	стрыечная сястра (ж)	[strɨ'etʃnaʲa sʲas'tra]
mamã (f)	мама (ж)	['mama]
papá (m)	тата (м)	['tata]
pais (pl)	бацькі (мн)	[batsʲ'ki]
criança (f)	дзіця (н)	[dzi'tsʲa]
crianças (f pl)	дзеці (н мн)	['dzetsi]
avó (f)	бабуля (ж)	[ba'bulʲa]
avô (m)	дзядуля (м)	[dzʲa'dulʲa]
neto (m)	унук (м)	[u'nuk]

neta (f)	унучка (ж)	[u'nutʃka]
netos (pl)	унукі (м мн)	[u'nuki]
tio (m)	дзядзька (м)	['dzʲatsʲka]
tia (f)	цётка (ж)	['tsʲotka]
sobrinho (m)	пляменнік (м)	[plʲa'mennik]
sobrinha (f)	пляменніца (ж)	[plʲa'mennitsa]
sogra (f)	цешча (ж)	['tseʃca]
sogro (m)	свёкар (м)	['svʲokar]
genro (m)	зяць (м)	['zʲatsʲ]
madrasta (f)	мачаха (ж)	['matʃaha]
padrasto (m)	айчым (м)	[aj'tʃim]
criança (f) de colo	грудное дзіця (н)	[ɦrud'nɔe dzi'tsʲa]
bebé (m)	немаўля (н)	[nemaw'lʲa]
menino (m)	малыш (м)	[ma'liʃ]
mulher (f)	жонка (ж)	['ʒɔnka]
marido (m)	муж (м)	['muʃ]
esposo (m)	муж (м)	['muʃ]
esposa (f)	жонка (ж)	['ʒɔnka]
casado	жанаты	[ʒa'nati]
casada	замужняя	[za'muʒnæʲa]
solteiro	халасты	[halas'ti]
solteirão (m)	халасцяк (м)	[halas'tsʲak]
divorciado	разведзены	[raz'vedzeni]
viúva (f)	удава (ж)	[u'dava]
viúvo (m)	удавец (м)	[uda'vets]
parente (m)	сваяк (м)	[sva'ʲak]
parente (m) próximo	блізкі сваяк (м)	[bliski sva'ʲak]
parente (m) distante	далёкі сваяк (м)	[da'lʲoki sva'ʲak]
parentes (m pl)	сваякі (м мн)	[svaʲa'ki]
órfão (m), órfã (f)	сірата (м, ж)	[sira'ta]
tutor (m)	апякун (м)	[apʲa'kun]
adotar (um filho)	усынавіць	[usina'vitsʲ]
adotar (uma filha)	удачарыць	[udatʃa'ritsʲ]

56. Amigos. Colegas de trabalho

amigo (m)	сябар (м)	['sʲabar]
amiga (f)	сяброўка (ж)	[sʲab'rɔwka]
amizade (f)	сяброўства (н)	[sʲab'rɔwstva]
ser amigos	сябраваць	[sʲabra'vatsʲ]
amigo (m)	прыяцель (м)	['priʲatselʲ]
amiga (f)	прыяцелька (ж)	['priʲatselʲka]
parceiro (m)	партнёр (м)	[part'nʲor]
chefe (m)	шэф (м)	['ʃɛf]
superior (m)	начальнік (м)	[na'tʃalʲnik]

proprietário (m)	уладальнік (м)	[ula'dalʲnik]
subordinado (m)	падначалены (м)	[padna'tʃalenʲi]
colega (m)	калега (м, ж)	[ka'leɦa]
conhecido (m)	знаёмы (м)	[zna'ʲomi]
companheiro (m) de viagem	спадарожнік (м)	[spada'rɔʒnik]
colega (m) de classe	аднакласнік (м)	[adna'klasnik]
vizinho (m)	сусед (м)	[su'set]
vizinha (f)	суседка (ж)	[su'setka]
vizinhos (pl)	суседзі (м мн)	[su'sedzi]

57. Homem. Mulher

mulher (f)	жанчына (ж)	[ʒan'tʃina]
rapariga (f)	дзяўчына (ж)	[dzʲaw'tʃina]
noiva (f)	нявеста (ж)	[nʲa'vesta]
bonita	прыгожая	[pri'ɦɔʒaʲa]
alta	высокая	[vi'sɔkaʲa]
esbelta	стройная	['strɔjnaʲa]
de estatura média	невысокага росту	[nevi'sɔkaɦa 'rɔstu]
loura (f)	бландзінка (ж)	[blan'dzinka]
morena (f)	брунетка (ж)	[bru'netka]
de senhora	дамскі	['damski]
virgem (f)	нявінніца (ж)	[nʲa'vinnitsa]
grávida	цяжарная	[tsʲa'ʒarnaʲa]
homem (m)	мужчына (м)	[mu'ʃɕina]
louro (m)	бландзін (м)	[blan'dzin]
moreno (m)	брунет (м)	[bru'net]
alto	высокі	[vi'sɔki]
de estatura média	невысокага росту	[nevi'sɔkaɦa 'rɔstu]
rude	грубы	['ɦrubʲi]
atarracado	каржакаваты	[karʒaka'vati]
robusto	дужы	['duʒi]
forte	моцны	['mɔtsnʲi]
força (f)	сіла (ж)	['sila]
gordo	поўны	['pɔwnʲi]
moreno	смуглы	['smuɦlʲi]
esbelto	стройны	['strɔjnʲi]
elegante	элегантны	[ɛle'ɦantnʲi]

58. Idade

idade (f)	узрост (м)	[uz'rɔst]
juventude (f)	юнацтва (н)	[ʉ'natstva]
jovem	маладыˊ	[mala'dɨ]

mais novo	маладзейшы за	[mala'dzejʃɨ za]
mais velho	старэйшы за	[sta'rɛjʃɨ za]
jovem (m)	юнак (м)	[ʉ'nak]
adolescente (m)	падлетак (м)	[pad'letak]
rapaz (m)	хлопец (м)	['hlɔpets]
velho (m)	стары (м)	[sta'rɨ]
velhota (f)	старая (ж)	[sta'raʲa]
adulto	дарослы	[da'rɔslɨ]
de meia-idade	сярэдніх гадоў	[sʲa'rɛdnih ha'dɔw]
idoso, de idade	пажылы	[paʒɨ'lɨ]
velho	стары	[sta'rɨ]
reforma (f)	пенсія (ж)	['pensiʲa]
reformar-se (vr)	пайсці на пенсію	[pajs'tsi na 'pensiʉ]
reformado (m)	пенсіянер (м)	[pensiʲa'ner]

59. Crianças

criança (f)	дзіця (н)	[dzi'tsʲa]
crianças (f pl)	дзеці (н мн)	['dzetsi]
gémeos (m pl)	блізняты (н мн)	[bliz'nʲatɨ]
berço (m)	калыска (ж)	[ka'lɨska]
guizo (m)	бразготка (ж)	[braz'hɔtka]
fralda (f)	падгузак (м)	[pad'huzak]
chupeta (f)	соска (ж)	['sɔska]
carrinho (m) de bebé	каляска (ж)	[ka'lʲaska]
jardim (m) de infância	дзіцячы сад (м)	[dzi'tsʲatʃɨ 'sat]
babysitter (f)	нянька (ж)	['nʲanʲka]
infância (f)	дзяцінства (н)	[dzʲa'tsinstva]
boneca (f)	лялька (ж)	['lʲalʲka]
brinquedo (m)	цацка (ж)	['tsatska]
jogo (m) de armar	канструктар (м)	[kan'struktar]
bem-educado	выхаваны	['vɨhavanɨ]
mal-educado	нявыхаваны	[nʲa'vɨhavanɨ]
mimado	распешчаны	[ras'peʃcanɨ]
ser travesso	дурэць	[du'rɛtsʲ]
travesso, traquinas	дураслівы	[duras'livɨ]
travessura (f)	свавольства (н)	[sva'vɔlʲstva]
criança (f) travessa	гарэза (ж)	[ɦa'rɛza]
obediente	паслухмяны	[pasluh'mʲanɨ]
desobediente	непаслухмяны	[nepasluh'mʲanɨ]
dócil	разумны	[ra'zumnɨ]
inteligente	разумны	[ra'zumnɨ]
menino (m) prodígio	вундэркінд (м)	[vundɛr'kint]

60. Casais. Vida de família

beijar (vt)	цалаваць	[tsalaˈvatsʲ]
beijar-se (vr)	цалавацца	[tsalaˈvatsa]
família (f)	сям'я (ж)	[sʲaˈmʲʲa]
familiar	сямейны	[sʲaˈmejnʲi]
casal (m)	пара (ж)	[ˈpara]
matrimónio (m)	шлюб (м)	[ˈʃlʉp]
lar (m)	хатні ачаг (м)	[ˈhatnʲi aˈtʃaɦ]
dinastia (f)	дынастыя (ж)	[dʲiˈnastʲʲa]

encontro (m)	спатканне (н)	[spatˈkanne]
beijo (m)	пацалунак (м)	[patsaˈlunak]

amor (m)	каханне (н)	[kaˈhanne]
amar (vt)	кахаць	[kaˈhatsʲ]
amado, querido	каханы	[kaˈhanʲi]

ternura (f)	пяшчота (ж)	[pʲaˈɕɔta]
terno, afetuoso	пяшчотны	[pʲaˈɕɔtnʲi]
fidelidade (f)	вернасць (ж)	[ˈvernastsʲ]
fiel	верны	[ˈvernʲi]
cuidado (m)	клопат (м)	[ˈklɔpat]
carinhoso	клапатлівы	[klapatˈlʲivʲi]

recém-casados (m pl)	маладыя (мн)	[malaˈdʲʲa]
lua de mel (f)	мядовы месяц (м)	[mʲaˈdɔvʲi ˈmesʲats]
casar-se (com um homem)	выйсці замуж	[vijsʲtsi ˈzamuʃ]
casar-se (com uma mulher)	ажаніцца	[aʒaˈnʲitsa]
boda (f)	вяселле (н)	[vʲaˈselle]
bodas (f pl) de ouro	залатое вяселле (н)	[zalaˈtɔe vʲaˈselle]
aniversário (m)	гадавіна (ж)	[ɦadaˈvʲina]

amante (m)	палюбоўнік (м)	[palʉˈbɔwnʲik]
amante (f)	палюбоўніца (ж)	[palʉˈbɔwnʲitsa]

adultério (m)	здрада (ж)	[ˈzdrada]
cometer adultério	здрадзіць	[ˈzdradzʲitsʲ]
ciumento	раўнівы	[rawˈnʲivʲi]
ser ciumento	раўнаваць	[rawnaˈvatsʲ]
divórcio (m)	развод (м)	[razˈvɔt]
divorciar-se (vr)	развесціся	[razˈvesʲtsʲisʲa]

brigar (discutir)	сварыцца	[svaˈritsa]
fazer as pazes	мірыцца	[mʲiˈritsa]
juntos	разам	[ˈrazam]
sexo (m)	сэкс (м)	[ˈsɛks]

felicidade (f)	шчасце (н)	[ˈɕɕasʲtse]
feliz	шчаслівы	[ɕɕasʲˈlʲivʲi]
infelicidade (f)	няшчасце (н)	[nʲaˈɕɕasʲtse]
infeliz	няшчасны	[nʲaˈɕɕasnʲi]

Caráter. Sentimentos. Emoções

61. Sentimentos. Emoções

sentimento (m)	пачуццё (н)	[patʃuˈtsʲo]
sentimentos (m pl)	пачуцці (н мн)	[paˈtʃutsi]
sentir (vt)	адчуваць	[atʃuˈvatsʲ]
fome (f)	голад (м)	[ˈhɔlat]
ter fome	хацець есці	[haˈtsetsʲ ˈesʲtsi]
sede (f)	смага (ж)	[ˈsmaɦa]
ter sede	хацець піць	[haˈtsetsʲ ˈpitsʲ]
sonolência (f)	санлівасць (ж)	[sanˈlivastsʲ]
estar sonolento	хацець спаць	[haˈtsetsʲ ˈspatsʲ]
cansaço (m)	стомленасць (ж)	[ˈstɔmlenastsʲ]
cansado	стомлены	[ˈstɔmleni]
ficar cansado	стаміцца	[staˈmitsa]
humor (m)	настрой (м)	[naˈstrɔj]
tédio (m)	сум (м)	[ˈsum]
aborrecer-se (vr)	сумаваць	[sumaˈvatsʲ]
isolamento (m)	самота (ж)	[saˈmɔta]
isolar-se	адасобіцца	[adaˈsɔbitsa]
preocupar (vt)	непакоіць	[nepaˈkɔitsʲ]
preocupar-se (vr)	непакоіцца	[nepaˈkɔitsa]
preocupação (f)	неспакой (м)	[nespaˈkɔj]
ansiedade (f)	трывога (ж)	[triˈvɔɦa]
preocupado	заклапочаны	[zaklaˈpɔtʃani]
estar nervoso	нервавацца	[nervaˈvatsa]
entrar em pânico	панікаваць	[panikaˈvatsʲ]
esperança (f)	надзея (ж)	[naˈdzeʲa]
esperar (vt)	спадзявацца	[spadzʲaˈvatsa]
certeza (f)	упэўненасць (ж)	[uˈpɛwnenastsʲ]
certo	упэўнены	[uˈpɛwneni]
indecisão (f)	няўпэўненасць (ж)	[nʲawˈpɛwnenastsʲ]
indeciso	няўпэўнены	[nʲawˈpɛwneni]
ébrio, bêbado	п'яны	[ˈpʔʲani]
sóbrio	цвярозы	[tsvʲaˈrɔzi]
fraco	слабы	[ˈslabi]
feliz	шчаслівы	[ʃɕasˈlivi]
assustar (vt)	напалохаць	[napaˈlɔhatsʲ]
fúria (f)	шаленства (н)	[ʃaˈlenstva]
ira, raiva (f)	лютасць (ж)	[ˈlʉtastsʲ]
depressão (f)	дэпрэсія (ж)	[dɛˈprɛsiʲa]
desconforto (m)	дыскамфорт (м)	[diskamˈfɔrt]

conforto (m)	камфорт (м)	[kam'fɔrt]
arrepender-se (vr)	шкадаваць	[ʃkada'vatsʲ]
arrependimento (m)	шкадаванне (н)	[ʃkada'vanne]
azar (m), má sorte (f)	нешанцаванне (н)	[neʃantsa'vanne]
tristeza (f)	засмучэнне (н)	[zasmu'tʃɛnne]
vergonha (f)	сорам (м)	['sɔram]
alegria (f)	весялосць (ж)	[vesʲa'lɔstsʲ]
entusiasmo (m)	энтузіязм (м)	[ɛntuziʲazm]
entusiasta (m)	энтузіяст (м)	[ɛntuziʲast]
mostrar entusiasmo	праявіць энтузіязм	[praʲa'vitsʲ ɛntuziʲazm]

62. Caráter. Personalidade

caráter (m)	характар (м)	[ha'raktar]
falha (f) de caráter	недахоп (м)	[neda'hɔp]
mente (f), razão (f)	розум (м)	['rɔzum]
consciência (f)	сумленне (н)	[sum'lenne]
hábito (m)	звычка (ж)	['zvitʃka]
habilidade (f)	здольнасць (ж)	['zdolʲnastsʲ]
saber (~ nadar, etc.)	умець	[u'metsʲ]
paciente	цярплівы	[tsʲarp'livi]
impaciente	няцярплівы	[netsʲarp'livi]
curioso	цікаўны	[tsi'kawni]
curiosidade (f)	цікаўнасць (ж)	[tsi'kawnastsʲ]
modéstia (f)	сціпласць (ж)	['sʲtsiplastsʲ]
modesto	сціплы	['sʲtsiplʲi]
imodesto	нясціплы	[nʲa'sʲtsiplʲi]
preguiça (f)	лянота (ж)	[lʲa'nɔta]
preguiçoso	гультаяваты	[ɦulʲtaʲa'vati]
preguiçoso (m)	гультай (м)	[ɦulʲ'taj]
astúcia (f)	хітрасць (ж)	['hitrastsʲ]
astuto	хітры	['hitri]
desconfiança (f)	недавер (м)	[neda'ver]
desconfiado	недаверлівы	[neda'verlivi]
generosidade (f)	шчодрасць (ж)	['ʃcɔdrastsʲ]
generoso	шчодры	['ʃcɔdri]
talentoso	таленавіты	[talena'viti]
talento (m)	талент (м)	['talent]
corajoso	смелы	['smelʲi]
coragem (f)	смеласць (ж)	['smelastsʲ]
honesto	сумленны	[sum'lenni]
honestidade (f)	сумленнасць (ж)	[sum'lennastsʲ]
prudente	асцярожны	[astsʲa'rɔʒni]
valente	адважны	[ad'vaʒni]
sério	сур'ёзны	[su'rʲʲɔzni]

severo	строгі	['strɔhi]
decidido	рашучы	[ra'ʃutʃi]
indeciso	нерашучы	[nera'ʃutʃi]
tímido	нясмелы	[nʲa'smeli]
timidez (f)	нясмеласць (ж)	[nʲa'smelastsʲ]
confiança (f)	давер (м)	[da'ver]
confiar (vt)	верыць	['veritsʲ]
crédulo	даверлівы	[da'verlivi]
sinceramente	чыстасардэчна	[tʃistasar'dɛtʃna]
sincero	чыстасардэчны	[tʃistasar'dɛtʃni]
sinceridade (f)	чыстасардэчнасць (ж)	[tʃistasar'dɛtʃnastsʲ]
aberto	адкрыты	[at'kriti]
calmo	ціхі	['tsihi]
franco	шчыры	['ʃɕiri]
ingénuo	наіўны	[na'iwni]
distraído	рассеяны	[ras'seʲani]
engraçado	смешны	['smeʃni]
ganância (f)	прагнасць (ж)	['prahnastsʲ]
ganancioso	прагны	['prahni]
avarento	скупы	[sku'pɨ]
mau	злы	['zlɨ]
teimoso	упарты	[u'parti]
desagradável	непрыемны	[nepri'emni]
egoísta (m)	эгаіст (м)	[ɛha'ist]
egoísta	эгаістычны	[ɛhais'titʃni]
cobarde (m)	баязлівец (м)	[baʲaz'livets]
cobarde	баязлівы	[baʲaz'livi]

63. O sono. Sonhos

dormir (vi)	спаць	['spatsʲ]
sono (m)	сон (м)	['sɔn]
sonho (m)	сон (м)	['sɔn]
sonhar (vi)	сніць сны	[snitsʲ 'sni]
sonolento	сонны	['sɔnni]
cama (f)	ложак (м)	['lɔʒak]
colchão (m)	матрац (м)	[mat'rats]
cobertor (m)	коўдра (ж)	['kowdra]
almofada (f)	падушка (ж)	[pa'duʃka]
lençol (m)	прасціна (ж)	[prasʲtsi'na]
insónia (f)	бяссонніца (ж)	[bʲas'sɔnnitsa]
insone	бяссонны	[bʲas'sɔnni]
sonífero (m)	снатворнае (н)	[snat'vɔrnae]
tomar um sonífero	прыняць снатворнае	[pri'nʲatsʲ snat'vɔrnae]
estar sonolento	хацець спаць	[ha'tsetsʲ 'spatsʲ]
bocejar (vi)	пазяхаць	[pazʲa'hatsʲ]

ir para a cama	ісці спаць	[is'tsi 'spatsʲ]
fazer a cama	слаць пасцель	[slatsʲ pas'tselʲ]
adormecer (vi)	заснуць	[zas'nutsʲ]
pesadelo (m)	кашмар (м)	[kaʃ'mar]
ronco (m)	храп (м)	['hrap]
roncar (vi)	храпці	[hrap'tsi]
despertador (m)	будзільнік (м)	[bu'dzilʲnik]
acordar, despertar (vt)	разбудзіць	[razbu'dzitsʲ]
acordar (vi)	прачынацца	[pratʃi'natsa]
levantar-se (vr)	уставаць	[usta'vatsʲ]
lavar-se (vr)	умывацца	[umiˈvatsa]

64. Humor. Riso. Alegria

humor (m)	гумар (м)	['ɦumar]
sentido (m) de humor	пачуццё (н)	[patʃu'tsʲo]
divertir-se (vr)	весяліцца	[vesʲa'litsa]
alegre	вясёлы	[vʲa'sʲoli]
alegria (f)	весялосць (ж)	[vesʲa'lostsʲ]
sorriso (m)	усмешка (ж)	[us'meʃka]
sorrir (vi)	усміхацца	[usmi'hatsa]
começar a rir	засмяяцца	[zasmæ'ʲatsa]
rir (vi)	смяяцца	[smæ'ʲatsa]
riso (m)	смех (м)	['smeh]
anedota (f)	анекдот (м)	[aneɦ'dɔt]
engraçado	смешны	['smeʃni]
ridículo	смешны	['smeʃni]
brincar, fazer piadas	жартаваць	[ʒarta'vatsʲ]
piada (f)	жарт (м)	['ʒart]
alegria (f)	радасць (ж)	['radastsʲ]
regozijar-se (vr)	радавацца	['radavatsa]
alegre	радасны	['radasni]

65. Discussão, conversação. Parte 1

comunicação (f)	зносіны (мн)	['znɔsini]
comunicar-se (vr)	мець зносіны	['metsʲ 'znɔsini]
conversa (f)	размова (ж)	[raz'mɔva]
diálogo (m)	дыялог (м)	[dɨʲa'lɔɦ]
discussão (f)	дыскусія (ж)	[dis'kusiʲa]
debate (m)	спрэчка (ж)	['sprɛtʃka]
debater (vt)	спрачацца	[spra'tʃatsa]
interlocutor (m)	суразмоўца (м)	[suraz'mɔwtsa]
tema (m)	тэма (ж)	['tɛma]
ponto (m) de vista	пункт (м) погляду	['punkt 'pɔɦlʲadu]

opinião (f)	меркаванне (н)	[merka'vanne]
discurso (m)	прамова (ж)	[pra'mɔva]
discussão (f)	абмеркаванне (н)	[abmerka'vanne]
discutir (vt)	абмяркоўваць	[abmʲar'kɔwvatsʲ]
conversa (f)	гутарка (ж)	['ɦutarka]
conversar (vi)	гутарыць	['ɦutaritsʲ]
encontro (m)	сустрэча (ж)	[sus'trɛtʃa]
encontrar-se (vr)	сустракацца	[sustra'katsa]
provérbio (m)	прыказка (ж)	['prikaska]
ditado (m)	прымаўка (ж)	['primawka]
adivinha (f)	загадка (ж)	[za'ɦatka]
dizer uma adivinha	загадваць загадку	[za'ɦadvatsʲ za'ɦatku]
senha (f)	пароль (м)	[pa'rɔlʲ]
segredo (m)	сакрэт (м)	[sak'rɛt]
juramento (m)	клятва (ж)	['klʲatva]
jurar (vi)	клясціся	['klʲastsisʲa]
promessa (f)	абяцанне (н)	[abʲa'tsanne]
prometer (vt)	абяцаць	[abʲa'tsatsʲ]
conselho (m)	парада (ж)	[pa'rada]
aconselhar (vt)	раіць	['raitsʲ]
seguir o conselho	прытрымлівацца парады	[pri'trimlivatstsa pa'radi]
escutar (~ os conselhos)	слухацца ...	['sluhatsa ...]
novidade, notícia (f)	навіна (ж)	[navi'na]
sensação (f)	сенсацыя (ж)	[sen'satsʲia]
informação (f)	звесткі (ж мн)	['zʲvestki]
conclusão (f)	выснова (ж)	[vis'nɔva]
voz (f)	голас (м)	['ɦɔlas]
elogio (m)	камплімент (м)	[kampli'ment]
amável	ласкавы	[las'kavi]
palavra (f)	слова (н)	['slɔva]
frase (f)	фраза (ж)	['fraza]
resposta (f)	адказ (м)	[at'kas]
verdade (f)	праўда (ж)	['prawda]
mentira (f)	хлусня (ж)	[hlusʲ'nʲa]
pensamento (m)	думка (ж)	['dumka]
ideia (f)	ідэя (ж)	[i'dɛʲa]
fantasia (f)	фантазія (ж)	[fan'taziʲa]

66. Discussão, conversação. Parte 2

estimado	паважаны	[pava'ʒani]
respeitar (vt)	паважаць	[pava'ʒatsʲ]
respeito (m)	павага (ж)	[pa'vaɦa]
Estimado ..., Caro ...	Паважаны ...	[pava'ʒani ...]
apresentar (vt)	пазнаёміць	[pazna'ʲomitsʲ]
travar conhecimento	пазнаёмiцца	[pazna'ʲomitsa]

T&P Books. Vocabulário Português-Bielorrusso - 9000 palavras

intenção (f)	намер (м)	[na'mer]
tencionar (vt)	мець намер	['metsʲ na'mer]
desejo (m)	пажаданне (н)	[paʒa'danne]
desejar (ex. ~ boa sorte)	пажадаць	[paʒa'datsʲ]
surpresa (f)	здзіўленне (н)	[zʲdziw'lenne]
surpreender (vt)	здзіўляць	[zʲdziw'lʲatsʲ]
surpreender-se (vr)	здзіўляцца	[zʲdziw'lʲatsa]
dar (vt)	даць	['datsʲ]
pegar (tomar)	узяць	[u'zʲatsʲ]
devolver (vt)	вярнуць	[vʲar'nutsʲ]
retornar (vt)	аддаць	[ad'datsʲ]
desculpar-se (vr)	прасіць прабачэння	[pra'sitsʲ praba'tʃɛnnʲa]
desculpa (f)	прабачэнне (н)	[praba'tʃɛnne]
perdoar (vt)	выбачаць	[vɨba'tʃatsʲ]
falar (vi)	размаўляць	[razmaw'lʲatsʲ]
escutar (vt)	слухаць	['sluhatsʲ]
ouvir até o fim	выслухаць	['vɨsluhatsʲ]
compreender (vt)	зразумець	[zrazu'metsʲ]
mostrar (vt)	паказаць	[paka'zatsʲ]
olhar para ...	глядзець на ...	[hlʲa'dzetsʲ na ...]
chamar (dizer em voz alta o nome)	паклікаць	[pa'klikatsʲ]
distrair (vt)	турбаваць	[turba'vatsʲ]
perturbar (vt)	замінаць	[zami'natsʲ]
entregar (~ em mãos)	перадаць	[pera'datsʲ]
pedido (m)	просьба (ж)	['prozʲba]
pedir (ex. ~ ajuda)	прасіць	[pra'sitsʲ]
exigência (f)	патрабаванне (н)	[patraba'vanne]
exigir (vt)	патрабаваць	[patraba'vatsʲ]
chamar nomes (vt)	дражніць	[draʒ'nitsʲ]
zombar (vt)	кпіць	['kpitsʲ]
zombaria (f)	кпіны (мн)	['kpinɨ]
alcunha (f)	празванне (н)	[praz'vanne]
insinuação (f)	намёк (м)	[na'mʲok]
insinuar (vt)	намякаць	[namʲa'katsʲ]
subentender (vt)	мець на ўвазе	['metsʲ na w'vaze]
descrição (f)	апісанне (н)	[api'sanne]
descrever (vt)	апісаць	[api'satsʲ]
elogio (m)	пахвала (ж)	[pahva'la]
elogiar (vt)	пахваліць	[pahva'litsʲ]
desapontamento (m)	расчараванне (н)	[raʃcara'vanne]
desapontar (vt)	расчараваць	[raʃcara'vatsʲ]
desapontar-se (vr)	расчаравацца	[raʃcara'vatsa]
suposição (f)	дапушчэнне (н)	[dapu'ʃɕɛnne]
supor (vt)	дапускаць	[dapus'katsʲ]

advertência (f)	перасцярога (ж)	[perastsʲaˈrɔha]
advertir (vt)	перасцерагчы	[perasʲtserahˈtʃi]

67. Discussão, conversação. Parte 3

convencer (vt)	угаварыць	[uhavaˈritsʲ]
acalmar (vt)	супакойваць	[supaˈkɔjvatsʲ]
silêncio (o ~ é de ouro)	маўчанне (н)	[mawˈtʃanne]
ficar em silêncio	маўчаць	[mawˈtʃatsʲ]
sussurrar (vt)	шапнуць	[ʃapˈnutsʲ]
sussurro (m)	шэпт (м)	[ˈʃɛpt]
francamente	шчыра	[ˈʃɕira]
a meu ver ...	на маю думку ...	[na maˈʉ ˈdumku ...]
detalhe (~ da história)	падрабязнасць (ж)	[padraˈbʲaznastsʲ]
detalhado	падрабязны	[padraˈbʲaznɨ]
detalhadamente	падрабязна	[padraˈbʲazna]
dica (f)	падказка (ж)	[patˈkaska]
dar uma dica	падказаць	[patkaˈzatsʲ]
olhar (m)	позірк (м)	[ˈpɔzirk]
dar uma vista de olhos	зірнуць	[zirˈnutsʲ]
fixo (olhar ~)	нерухомы	[neruˈhɔmɨ]
piscar (vi)	міргаць	[mirˈhatsʲ]
pestanejar (vt)	мігнуць	[mihˈnutsʲ]
acenar (com a cabeça)	кіўнуць	[kiwˈnutsʲ]
suspiro (m)	уздых (м)	[uzˈdɨh]
suspirar (vi)	уздыхнуць	[uzdɨhˈnutsʲ]
estremecer (vi)	уздрыгваць	[uzˈdrɨhvatsʲ]
gesto (m)	жэст (м)	[ˈʒɛst]
tocar (com as mãos)	дакрануцца	[dakraˈnutsa]
agarrar (~ pelo braço)	хапаць	[haˈpatsʲ]
bater de leve	ляпаць	[ˈlʲapatsʲ]
Cuidado!	Асцярожна!	[astsʲaˈrɔʒna]
A sério?	Няўжо?	[nʲawˈʒɔ]
Tem certeza?	Ты ўпэўнены?	[tɨ uˈpɛwnenɨ]
Boa sorte!	Удачы!	[uˈdatʃi]
Compreendi!	Зразумела!	[zrazuˈmela]
Que pena!	Шкада!	[ʃkaˈda]

68. Acordo. Recusa

consentimento (~ mútuo)	згода (ж)	[ˈzhɔda]
consentir (vi)	згаджацца	[zhaˈdʒatsa]
aprovação (f)	ухвала (ж)	[uhˈvala]
aprovar (vt)	ухваліць	[uhvaˈlitsʲ]
recusa (f)	адмова (ж)	[adˈmɔva]

negar-se (vt)	адмаўляцца	[admaw'lʲatsa]
Está ótimo!	Выдатна!	[vi'datna]
Muito bem!	Згода!	['zɦɔda]
Está bem! De acordo!	Добра!	['dɔbra]
proibido	забаронены	[zaba'rɔneni]
é proibido	нельга	['nelʲɦa]
é impossível	немагчыма	[nemaɦ'tʃima]
incorreto	няправільны	[nʲa'pravilʲni]
rejeitar (~ um pedido)	адхіліць	[athi'litsʲ]
apoiar (vt)	падтрымаць	[pattri'matsʲ]
aceitar (desculpas, etc.)	прыняць	[pri'nʲatsʲ]
confirmar (vt)	пацвердзіць	[pats'verdzitsʲ]
confirmação (f)	пацвярджэнне (н)	[patsvʲar'dʒɛnne]
permissão (f)	дазвол (м)	[daz'vɔl]
permitir (vt)	дазволіць	[daz'vɔlitsʲ]
decisão (f)	рашэнне (н)	[ra'ʃɛnne]
não dizer nada	прамаўчаць	[pramaw'tʃatsʲ]
condição (com uma ~)	умова (ж)	[u'mɔva]
pretexto (m)	адгаворка (ж)	[adɦa'vɔrka]
elogio (m)	пахвала (ж)	[pahva'la]
elogiar (vt)	пахваліць	[pahva'litsʲ]

69. Sucesso. Boa sorte. Insucesso

êxito, sucesso (m)	поспех (м)	['pɔspeh]
com êxito	паспяхова	[paspʲa'hɔva]
bem sucedido	паспяховы	[paspʲa'hɔvi]
sorte (fortuna)	удача (ж)	[u'datʃa]
Boa sorte!	Удачы!	[u'datʃi]
de sorte	удалы	[u'dali]
sortudo, felizardo	удачлівы	[u'datʃlivi]
fracasso (m)	няўдача (ж)	[nʲaw'datʃa]
pouca sorte (f)	няўдача (ж)	[nʲaw'datʃa]
azar (m), má sorte (f)	нешанцаванне (н)	[neʃantsa'vanne]
mal sucedido	няўдалы	[nʲaw'dali]
catástrofe (f)	катастрофа (ж)	[kata'strɔfa]
orgulho (m)	гонар (м)	['ɦɔnar]
orgulhoso	горды	['ɦɔrdi]
estar orgulhoso	ганарыцца	[ɦana'ritsa]
vencedor (m)	пераможца (м)	[pera'mɔʃtsa]
vencer (vi)	перамагчы	[peramaɦ'tʃi]
perder (vt)	прайграць	[praj'ɦratsʲ]
tentativa (f)	спроба (ж)	['sprɔba]
tentar (vt)	спрабаваць	[spraba'vatsʲ]
chance (m)	шанец (м)	['ʃanets]

70. Conflitos. Emoções negativas

grito (m)	крык (м)	['krik]
gritar (vi)	крычаць	[kri'tʃatsʲ]
começar a gritar	закрычаць	[zakri'tʃatsʲ]
discussão (f)	сварка (ж)	['svarka]
discutir (vt)	сварыцца	[sva'ritsa]
escândalo (m)	скандал (м)	[skan'dal]
criar escândalo	скандаліць	[skan'dalitsʲ]
conflito (m)	канфлікт (м)	[kan'flikt]
mal-entendido (m)	непаразуменне (н)	[neparazu'menne]
insulto (m)	абраза (ж)	[ab'raza]
insultar (vt)	абражаць	[abra'ʒatsʲ]
insultado	абражаны	[ab'raʒani]
ofensa (f)	крыўда (ж)	['kriwda]
ofender (vt)	пакрыўдзіць	[pa'kriwdzitsʲ]
ofender-se (vr)	пакрыўдзіцца	[pa'kriwdzitsa]
indignação (f)	абурэнне (н)	[abu'rɛnne]
indignar-se (vr)	абурацца	[abu'ratsa]
queixa (f)	скарга (ж)	['skarɦa]
queixar-se (vr)	скардзіцца	['skardzitsa]
desculpa (f)	прабачэнне (н)	[praba'tʃɛnne]
desculpar-se (vr)	прасіць прабачэння	[pra'sitsʲ praba'tʃɛnnʲa]
pedir perdão	перапрашаць	[perapra'ʃatsʲ]
crítica (f)	крытыка (ж)	['kritika]
criticar (vt)	крытыкаваць	[kritika'vatsʲ]
acusação (f)	абвінавачванне (н)	[abvina'vatʃvanne]
acusar (vt)	абвінавачваць	[abvina'vatʃvatsʲ]
vingança (f)	помста (ж)	['pɔmsta]
vingar (vt)	помсціць	['pɔmsʲtsitsʲ]
vingar-se (vr)	адплаціць	[atpla'tsitsʲ]
desprezo (m)	пагарда (ж)	[pa'ɦarda]
desprezar (vt)	пагарджаць	[paɦar'dʒatsʲ]
ódio (m)	нянавісць (ж)	[nʲa'navistsʲ]
odiar (vt)	ненавідзець	[nena'vidzetsʲ]
nervoso	нервовы	[ner'vɔvi]
estar nervoso	нерваваць	[nerva'vatsa]
zangado	злосны	['zlɔsni]
zangar (vt)	раззлаваць	[razzla'vatsʲ]
humilhação (f)	прыніжэнне (ж)	[prini'ʒɛnne]
humilhar (vt)	прыніжаць	[prini'ʒatsʲ]
humilhar-se (vr)	прыніжацца	[prini'ʒatsa]
choque (m)	шок (м)	['ʃɔk]
chocar (vt)	шакіраваць	[ʃa'kiravatsʲ]
aborrecimento (m)	непрыемнасць (ж)	[nepri'emnastsʲ]

desagradável	непрыемны	[nepri'emnʲi]
medo (m)	страх (м)	['strah]
terrível (tempestade, etc.)	страшэнны	[stra'ʃɛnnʲi]
assustador (ex. história ~a)	страшны	['straʃnʲi]
horror (m)	жах (м)	['ʒah]
horrível (crime, etc.)	жахлівы	[ʒah'livi]

começar a tremer	задрыжаць	[zadrʲi'ʒatsʲ]
chorar (vi)	плакаць	['plakatsʲ]
começar a chorar	заплакаць	[zap'lakatsʲ]
lágrima (f)	сляза (ж)	[slʲa'za]

falta (f)	віна (ж)	[vi'na]
culpa (f)	віна (ж)	[vi'na]
desonra (f)	ганьба (ж)	['hanʲba]
protesto (m)	пратэст (м)	[pra'tɛst]
stresse (m)	стрэс (м)	['strɛs]

perturbar (vt)	турбаваць	[turba'vatsʲ]
zangar-se com …	злавацца	[zla'vatsa]
zangado	злы	['zlɨ]
terminar (vt)	спыняць	[spɨ'nʲatsʲ]
praguejar	лаяцца	['laʲatsa]

assustar-se	палохацца	[pa'lɔhatsa]
golpear (vt)	стукнуць	['stuknutsʲ]
brigar (na rua, etc.)	біцца	['bitsa]

resolver (o conflito)	урэгуляваць	[urɛhulʲa'vatsʲ]
descontente	незадаволены	[nezada'vɔleni]
furioso	люты	['lʉti]

Não está bem!	Гэта нядобра!	['hɛta nʲa'dɔbra]
É mau!	Гэта дрэнна!	['hɛta 'drɛnna]

Medicina

71. Doenças

doença (f)	хвароба (ж)	[hva'rɔba]
estar doente	хварэць	[hva'rɛtsʲ]
saúde (f)	здароўе (н)	[zda'rɔwe]

nariz (m) a escorrer	насмарк (м)	['nasmark]
amigdalite (f)	ангіна (ж)	[an'hina]
constipação (f)	прастуда (ж)	[pra'studa]
constipar-se (vr)	прастудзіцца	[prastu'dzitsa]

bronquite (f)	бранхіт (м)	[bran'hit]
pneumonia (f)	запаленне (н) лёгкіх	[zapa'lenne 'lʲohkih]
gripe (f)	грып (м)	['hrip]

míope	блізарукі	[bliza'ruki]
presbita	дальназоркі	[dalʲna'zɔrki]
estrabismo (m)	касавокасць (ж)	[kasa'vɔkastsʲ]
estrábico	касавокі	[kasa'vɔki]
catarata (f)	катаракта (ж)	[kata'rakta]
glaucoma (m)	глаўкома (ж)	[hlaw'kɔma]

AVC (m), apoplexia (f)	інсульт (м)	[in'sulʲt]
ataque (m) cardíaco	інфаркт (м)	[in'farkt]
enfarte (m) do miocárdio	інфаркт (м) міякарда	[in'farkt mʲia'karda]
paralisia (f)	параліч (м)	[para'litʃ]
paralisar (vt)	паралізаваць	[paraliza'vatsʲ]

alergia (f)	алергія (ж)	[aler'hiʲa]
asma (f)	астма (ж)	['astma]
diabetes (f)	дыябет (м)	[dʲia'bet]

dor (f) de dentes	зубны боль (м)	[zub'nɨ 'bɔlʲ]
cárie (f)	карыес (м)	['karies]

diarreia (f)	дыярэя (ж)	[dʲia'rɛʲa]
prisão (f) de ventre	запор (м)	[za'pɔr]
desarranjo (m) intestinal	расстройства (н) страўніка	[ras'strɔjstva 'strawnika]
intoxicação (f) alimentar	атручванне (н)	[a'trutʃvanne]
intoxicar-se	атруціцца	[atru'tsitsa]

artrite (f)	артрыт (м)	[art'rit]
raquitismo (m)	рахіт (м)	[ra'hit]
reumatismo (m)	рэўматызм (м)	[rɛwma'tizm]
arteriosclerose (f)	атэрасклероз (м)	[atɛraskle'rɔs]

gastrite (f)	гастрыт (м)	[has'trit]
apendicite (f)	апендыцыт (м)	[apendi'tsit]

colecistite (f)	халецыстыт (m)	[haletsis'tit]
úlcera (f)	язва (ж)	['ʲazva]

sarampo (m)	адзёр (m)	[a'dzʲor]
rubéola (f)	краснуха (ж)	[kras'nuha]
itericia (f)	жаўтуха (ж)	[ʒaw'tuha]
hepatite (f)	гепатыт (m)	[ɦepa'tit]

esquizofrenia (f)	шызафрэнія (ж)	[ʃizafrɛ'niʲa]
raiva (f)	шаленства (н)	[ʃa'lenstva]
neurose (f)	неўроз (m)	[new'rɔs]
comoção (f) cerebral	страсенне (н) мазгоў	[stra'senne maz'ɦow]

cancro (m)	рак (m)	['rak]
esclerose (f)	склероз (m)	[skle'rɔs]
esclerose (f) múltipla	рассеяны склероз (m)	[ras'seʲani skle'rɔs]

alcoolismo (m)	алкагалізм (m)	[alkaɦa'lizm]
alcoólico (m)	алкаголік (m)	[alka'ɦolik]
sífilis (f)	сіфіліс (m)	['sifilis]
SIDA (f)	СНІД (m)	['snit]

tumor (m)	пухліна (ж)	[puh'lina]
maligno	злаякасная	[zlaʲakasnaʲa]
benigno	дабраякасная	[dabraʲakasnaʲa]

febre (f)	ліхаманка (ж)	[liha'manka]
malária (f)	малярыя (ж)	[malʲa'rʲʲa]
gangrena (f)	гангрэна (ж)	[ɦan'ɦrɛna]
enjoo (m)	марская хвароба (ж)	[mar'skaʲa hva'rɔba]
epilepsia (f)	эпілепсія (ж)	[ɛpi'lepsiʲa]

epidemia (f)	эпідэмія (ж)	[ɛpi'dɛmiʲa]
tifo (m)	тыф (m)	['tif]
tuberculose (f)	сухоты (мн)	[su'hɔti]
cólera (f)	халера (ж)	[ha'lera]
peste (f)	чума (ж)	[tʃu'ma]

72. Sintomas. Tratamentos. Parte 1

sintoma (m)	сімптом (m)	[simp'tɔm]
temperatura (f)	тэмпература (ж)	[tɛmpera'tura]
febre (f)	высокая тэмпература (ж)	[vi'sɔkaʲa tɛmpera'tura]
pulso (m)	пульс (m)	['pulʲs]

vertigem (f)	галавакружэнне (н)	[ɦalava'kruʒɛnne]
quente (testa, etc.)	гарачы	[ɦa'ratʃi]
calafrio (m)	дрыжыкі (мн)	['driʒiki]
pálido	бледны	['bledni]

tosse (f)	кашаль (m)	['kaʃalʲ]
tossir (vi)	кашляць	['kaʃlʲatsʲ]
espirrar (vi)	чхаць	['tʃhatsʲ]
desmaio (m)	непрытомнасць (ж)	[nepri'tɔmnastsʲ]

desmaiar (vi)	страціць прытомнасць	[stratsitsʲ pritomnastsʲ]
nódoa (f) negra	сіняк (m)	[siˈnʲak]
galo (m)	гуз (m)	[ˈɦus]
magoar-se (vr)	стукнуцца	[ˈstuknutsa]
pisadura (f)	выцятае месца (н)	[vitsʲatae ˈmestsa]
aleijar-se (vr)	выцяцца	[ˈvitsʲatsa]
coxear (vi)	кульгаць	[kulʲˈɦatsʲ]
deslocação (f)	звіх (m)	[ˈzʲvih]
deslocar (vt)	звіхнуць	[zʲvihˈnutsʲ]
fratura (f)	пералом (m)	[peraˈlɔm]
fraturar (vt)	атрымаць пералом	[atriˈmatsʲ peraˈlɔm]
corte (m)	парэз (m)	[paˈrɛs]
cortar-se (vr)	парэзацца	[paˈrɛzatsa]
hemorragia (f)	крывацёк (m)	[krivaˈtsʲok]
queimadura (f)	апёк (m)	[aˈpʲok]
queimar-se (vr)	апячыся	[apʲaˈtʃisʲa]
picar (vt)	укалоць	[ukaˈlɔtsʲ]
picar-se (vr)	укалоцца	[ukaˈlɔtsa]
lesionar (vt)	пашкодзіць	[paʃˈkɔdzitsʲ]
lesão (m)	пашкоджанне (н)	[paʃˈkɔdʒanne]
ferida (f), ferimento (m)	рана (ж)	[ˈrana]
trauma (m)	траўма (ж)	[ˈtrawma]
delirar (vi)	трызніць	[ˈtrizʲnitsʲ]
gaguejar (vi)	заікацца	[zaiˈkatsa]
insolação (f)	сонечны ўдар (m)	[ˈsɔnetʃnɨ uˈdar]

73. Sintomas. Tratamentos. Parte 2

dor (f)	боль (m)	[ˈbɔlʲ]
farpa (no dedo)	стрэмка (ж)	[ˈstrɛmka]
suor (m)	пот (m)	[ˈpɔt]
suar (vi)	пацець	[paˈtsetsʲ]
vómito (m)	ваніты (мн)	[vaˈnitɨ]
convulsões (f pl)	сутаргі (ж мн)	[ˈsutarɦi]
grávida	цяжарная	[tsʲaˈʒarnaʲa]
nascer (vi)	нарадзіцца	[naraˈdzitsa]
parto (m)	роды (мн)	[ˈrɔdɨ]
dar à luz	нараджаць	[naraˈdʒatsʲ]
aborto (m)	аборт (m)	[aˈbɔrt]
respiração (f)	дыханне (н)	[diˈɦanne]
inspiração (f)	удых (m)	[uˈdɨh]
expiração (f)	выдых (m)	[ˈvɨdɨh]
expirar (vi)	выдыхнуць	[ˈvɨdɨhnutsʲ]
inspirar (vi)	зрабіць удых	[zraˈbitsʲ uˈdɨh]
inválido (m)	інвалід (m)	[invaˈlit]
aleijado (m)	калека (м, ж)	[kaˈleka]

toxicodependente (m)	наркаман (м)	[narka'man]
surdo	глухі	[ɦlu'hi]
mudo	нямы	[nʲa'mɨ]
surdo-mudo	глуханямы	[ɦluhanʲa'mɨ]

louco (adj.)	звар'яцелы	[zvarʲa'tsɛlɨ]
louco (m)	вар'ят (м)	[va'rʲat]
louca (f)	вар'ятка (ж)	[va'rʲatka]
ficar louco	звар'яцець	[zvarʲa'tsɛtsʲ]

gene (m)	ген (м)	['ɦɛn]
imunidade (f)	імунітэт (м)	[imuni'tɛt]
hereditário	спадчынны	['spatʃɨnnɨ]
congénito	прыроджаны	[pri'rɔdʒanɨ]

vírus (m)	вірус (м)	['virus]
micróbio (m)	мікроб (м)	[mik'rɔp]
bactéria (f)	бактэрыя (ж)	[bak'tɛrʲia]
infeção (f)	інфекцыя (ж)	[in'fɛktsʲia]

74. Sintomas. Tratamentos. Parte 3

hospital (m)	бальніца (ж)	[balʲ'nitsa]
paciente (m)	пацыент (м)	[patsɨ'ɛnt]

diagnóstico (m)	дыягназ (м)	[diʲ'aɦnaz]
cura (f)	лячэнне (н)	[lʲa'tʃɛnne]
curar-se (vr)	лячыцца	[lʲa'tʃɨtsa]
tratar (vt)	лячыць	[lʲa'tʃɨtsʲ]
cuidar (pessoa)	даглядаць	[daɦlʲa'datsʲ]
cuidados (m pl)	догляд (м)	['dɔɦlʲat]

operação (f)	аперацыя (ж)	[apɛ'ratsʲia]
enfaixar (vt)	перавязаць	[peravʲa'zatsʲ]
enfaixamento (m)	перавязванне (н)	[pera'vʲazvanne]

vacinação (f)	прышчэпка (ж)	[pri'ʃtsɛpka]
vacinar (vt)	рабіць прышчэпку	[ra'bitsʲ pri'ʃtsɛpku]
injeção (f)	укол (м)	[u'kɔl]
dar uma injeção	рабіць укол	[ra'bitsʲ u'kɔl]

ataque (~ de asma, etc.)	прыступ, прыпадак (м)	[pristup], [pri'padak]
amputação (f)	ампутацыя (ж)	[ampu'tatsʲia]
amputar (vt)	ампутаваць	[amputa'vatsʲ]
coma (f)	кома (ж)	['kɔma]
estar em coma	быць у коме	[bɨtsʲ u 'kɔme]
reanimação (f)	рэанімацыя (ж)	[rɛani'matsʲia]

recuperar-se (vr)	папраўляцца	[papraw'lʲatsa]
estado (~ de saúde)	стан (м)	['stan]
consciência (f)	прытомнасць (ж)	[pri'tɔmnastsʲ]
memória (f)	памяць (ж)	['pamʲatsʲ]
tirar (vt)	вырываць	[viri'vatsʲ]
chumbo (m), obturação (f)	пломба (ж)	['plɔmba]

chumbar, obturar (vt)	пламбіраваць	[plambira'vatsʲ]
hipnose (f)	гіпноз (м)	[ɦip'nɔs]
hipnotizar (vt)	гіпнатызаваць	[ɦipnatiza'vatsʲ]

75. Médicos

médico (m)	урач (м)	[u'ratʃ]
enfermeira (f)	медсястра (ж)	[metsʲas'tra]
médico (m) pessoal	асабісты ўрач (м)	[asa'bistɨ 'wratʃ]
dentista (m)	дантыст (м)	[dan'tist]
oculista (m)	акуліст (м)	[aku'list]
terapeuta (m)	тэрапеўт (м)	[tɛra'pewt]
cirurgião (m)	хірург (м)	[hi'rurɦ]
psiquiatra (m)	псіхіятр (м)	[psihi'ʲatr]
pediatra (m)	педыятр (м)	[pedi'ʲatr]
psicólogo (m)	псіхолаг (м)	[psi'hɔlaɦ]
ginecologista (m)	гінеколаг (м)	[ɦine'kɔlaɦ]
cardiologista (m)	кардыёлаг (м)	[kardi'ʲolaɦ]

76. Medicina. Drogas. Acessórios

medicamento (m)	лякарства (н)	[lʲa'karstva]
remédio (m)	сродак (м)	['srɔdak]
receitar (vt)	прапісаць	[prapi'satsʲ]
receita (f)	рэцэпт (м)	[rɛ'tsɛpt]
comprimido (m)	таблетка (ж)	[tab'letka]
pomada (f)	мазь (ж)	['masʲ]
ampola (f)	ампула (ж)	['ampula]
preparado (m)	мікстура (ж)	[miks'tura]
xarope (m)	сіроп (м)	[si'rɔp]
cápsula (f)	пілюля (ж)	[pi'lʲulʲa]
remédio (m) em pó	парашок (м)	[para'ʃɔk]
ligadura (f)	бінт (м)	['bint]
algodão (m)	вата (ж)	['vata]
iodo (m)	ёд (м)	[ʲot]
penso (m) rápido	лейкапластыр (м)	[lejka'plastir]
conta-gotas (m)	піпетка (ж)	[pi'petka]
termómetro (m)	градуснік (м)	['ɦradusnik]
seringa (f)	шпрыц (м)	['ʃprits]
cadeira (f) de rodas	каляска (ж)	[ka'lʲaska]
muletas (f pl)	мыліцы (ж мн)	['mɨlitsɨ]
analgésico (m)	абязбольвальнае (н)	[abʲaz'bɔlʲvalʲnae]
laxante (m)	слабіцельнае (н)	[sla'bitselʲnae]
álcool (m) etílico	спірт (м)	['spirt]
ervas (f pl) medicinais	трава (ж)	[tra'va]
de ervas (chá ~)	травяны	[travʲa'nɨ]

77. Fumar. Produtos tabágicos

tabaco (m)	тытунь (м)	[tɨ'tunʲ]
cigarro (m)	цыгарэта (ж)	[tsɨha'rɛta]
charuto (m)	цыгара (ж)	[tsɨ'hara]
cachimbo (m)	люлька (ж)	['lʉlʲka]
maço (~ de cigarros)	пачак (м)	['patʃak]

fósforos (m pl)	запалкі (ж мн)	[za'palki]
caixa (f) de fósforos	запалкавы пачак (м)	[za'palkavɨ 'patʃak]
isqueiro (m)	запальніца (ж)	[zapalʲ'nitsa]
cinzeiro (m)	попельніца (ж)	['popelʲnitsa]
cigarreira (f)	партабак (м)	[parta'bak]

boquilha (f)	муштук (м)	[muʃ'tuk]
filtro (m)	фільтр (м)	['filʲtr]

fumar (vi, vt)	курыць	[ku'rɨtsʲ]
acender um cigarro	закурыць	[zaku'rɨtsʲ]
tabagismo (m)	курэнне (н)	[ku'rɛnne]
fumador (m)	курэц (м)	[ku'rɛts]

beata (f)	недакурак (м)	[neda'kurak]
fumo (m)	дым (м)	['dɨm]
cinza (f)	попел (м)	['popel]

HABITAT HUMANO

Cidade

78. Cidade. Vida na cidade

cidade (f)	горад (м)	['hɔrat]
capital (f)	сталіца (ж)	[sta'litsa]
aldeia (f)	вёска (ж)	['vʲoska]
mapa (m) da cidade	план (м) горада	['plan 'hɔrada]
centro (m) da cidade	цэнтр (м) горада	['tsɛntr 'hɔrada]
subúrbio (m)	прыгарад (м)	['priɦarat]
suburbano	прыгарадны	['priɦaradnɨ]
periferia (f)	ускраіна (ж)	[us'kraina]
arredores (m pl)	наваколле (н)	[nava'kɔlle]
quarteirão (m)	квартал (м)	[kvar'tal]
quarteirão (m) residencial	жылы квартал (м)	[ʒɨ'lɨ kvar'tal]
tráfego (m)	вулічны рух (м)	['vulitʃnɨ 'ruh]
semáforo (m)	святлафор (м)	[svʲatla'fɔr]
transporte (m) público	гарадскі транспарт (м)	[ɦara'tski 'transpart]
cruzamento (m)	скрыжаванне (н)	[skrɨʒa'vanne]
passadeira (f)	пешаходны пераход (м)	[peʃa'hɔdnɨ pera'hɔt]
passagem (f) subterrânea	падземны пераход (м)	[pa'dzemnɨ pera'hɔt]
cruzar, atravessar (vt)	пераходзіць	[pera'hɔdzitsʲ]
peão (m)	пешаход (м)	[peʃa'hɔt]
passeio (m)	ходнік (м)	['hɔdnik]
ponte (f)	мост (м)	['mɔst]
margem (f) do rio	набярэжная (ж)	[nabʲa'rɛʒnaʲa]
fonte (f)	фантан (м)	[fan'tan]
alameda (f)	алея (ж)	[a'leʲa]
parque (m)	парк (м)	['park]
bulevar (m)	бульвар (м)	[bulʲ'var]
praça (f)	плошча (ж)	['plɔʃʧa]
avenida (f)	праспект (м)	[pras'pekt]
rua (f)	вуліца (ж)	['vulitsa]
travessa (f)	завулак (м)	[za'vulak]
beco (m) sem saída	тупік (м)	[tu'pik]
casa (f)	дом (м)	['dɔm]
edifício, prédio (m)	будынак (м)	[bu'dɨnak]
arranha-céus (m)	хмарачос (м)	[hmara'tʃɔs]
fachada (f)	фасад (м)	[fa'sat]
telhado (m)	дах (м)	['dah]

janela (f)	акно (н)	[ak'nɔ]
arco (m)	арка (ж)	['arka]
coluna (f)	калона (ж)	[ka'lɔnaⁱ]
esquina (f)	рог (м)	['rɔɦ]

montra (f)	вітрына (ж)	[vit'rina]
letreiro (m)	шыльда (ж)	['ʃɨlʲda]
cartaz (m)	афіша (ж)	[a'fiʃa]
cartaz (m) publicitário	рэкламны плакат (м)	[rɛk'lamnɨ pla'kat]
painel (m) publicitário	рэкламны шчыт (м)	[rɛk'lamnɨ 'ɕit]

lixo (m)	смецце (н)	['smetse]
cesta (f) do lixo	урна (ж)	['urna]
jogar lixo na rua	насмечваць	[nas'metʃvatsʲ]
aterro (m) sanitário	сметнік (м)	['smetnik]

cabine (f) telefónica	тэлефонная будка (ж)	[tɛle'fɔnnaʲa 'butka]
candeeiro (m) de rua	ліхтарны слуп (м)	[lih'tarnɨ 'slup]
banco (m)	лаўка (ж)	['lawka]

polícia (m)	паліцэйскі (м)	[pali'tsɛjski]
polícia (instituição)	паліцыя (ж)	[pa'litsɨʲa]
mendigo (m)	жабрак (м)	[ʒab'rak]
sem-abrigo (m)	беспрытульны (м)	[bespri'tulʲni]

79. Instituições urbanas

loja (f)	крама (ж)	['krama]
farmácia (f)	аптэка (ж)	[ap'tɛka]
ótica (f)	оптыка (ж)	['ɔptika]
centro (m) comercial	гандлёвы цэнтр (м)	[ɦand'lʲovɨ 'tsɛntr]
supermercado (m)	супермаркет (м)	[super'market]

padaria (f)	булачная (ж)	['bulatʃnaʲa]
padeiro (m)	пекар (м)	['pekar]
pastelaria (f)	кандытарская (ж)	[kan'dɨtarskaʲa]
mercearia (f)	бакалея (ж)	[baka'leʲa]
talho (m)	мясная крама (ж)	[mʲas'naʲa 'krama]

loja (f) de legumes	крама (ж) гароднiны	['krama ɦa'rɔdninɨ]
mercado (m)	рынак (м)	['rɨnak]

café (m)	кавярня (ж)	[ka'vʲarnʲa]
restaurante (m)	рэстаран (м)	[rɛsta'ran]
bar (m), cervejaria (f)	піўная (ж)	[piw'naʲa]
pizzaria (f)	піцэрыя (ж)	[pi'tsɛrɨʲa]

salão (m) de cabeleireiro	цырульня (ж)	[tsɨ'rulʲnʲa]
correios (m pl)	пошта (ж)	['pɔʃta]
lavandaria (f)	хімчыстка (ж)	[him'tʃɨstka]
estúdio (m) fotográfico	фотаатэлье (н)	[fotaatɛ'lʲe]

sapataria (f)	абуткавая крама (ж)	[abut'kovaʲa 'krama]
livraria (f)	кнігарня (ж)	[kni'ɦarnʲa]

loja (f) de artigos de desporto	спартыўная крама (ж)	[spar'tiwnaʲa 'krama]
reparação (f) de roupa	рамонт (м) адзення	[ra'mɔnt a'dzennʲa]
aluguer (m) de roupa	пракат (м) адзення	[pra'kat a'dzennʲa]
aluguer (m) de filmes	пракат (м) фільмаў	[pra'kat 'filʲmaw]
circo (m)	цырк (м)	['tsɨrk]
jardim (m) zoológico	заапарк (м)	[zaa'park]
cinema (m)	кінатэатр (м)	[kinatɛ'atr]
museu (m)	музей (м)	[mu'zej]
biblioteca (f)	бібліятэка (ж)	[biblʲiʲa'tɛka]
teatro (m)	тэатр (м)	[tɛ'atr]
ópera (f)	опера (ж)	['ɔpera]
clube (m) noturno	начны клуб (м)	[natʃ'nɨ 'klup]
casino (m)	казіно (н)	[kazi'nɔ]
mesquita (f)	мячэць (ж)	[mʲa'tʃɛtsʲ]
sinagoga (f)	сінагога (ж)	[sina'hɔɦa]
catedral (f)	сабор (м)	[sa'bɔr]
templo (m)	храм (м)	['hram]
igreja (f)	царква (ж)	[tsark'va]
instituto (m)	інстытут (м)	[insti'tut]
universidade (f)	універсітэт (м)	[universi'tɛt]
escola (f)	школа (ж)	['ʃkɔla]
prefeitura (f)	прэфектура (ж)	[prɛfek'tura]
câmara (f) municipal	мэрыя (ж)	['mɛrɨʲa]
hotel (m)	гасцініца (ж)	[ɦas'tsinitsa]
banco (m)	банк (м)	['bank]
embaixada (f)	пасольства (н)	[pa'sɔlʲstva]
agência (f) de viagens	турагенцтва (н)	[tura'ɦentstva]
agência (f) de informações	бюро (н) даведак	[bʉ'rɔ da'vedak]
casa (f) de câmbio	абменны пункт (м)	[ab'mennɨ 'punkt]
metro (m)	метро (н)	[me'trɔ]
hospital (m)	бальніца (ж)	[balʲ'nitsa]
posto (m) de gasolina	бензазапраўка (ж)	['benza za'prawka]
parque (m) de estacionamento	аўтастаянка (ж)	[awtasta'ʲanka]

80. Sinais

letreiro (m)	шыльда (ж)	['ʃɨlʲda]
inscrição (f)	надпіс (м)	['natpis]
cartaz, póster (m)	плакат (м)	[pla'kat]
sinal (m) informativo	паказальнік (м)	[paka'zalʲnik]
seta (f)	стрэлка (ж)	['strɛlka]
aviso (advertência)	перасцярога (ж)	[perastsʲa'rɔɦa]
sinal (m) de aviso	папярэджанне (н)	[papʲa'rɛdʒanne]
avisar, advertir (vt)	папярэджваць	[papʲa'rɛdʒvatsʲ]
dia (m) de folga	выхадны дзень (м)	[vɨhad'nɨ 'dzenʲ]

horário (m)	расклад (м)	[ras'klat]
horário (m) de funcionamento	гадзіны (ж мн) працы	[ha'dzini 'pratsi]
BEM-VINDOS!	САРДЭЧНА ЗАПРАШАЕМ!	[sar'dɛtʃna zapra'ʃaem]
ENTRADA	УВАХОД	[uva'hɔt]
SAÍDA	ВЫХАД	['vihat]
EMPURRE	АД СЯБЕ	[at sʲa'be]
PUXE	НА СЯБЕ	[na sʲa'be]
ABERTO	АДЧЫНЕНА	[a'tʃinena]
FECHADO	ЗАЧЫНЕНА	[za'tʃinena]
MULHER	ДЛЯ ЖАНЧЫН	[dlʲa ʒan'tʃin]
HOMEM	ДЛЯ МУЖЧЫН	[dlʲa mu'ʃɕin]
DESCONTOS	СКІДКІ	['skitki]
SALDOS	РАСПРОДАЖ	[ras'prɔdaʃ]
NOVIDADE!	НАВІНКА!	[na'vinka]
GRÁTIS	БЯСПЛАТНА	[bʲas'platna]
ATENÇÃO!	УВАГА!	[u'vaha]
NÃO HÁ VAGAS	МЕСЦАЎ НЯМА	['mesʲtsaw nʲa'ma]
RESERVADO	ЗАРЭЗЕРВАВАНА	[zarɛzerva'vana]
ADMINISTRAÇÃO	АДМІНІСТРАЦЫЯ	[admini'stratsʲia]
SOMENTE PESSOAL AUTORIZADO	ТОЛЬКІ ДЛЯ ПЕРСАНАЛУ	['tɔlʲki dlʲa persa'nalu]
CUIDADO CÃO FEROZ	ЗЛЫ САБАКА	['zlɨ sa'baka]
PROIBIDO FUMAR!	НЕ КУРЫЦЬ!	[ne ku'ritsʲ]
NÃO TOCAR	РУКАМІ НЕ КРАНАЦЬ!	[ru'kami ne kra'natsʲ]
PERIGOSO	НЕБЯСПЕЧНА	[nebʲa'spetʃna]
PERIGO	НЕБЯСПЕКА	[nebʲa'speka]
ALTA TENSÃO	ВЫСОКАЕ НАПРУЖАННЕ	[vɨ'sɔkae na'pruʒanne]
PROIBIDO NADAR	КУПАЦЦА ЗАБАРОНЕНА	[ku'patsa zaba'rɔnena]
AVARIADO	НЕ ПРАЦУЕ	[ne pra'tsue]
INFLAMÁVEL	ВОГНЕНЕБЯСПЕЧНА	[vɔhnenebʲas'petʃna]
PROIBIDO	ЗАБАРОНЕНА	[zaba'rɔnena]
ENTRADA PROIBIDA	ПРАХОД ЗАБАРОНЕНЫ	[pra'hɔd zaba'rɔnenɨ]
CUIDADO TINTA FRESCA	ПАФАРБАВАНА	[pafarba'vana]

81. Transportes urbanos

autocarro (m)	аўтобус (м)	[aw'tɔbus]
elétrico (m)	трамвай (м)	[tram'vaj]
troleicarro (m)	тралейбус (м)	[tra'lejbus]
itinerário (m)	маршрут (м)	[marʃ'rut]
número (m)	нумар (м)	['numar]
Ir de … (carro, etc.)	ехаць на …	['ehatsʲ na …]
entrar (~ no autocarro)	сесці	['sesʲtsi]
descer de …	сысці з …	[sɨs'tsi z …]

paragem (f)	прыпынак (м)	[priˈpɨnak]
próxima paragem (f)	наступны прыпынак (м)	[naˈstupnɨ priˈpɨnak]
ponto (m) final	канцавы прыпынак (м)	[kanˈtsaˈvɨ priˈpɨnak]
horário (m)	расклад (м)	[rasˈklat]
esperar (vt)	чакаць	[tʂaˈkatsʲ]
bilhete (m)	білет (м)	[biˈlet]
custo (m) do bilhete	кошт (м) білета	[kɔʒd biˈleta]
bilheteiro (m)	касір (м)	[kaˈsir]
controlo (m) dos bilhetes	кантроль (м)	[kanˈtrɔlʲ]
revisor (m)	кантралёр (м)	[kantraˈlʲor]
atrasar-se (vr)	спазняцца	[spazʲˈnʲatsa]
perder (o autocarro, etc.)	спазніцца	[spazʲˈnitsa]
estar com pressa	спяшацца	[spʲaˈʃatsa]
táxi (m)	таксі (н)	[takˈsi]
taxista (m)	таксіст (м)	[takˈsist]
de táxi (ir ~)	на таксі	[na takˈsi]
praça (f) de táxis	стаянка (ж) таксі	[staˈlʲanka takˈsi]
chamar um táxi	выклікаць таксі	[viklikatsʲ takˈsi]
apanhar um táxi	узяць таксі	[uˈzʲatsʲ takˈsi]
tráfego (m)	вулічны рух (м)	[ˈvulitʂnɨ ˈruh]
engarrafamento (m)	затор (м)	[zaˈtɔr]
horas (f pl) de ponta	час (м) пік	[ˈtʂas ˈpik]
estacionar (vi)	паркавацца	[parkaˈvatsa]
estacionar (vt)	паркаваць	[parkaˈvatsʲ]
parque (m) de estacionamento	стаянка (ж)	[staˈlʲanka]
metro (m)	метро (н)	[meˈtrɔ]
estação (f)	станцыя (ж)	[ˈstantsɨʲa]
ir de metro	ехаць на метро	[ˈehatsʲ na meˈtrɔ]
comboio (m)	цягнік (м)	[tsʲahˈnik]
estação (f)	вакзал (м)	[vaɦˈzal]

82. Turismo

monumento (m)	помнік (м)	[ˈpɔmnik]
fortaleza (f)	крэпасць (ж)	[ˈkrɛpastsʲ]
palácio (m)	палац (м)	[paˈlats]
castelo (m)	замак (м)	[ˈzamak]
torre (f)	вежа (ж)	[ˈveʒa]
mausoléu (m)	маўзалей (м)	[mawzaˈlej]
arquitetura (f)	архітэктура (ж)	[arhitɛkˈtura]
medieval	сярэднявяковы	[sʲarɛdnevʲaˈkɔvɨ]
antigo	старадаўні	[staraˈdawni]
nacional	нацыянальны	[natsɨʲaˈnalʲnɨ]
conhecido	вядомы	[vʲaˈdɔmɨ]
turista (m)	турыст (м)	[tuˈrist]
guia (pessoa)	гід, экскурсавод (м)	[ˈɦit], [ɛkskursaˈvɔt]

excursão (f)	экскурсія (ж)	[ɛks'kursʲia]
mostrar (vt)	паказваць	[pa'kazvatsʲ]
contar (vt)	апавядаць	[apavʲa'datsʲ]
encontrar (vt)	знайсці	[znajs'tsi]
perder-se (vr)	згубіцца	[zɦu'bitsa]
mapa (~ do metrô)	схема (ж)	['shema]
mapa (~ da cidade)	план (м)	['plan]
lembrança (f), presente (m)	сувенір (м)	[suve'nir]
loja (f) de presentes	крама (ж) сувеніраў	['krama suwe'niraw]
fotografar (vt)	фатаграфаваць	[fataɦrafa'vatsʲ]
fotografar-se	фатаграфавацца	[fataɦrafa'vatsa]

83. Compras

comprar (vt)	купляць	[kup'lʲatsʲ]
compra (f)	пакупка (ж)	[pa'kupka]
fazer compras	рабіць закупы	[ra'bitsʲ 'zakupi]
compras (f pl)	шопінг (м)	['ʃopinɦ]
estar aberta (loja, etc.)	працаваць	[pratsa'vatsʲ]
estar fechada	зачыніцца	[zatʃi'nitsa]
calçado (m)	абутак (м)	[a'butak]
roupa (f)	адзенне (н)	[a'dzenne]
cosméticos (m pl)	касметыка (ж)	[kas'metika]
alimentos (m pl)	прадукты (м мн)	[pra'dukti]
presente (m)	падарунак (м)	[pada'runak]
vendedor (m)	прадавец (м)	[prada'vets]
vendedora (f)	прадаўшчыца (ж)	[pradaw'ʃtɕitsa]
caixa (f)	каса (ж)	['kasa]
espelho (m)	люстэрка (н)	[lʉs'tɛrka]
balcão (m)	прылавак (м)	[pri'lavak]
cabine (f) de provas	прымерачная (ж)	[pri'meratʃnaʲa]
provar (vt)	прымераць	[pri'meratsʲ]
servir (vi)	пасаваць	[pasa'vatsʲ]
gostar (apreciar)	падабацца	[pada'batsa]
preço (m)	цана (ж)	[tsa'na]
etiqueta (f) de preço	цэннік (м)	['tsɛnnɪk]
custar (vt)	каштаваць	[kaʃta'vatsʲ]
Quanto?	Колькі?	['kolʲki]
desconto (m)	скідка (ж)	['skitka]
não caro	недарагі	[nedara'ɦi]
barato	танны	['tanni]
caro	дарагі	[dara'ɦi]
É caro	Гэта дорага.	['ɦɛta 'doraɦa]
aluguer (m)	пракат (м)	[pra'kat]
alugar (vestidos, etc.)	узяць напракат	[u'zʲatsʲ napra'kat]

| crédito (m) | крэдыт (м) | [krɛ'dɨt] |
| a crédito | у крэдыт | [u krɛ'dɨt] |

84. Dinheiro

dinheiro (m)	грошы (мн)	['ɦrɔʃɨ]
câmbio (m)	абмен (м)	[ab'men]
taxa (f) de câmbio	курс (м)	['kurs]
Caixa Multibanco (m)	банкамат (м)	[banka'mat]
moeda (f)	манета (ж)	[ma'neta]

| dólar (m) | долар (м) | ['dɔlar] |
| euro (m) | еўра (ж) | ['ewra] |

lira (f)	ліра (ж)	['lira]
marco (m)	марка (ж)	['marka]
franco (m)	франк (м)	['frank]
libra (f) esterlina	фунт (м) стэрлінгаў	['funt 'stɛrlinɦaw]
iene (m)	іена (ж)	[i'ena]

dívida (f)	доўг (м)	['dɔwɦ]
devedor (m)	даўжнік (м)	[dawʒ'nik]
emprestar (vt)	даць у доўг	['datsʲ u 'dɔwɦ]
pedir emprestado	узяць у доўг	[u'zʲatsʲ u 'dɔwɦ]

banco (m)	банк (м)	['bank]
conta (f)	рахунак (м)	[ra'hunak]
depositar (vt)	пакласці	[pa'klasʲtsi]
depositar na conta	пакласці на рахунак	[pa'klasʲtsi na ra'hunak]
levantar (vt)	зняць з рахунку	['znʲatsʲ z ra'hunku]

cartão (m) de crédito	крэдытная картка (ж)	[krɛ'dɨtnaʲa 'kartka]
dinheiro (m) vivo	гатоўка (ж)	[ɦa'tɔwka]
cheque (m)	чэк (м)	['tʃɛk]
passar um cheque	выпісаць чэк	['vɨpisatsʲ 'tʃɛk]
livro (m) de cheques	чэкавая кніжка (ж)	['tʃɛkavaʲa 'kniʃka]

carteira (f)	бумажнік (м)	[bu'maʒnik]
porta-moedas (m)	кашалёк (м)	[kaʃa'lʲok]
cofre (m)	сейф (м)	['sejf]

herdeiro (m)	спадчыннік (м)	['spatʃɨnnik]
herança (f)	спадчына (ж)	['spatʃɨna]
fortuna (riqueza)	маёмасць (ж)	['maʲomastsʲ]

arrendamento (m)	арэнда (ж)	[a'rɛnda]
renda (f) de casa	кватэрная плата (ж)	[kva'tɛrnaʲa 'plata]
alugar (vt)	наймаць	[naj'matsʲ]

preço (m)	цана (ж)	[tsa'na]
custo (m)	кошт (м)	['kɔʃt]
soma (f)	сума (ж)	['suma]
gastar (vt)	траціць	['tratsitsʲ]
gastos (m pl)	выдаткі (м мн)	[vɨ'datki]

economizar (vi)	эканоміць	[ɛka'nɔmitsʲ]
económico	эканомны	[ɛka'nɔmnɨ]
pagar (vt)	плаціць	[pla'tsitsʲ]
pagamento (m)	аплата (ж)	[a'plata]
troco (m)	рэшта (ж)	['rɛʃta]
imposto (m)	падатак (м)	[pa'datak]
multa (f)	штраф (м)	['ʃtraf]
multar (vt)	штрафаваць	[ʃtrafa'vatsʲ]

85. Correios. Serviço postal

correios (m pl)	пошта (ж)	['pɔʃta]
correio (m)	пошта (ж)	['pɔʃta]
carteiro (m)	паштальён (м)	[paʃta'lʲɔn]
horário (m)	гадзіны (ж мн) працы	[ɦa'dzinɨ 'pratsɨ]
carta (f)	ліст (м)	['list]
carta (f) registada	заказны ліст (м)	[zakaz'nɨ 'list]
postal (m)	паштоўка (ж)	[paʃ'tɔwka]
telegrama (m)	тэлеграма (ж)	[tɛle'ɦrama]
encomenda (f) postal	пасылка (ж)	[pa'sɨlka]
remessa (f) de dinheiro	грашовы перавод (м)	[ɦra'ʃɔvɨ pera'vɔt]
receber (vt)	атрымаць	[atrɨ'matsʲ]
enviar (vt)	адправіць	[at'pravitsʲ]
envio (m)	адпраўка (ж)	[at'prawka]
endereço (m)	адрас (м)	['adras]
código (m) postal	індэкс (м)	['indɛks]
remetente (m)	адпраўшчык (м)	[at'prawʃɕɨk]
destinatário (m)	атрымальнік (м)	[atrɨ'malʲnik]
nome (m)	імя (н)	[i'mʲa]
apelido (m)	прозвішча (н)	['prɔzʲviʃɕa]
tarifa (f)	тарыф (м)	[ta'rɨf]
ordinário	звычайны	[zvɨ'tʃajnɨ]
económico	эканамічны	[ɛkana'mitʃnɨ]
peso (m)	вага (ж)	[va'ɦa]
pesar (estabelecer o peso)	узважваць	[uz'vaʒvatsʲ]
envelope (m)	канверт (м)	[kan'vert]
selo (m)	марка (ж)	['marka]

Moradia. Casa. Lar

86. Casa. Habitação

casa (f)	дом (м)	['dɔm]
em casa	дома	['dɔma]
pátio (m)	двор (м)	['dvɔr]
cerca (f)	агароджа (ж)	[aɦa'rɔdʒa]

tijolo (m)	цэгла (ж)	['tsɛkla]
de tijolos	цагляны	[tsak'lʲanʲi]
pedra (f)	камень (м)	['kamenʲi]
de pedra	каменны	[ka'mennʲi]
betão (m)	бетон (м)	[be'tɔn]
de betão	бетонны	[be'tɔnnʲi]

novo	новы	['nɔvʲi]
velho	стары	[sta'rʲi]
decrépito	састарэлы	[sasta'rɛlʲi]
moderno	сучасны	[su'tʃasnʲi]
de muitos andares	шматпавярховы	[ʃmatpavʲar'hɔvʲi]
alto	высокі	[vʲi'sɔkʲi]

andar (m)	паверх (м)	[pa'verh]
de um andar	аднапавярховы	[adnapavʲar'hɔvʲi]

andar (m) de baixo	ніжні паверх (м)	['nʲiʒni pa'verh]
andar (m) de cima	верхні паверх (м)	['verhni pa'verh]

telhado (m)	дах (м)	['dah]
chaminé (f)	комін (м)	['kɔmin]

telha (f)	дахоўка (ж)	[da'hɔwka]
de telha	даховачны	[da'hɔvatʃnʲi]
sótão (m)	гарышча (н)	[ɦa'rʲiʃca]

janela (f)	акно (н)	[ak'nɔ]
vidro (m)	шкло (н)	['ʃklɔ]

parapeito (m)	падаконнік (м)	[pada'kɔnnik]
portadas (f pl)	аканіцы (ж мн)	[aka'nʲitsi]

parede (f)	сцяна (ж)	[stsʲa'na]
varanda (f)	балкон (м)	[bal'kɔn]
tubo (m) de queda	вадасцёкавая труба (ж)	[vadas'tsʲokavaʲa tru'ba]

em cima	наверсе	[na'verse]
subir (~ as escadas)	падніmацца	[padnʲi'matsa]
descer (vi)	спускацца	[spu'skatsa]
mudar-se (vr)	пераязджаць	[peraʲaz'dʒatsʲ]

87. Casa. Entrada. Elevador

entrada (f)	пад'езд (м)	[pad"ɛst]
escada (f)	лесвіца (ж)	['lesvitsa]
degraus (m pl)	прыступкі (ж мн)	[pri'stupki]
corrimão (m)	парэнчы (мн)	[pa'rɛntʃɨ]
hall (m) de entrada	хол (м)	['hɔl]
caixa (f) de correio	паштовая скрынка (ж)	[paʃ'tovaʲa 'skrinka]
caixote (m) do lixo	бак (м) для смецця	[bah dlʲa 'smetsʲa]
conduta (f) do lixo	смеццеправод (м)	[smetsepra'vɔt]
elevador (m)	ліфт (м)	['lift]
elevador (m) de carga	грузавы ліфт (м)	[ɦruza'vɨ 'lift]
cabine (f)	кабіна (ж)	[ka'bina]
pegar o elevador	ехаць на ліфце	['ehatsʲ na 'liftse]
apartamento (m)	кватэра (ж)	[kva'tɛra]
moradores (m pl)	жыхары (м мн)	[ʒɨha'rɨ]
vizinho (m)	сусед (м)	[su'set]
vizinha (f)	суседка (ж)	[su'setka]
vizinhos (pl)	суседзі (м мн)	[su'sedzi]

88. Casa. Eletricidade

eletricidade (f)	электрычнасць (ж)	[ɛlekt'ritʃnastsʲ]
lâmpada (f)	лямпачка (ж)	['lʲampatʃka]
interruptor (m)	выключальнік (м)	[vɨklʉ'tʃalʲnik]
fusível (m)	пробка (ж)	['prɔpka]
fio, cabo (m)	провад (м)	['prɔvat]
instalação (f) elétrica	праводка (ж)	[pra'vɔtka]
contador (m) de eletricidade	лічыльнік (м)	[li'tʃɨlʲnik]
indicação (f), registo (m)	паказанне (н)	[paka'zanne]

89. Casa. Portas. Fechaduras

porta (f)	дзверы (мн)	[dzʲ'veri]
portão (m)	вароты (мн)	[va'rɔti]
maçaneta (f)	ручка (ж)	['rutʃka]
destrancar (vt)	адамкнуць	[adam'knutsʲ]
abrir (vt)	адчыняць	[atʃi'nʲatsʲ]
fechar (vt)	зачыняць	[zatʃi'nʲatsʲ]
chave (f)	ключ (м)	['klʉtʃ]
molho (m)	звязак (м)	['zvʲazak]
ranger (vi)	скрыпець	[skri'petsʲ]
rangido (m)	скрып (м)	['skrip]
dobradiça (f)	завеса (ж)	[za'vesa]
tapete (m) de entrada	дыванок (м)	[diva'nɔk]
fechadura (f)	замок (м)	[za'mɔk]

buraco (m) da fechadura	замочная шчыліна (ж)	[zaˈmotʂnaʲa ʃt͡ɕilina]
ferrolho (m)	засаўка (ж)	[ˈzasawka]
fecho (ferrolho pequeno)	засаўка (ж)	[ˈzasawka]
cadeado (m)	навясны замок (м)	[navʲasʲnɨ zaˈmɔk]

tocar (vt)	званіць	[zvaˈnʲitsʲ]
toque (m)	званок (м)	[zvaˈnɔk]
campainha (f)	званок (м)	[zvaˈnɔk]
botão (m)	кнопка (ж)	[ˈknɔpka]
batida (f)	стук (м)	[ˈstuk]
bater (vi)	стукаць	[ˈstukatsʲ]

código (m)	код (м)	[ˈkɔt]
fechadura (f) de código	кодавы замок (м)	[ˈkɔdavɨ zaˈmɔk]
telefone (m) de porta	дамафон (м)	[damaˈfon]
número (m)	нумар (м)	[ˈnumar]
placa (f) de porta	табліЧка (ж)	[tabˈlit͡ʂka]
vigia (f), olho (m) mágico	вочка (н)	[ˈvot͡ʂka]

90. Casa de campo

aldeia (f)	вёска (ж)	[ˈvʲoska]
horta (f)	агарод (м)	[aɣaˈrɔt]
cerca (f)	плот (м)	[ˈplɔt]
paliçada (f)	загарадзь (ж)	[zaɣaratsʲ]
cancela (f) do jardim	веснічкі (мн)	[ˈvʲesnʲit͡ʂki]

celeiro (m)	свіран (м)	[ˈsvʲiran]
adega (f)	склеп (м)	[ˈsklʲep]
galpão, barracão (m)	хлеў (м)	[ˈxlʲew]
poço (m)	калодзеж (м)	[kaˈlɔd͡zʲeʂ]

fogão (m)	печ (ж)	[ˈpʲet͡ʂ]
atiçar o fogo	паліць	[paˈlʲitsʲ]
lenha (carvão ou ~)	дровы (мн)	[ˈdrɔvɨ]
acha (lenha)	палена (н)	[paˈlʲena]

varanda (f)	веранда (ж)	[vʲeˈranda]
alpendre (m)	тэраса (ж)	[tɛˈrasa]
degraus (m pl) de entrada	ганак (м)	[ˈɣanak]
balouço (m)	арэлі (мн)	[aˈrɛlʲi]

91. Moradia. Mansão

casa (f) de campo	загарадны дом (м)	[zaɣaradnɨ ˈdɔm]
vila (f)	віла (ж)	[ˈvʲila]
ala (~ do edifício)	крыло (н)	[krɨˈlɔ]

jardim (m)	сад (м)	[ˈsat]
parque (m)	парк (м)	[ˈpark]
estufa (f)	аранжарэя (ж)	[aranʐaˈrɛʲa]
cuidar de ...	даглядаць	[daɣlʲaˈdatsʲ]

piscina (f)	басейн (м)	[ba'sejn]
ginásio (m)	спартыўная зала (ж)	[spar'tɨwnaʲa 'zala]
campo (m) de ténis	тэнісны корт (м)	['tɛnisnɨ 'kɔrt]
cinema (m)	кінатэатр (м)	[kinatɛ'atr]
garagem (f)	гараж (м)	[ɦa'raʃ]
propriedade (f) privada	прыватная ўласнасць (ж)	[pri'vatnaʲa u'lasnastsʲ]
terreno (m) privado	прыватныя уладанні (н мн)	[pri'vatnʲʲa ula'danni]
advertência (f)	папярэджанне (н)	[papʲa'rɛdʒanne]
sinal (m) de aviso	папераджальны надпіс (м)	[papera'dʒalʲnɨ 'natpis]
guarda (f)	ахова (ж)	[a'hɔva]
guarda (m)	ахоўнік (м)	[a'hɔwnik]
alarme (m)	сігналізацыя (ж)	[siɦnali'zatsʲʲa]

92. Castelo. Palácio

castelo (m)	замак (м)	['zamak]
palácio (m)	палац (м)	[pa'lats]
fortaleza (f)	крэпасць (ж)	['krɛpastsʲ]
muralha (f)	мур (м)	['mur]
torre (f)	вежа (ж)	['veʒa]
calabouço (m)	галоўная вежа (ж)	[ɦa'lɔwnaʲa 'weʒa]
grade (f) levadiça	пад'ёмныя вароты (мн)	[pa'dʲʲomnʲʲa va'rɔti]
passagem (f) subterrânea	падземны ход (м)	[pa'dzemnɨ 'hɔt]
fosso (m)	роў (м)	['rɔw]
corrente, cadeia (f)	ланцуг (м)	[lan'tsuɦ]
seteira (f)	байніца (ж)	[baj'nitsa]
magnífico	раскошны	[ras'kɔʃnɨ]
majestoso	велічны	['velitʃnɨ]
inexpugnável	непрыступны	[nepris'tupnɨ]
medieval	сярэдневяковы	[sʲarɛdnevʲa'kɔvɨ]

93. Apartamento

apartamento (m)	кватэра (ж)	[kva'tɛra]
quarto (m)	пакой (м)	[pa'kɔj]
quarto (m) de dormir	спальня (ж)	['spalʲnʲa]
sala (f) de jantar	сталоўка (ж)	[sta'lɔwka]
sala (f) de estar	гасцёўня (ж)	[ɦas'tsʲɔwnʲa]
escritório (m)	кабінет (м)	[kabi'net]
antessala (f)	вітальня (ж)	[vi'talʲnʲa]
quarto (m) de banho	ванны пакой (м)	['vannɨ pa'kɔj]
toilette (lavabo)	прыбіральня (ж)	[pribi'ralʲnʲa]
teto (m)	столь (ж)	['stɔlʲ]
chão, soalho (m)	падлога (ж)	[pad'lɔɦa]
canto (m)	кут (м)	['kut]

94. Apartamento. Limpeza

arrumar, limpar (vt)	прыбіраць	[pribi'ratsʲ]
guardar (no armário, etc.)	прымаць	[pri'matsʲ]
pó (m)	пыл (м)	['pɨl]
empoeirado	запылены	[za'pɨleni]
limpar o pó	выціраць пыл	[vitsi'ratsʲ 'pɨl]
aspirador (m)	пыласос (м)	[pɨla'sɔs]
aspirar (vt)	пыласосіць	[pɨla'sɔsitsʲ]

varrer (vt)	падмятаць	[padmʲa'tatsʲ]
sujeira (f)	смецце (н)	['smetse]
arrumação (f), ordem (f)	парадак (м)	[pa'radak]
desordem (f)	беспарадак (м)	[bespa'radak]

esfregão (m)	швабра (ж)	['ʃvabra]
pano (m), trapo (m)	ануча (ж)	[a'nutʃa]
vassoura (f)	венік (м)	['venik]
pá (f) de lixo	шуфлік (м) для смецця	['ʃuflik dlʲa 'smetsʲa]

95. Mobiliário. Interior

mobiliário (m)	мэбля (ж)	['mɛblʲa]
mesa (f)	стол (м)	['stɔl]
cadeira (f)	крэсла (н)	['krɛsla]
cama (f)	ложак (м)	['lɔʒak]
divã (m)	канапа (ж)	[ka'napa]
cadeirão (m)	фатэль (м)	[fa'tɛlʲ]

estante (f)	шафа (ж)	['ʃafa]
prateleira (f)	паліца (ж)	[pa'litsa]

guarda-vestidos (m)	шафа (ж)	['ʃafa]
cabide (m) de parede	вешалка (ж)	['veʃalka]
cabide (m) de pé	вешалка (ж)	['veʃalka]

cómoda (f)	камода (ж)	[ka'mɔda]
mesinha (f) de centro	часопісны столік (м)	[tʃa'sɔpisnɨ 'stɔlik]

espelho (m)	люстэрка (н)	[lʉs'tɛrka]
tapete (m)	дыван (м)	[di'van]
tapete (m) pequeno	дыванок (м)	[diva'nɔk]

lareira (f)	камін (м)	[ka'min]
vela (f)	свечка (ж)	['svetʃka]
castiçal (m)	падсвечнік (м)	[pat'svetʃnik]

cortinas (f pl)	шторы (мн)	['ʃtɔri]
papel (m) de parede	шпалеры (ж мн)	[ʃpa'leri]
estores (f pl)	жалюзі (мн)	[ʒalʉ'zi]

candeeiro (m) de mesa	настольная лямпа (ж)	[na'stɔlʲnaʲa 'lʲampa]
candeeiro (m) de parede	свяцільня (ж)	[svʲa'tsilʲnʲa]

candeeiro (m) de pé	таршэр (м)	[tarˈʃɛr]
lustre (m)	люстра (ж)	[ˈlʉstra]
pé (de mesa, etc.)	ножка (ж)	[ˈnɔʃka]
braço (m)	падлакотнік (м)	[padlaˈkɔtnik]
costas (f pl)	спінка (ж)	[ˈspinka]
gaveta (f)	шуфляда (ж)	[ʃufˈlʲada]

96. Quarto de dormir

roupa (f) de cama	бялізна (ж)	[bʲaˈlizna]
almofada (f)	падушка (ж)	[paˈduʃka]
fronha (f)	навалочка (ж)	[navaˈlɔtʃka]
cobertor (m)	коўдра (ж)	[ˈkɔwdra]
lençol (m)	прасціна (ж)	[prasʲtsiˈna]
colcha (f)	пакрывала (н)	[pakriˈvala]

97. Cozinha

cozinha (f)	кухня (ж)	[ˈkuhnʲa]
gás (m)	газ (м)	[ˈɦas]
fogão (m) a gás	пліта (ж) газавая	[pliˈta ˈɦazavaʲa]
fogão (m) elétrico	пліта (ж) электрычная	[pliˈta ɛlektˈritʃnaʲa]
forno (m)	духоўка (ж)	[duˈhɔwka]
forno (m) de micro-ondas	мікрахвалевая печ (ж)	[mikraˈhvalevaʲa ˈpetʃ]
frigorífico (m)	халадзільнік (м)	[halaˈdzilʲnik]
congelador (m)	маразілка (ж)	[maraˈzilka]
máquina (f) de lavar louça	пасудамыечная машына (ж)	[pasudaˈmietʃnaʲa maˈʃina]
moedor (m) de carne	мясарубка (ж)	[mʲasaˈrupka]
espremedor (m)	сокавыціскалка (ж)	[sɔkavitsiˈskalka]
torradeira (f)	тостэр (м)	[ˈtɔstɛr]
batedeira (f)	міксер (м)	[ˈmikser]
máquina (f) de café	кававарка (ж)	[kavaˈvarka]
cafeteira (f)	кафейнік (м)	[kaˈfejnik]
moinho (m) de café	кавамолка (ж)	[kavaˈmɔlka]
chaleira (f)	чайнік (м)	[ˈtʃajnik]
bule (m)	імбрычак (м)	[imˈbritʃak]
tampa (f)	накрыўка (ж)	[ˈnakriwka]
coador (m) de chá	сітца (н)	[ˈsitsa]
colher (f)	лыжка (ж)	[ˈliʃka]
colher (f) de chá	чайная лыжка (ж)	[ˈtʃajnaʲa ˈliʃka]
colher (f) de sopa	сталовая лыжка (ж)	[staˈlɔvaʲa ˈliʃka]
garfo (m)	відэлец (м)	[viˈdɛlets]
faca (f)	нож (м)	[ˈnɔʃ]
louça (f)	посуд (м)	[ˈpɔsut]
prato (m)	талерка (ж)	[taˈlerka]

pires (m)	сподак (м)	['spɔdak]
cálice (m)	чарка (ж)	['t͡ʃarka]
copo (m)	шклянка (ж)	['ʃklʲanka]
chávena (f)	кубак (м)	['kubak]

açucareiro (m)	цукарніца (ж)	['tsukarnitsa]
saleiro (m)	салянка (ж)	[sa'lʲanka]
pimenteiro (m)	перачніца (ж)	['perat͡ʃnitsa]
manteigueira (f)	масленіца (ж)	['maslenitsa]

panela, caçarola (f)	рондаль (м)	['rɔndalʲ]
frigideira (f)	патэльня (ж)	[pa'tɛlʲnʲa]
concha (f)	апалонік (м)	[apa'lɔnik]
passador (m)	друшляк (м)	[druʃ'lʲak]
bandeja (f)	паднос (м)	[pad'nɔs]

garrafa (f)	бутэлька (ж)	[bu'tɛlʲka]
boião (m) de vidro	слоік (м)	['slɔik]
lata (f)	бляшанка (ж)	[blʲa'ʃanka]

abre-garrafas (m)	адкрывалка (ж)	[atkri'valka]
abre-latas (m)	адкрывалка (ж)	[atkri'valka]
saca-rolhas (m)	штопар (м)	['ʃtɔpar]
filtro (m)	фільтр (м)	['filʲtr]
filtrar (vt)	фільтраваць	[filʲtra'vatsʲ]

| lixo (m) | смецце (н) | ['smetse] |
| balde (m) do lixo | вядро (н) для смецця | [vʲa'drɔ dlʲa 'smetsʲa] |

98. Casa de banho

quarto (m) de banho	ванны пакой (м)	['vannɨ pa'kɔj]
água (f)	вада (ж)	[va'da]
torneira (f)	кран (м)	['kran]
água (f) quente	гарачая вада (ж)	[ɦa'rat͡ʃaʲa va'da]
água (f) fria	халодная вада (ж)	[ɦa'lɔdnaʲa va'da]

pasta (f) de dentes	зубная паста (ж)	[zub'naʲa 'pasta]
escovar os dentes	чысціць зубы	[t͡ʃisʲ't͡sitsʲ zu'bɨ]
escova (f) de dentes	зубная шчотка (ж)	[zub'naʲa 'ɕɔtka]

barbear-se (vr)	галіцца	[ɦa'litsa]
espuma (f) de barbear	пена (ж) для галення	['pena dlʲa ɦa'lennʲa]
máquina (f) de barbear	брытва (ж)	['britva]

lavar (vt)	мыць	['mɨtsʲ]
lavar-se (vr)	мыцца	['mɨtsa]
duche (m)	душ (м)	['duʃ]
tomar um duche	прымаць душ	[pri'matsʲ 'duʃ]

banheira (f)	ванна (ж)	['vanna]
sanita (f)	унітаз (м)	[uni'tas]
lavatório (m)	ракавіна (ж)	['rakavina]
sabonete (m)	мыла (н)	['mɨla]

saboneteira (f)	мыльніца (ж)	['milʲnitsa]
esponja (f)	губка (ж)	['ɦupka]
champô (m)	шампунь (м)	[ʃam'punʲ]
toalha (f)	ручнік (м)	[rutʃʲnik]
roupão (m) de banho	халат (м)	[ha'lat]
lavagem (f)	мыццё (н)	[miʲtsʲo]
máquina (f) de lavar	пральная машына (ж)	['pralʲnaʲa ma'ʃina]
lavar a roupa	мыць бялізну	['mitsʲ bʲa'liznu]
detergente (m)	пральны парашок (м)	['pralʲnɨ para'ʃok]

99. Eletrodomésticos

televisor (m)	тэлевізар (м)	[tɛle'vizar]
gravador (m)	магнітафон (м)	[maɦnita'fon]
videogravador (m)	відэамагнітафон (м)	['vidɛa maɦnita'fon]
rádio (m)	прыёмнік (м)	[priʲomnik]
leitor (m)	плэер (м)	['plɛer]
projetor (m)	відэапраектар (м)	['vidɛa pra'ektar]
cinema (m) em casa	хатні кінатэатр (м)	['hatni kinatɛ'atr]
leitor (m) de DVD	прайгравальнік (м) DVD	[prajɦra'valʲnih dzivi'dzi]
amplificador (m)	узмацняльнік (м)	[uzmatsʲnʲalʲnik]
console (f) de jogos	гульнявая прыстаўка (ж)	[ɦulʲnʲaʲvaʲa pri'stawka]
câmara (f) de vídeo	відэакамера (ж)	['vidɛa 'kamera]
máquina (f) fotográfica	фотаапарат (м)	[fotaapa'rat]
câmara (f) digital	лічбавы фотаапарат (м)	['lidʒbavɨ fotaapa'rat]
aspirador (m)	пыласос (м)	[piɫa'sɔs]
ferro (m) de engomar	прас (м)	['pras]
tábua (f) de engomar	прасавальная дошка (ж)	[prasa'valʲnaʲa 'doʃka]
telefone (m)	тэлефон (м)	[tɛle'fɔn]
telemóvel (m)	мабільны тэлефон (м)	[ma'bilʲnɨ tɛle'fɔn]
máquina (f) de escrever	машынка (ж)	[ma'ʃinka]
máquina (f) de costura	машынка (ж)	[ma'ʃinka]
microfone (m)	мікрафон (м)	[mikra'fɔn]
auscultadores (m pl)	навушнікі (м мн)	[na'vuʃniki]
controlo remoto (m)	пульт (м)	['pulʲt]
CD (m)	кампакт-дыск (м)	[kam'pakt 'disk]
cassete (f)	касета (ж)	[ka'seta]
disco (m) de vinil	пласцінка (ж)	[plas'tsinka]

100. Reparações. Renovação

renovação (f)	рамонт (м)	[ra'mɔnt]
renovar (vt), fazer obras	рабіць рамонт	[ra'bitsʲ ra'mɔnt]
reparar (vt)	рамантаваць	[ramanta'vatsʲ]
consertar (vt)	прыводзіць у парадак	[pri'vɔdzitsʲ u pa'radak]

refazer (vt)	перарабляць	[perarab'lʲatsʲ]
tinta (f)	фарба (ж)	['farba]
pintar (vt)	фарбаваць	[farba'vatsʲ]
pintor (m)	маляр (м)	[ma'lʲar]
pincel (m)	пэндзаль (м)	['pɛndzalʲ]
cal (f)	пабелка (ж)	[pa'belka]
caiar (vt)	бяліць	[bʲa'litsʲ]
papel (m) de parede	шпалеры (ж мн)	[ʃpa'leri]
colocar papel de parede	абклеіць шпалерамі	[ap'kleitsʲ ʃpa'lerami]
verniz (m)	лак (м)	['lak]
envernizar (vt)	пакрываць лакам	[pakri'vatsʲ 'lakam]

101. Canalizações

água (f)	вада (ж)	[va'da]
água (f) quente	гарачая вада (ж)	[ɦa'ratʃaʲa va'da]
água (f) fria	халодная вада (ж)	[ɦa'lɔdnaʲa va'da]
torneira (f)	кран (м)	['kran]
gota (f)	кропля (ж)	['krɔplʲa]
gotejar (vi)	капаць	['kapatsʲ]
vazar (vt)	цячы	[tsʲa'tʃi]
vazamento (m)	цеча (ж)	['tsetʃa]
poça (f)	лужына (ж)	['luʒina]
tubo (m)	труба (ж)	[tru'ba]
válvula (f)	вентыль (м)	['ventilʲ]
entupir-se (vr)	засмецiцца	[zas'metsitsa]
ferramentas (f pl)	інструменты (м мн)	[instru'menti]
chave (f) inglesa	развадны ключ (м)	[razvad'nɨ 'klʉtʃ]
desenroscar (vt)	адкруціць	[atkru'tsitsʲ]
enroscar (vt)	закручваць	[za'krutʃvatsʲ]
desentupir (vt)	прачышчаць	[pratʃi'ʃtʃatsʲ]
canalizador (m)	сантэхнік (м)	[san'tɛhnik]
cave (f)	падвал (м)	[pad'val]
sistema (m) de esgotos	каналізацыя (ж)	[kanali'zatsʲia]

102. Fogo. Deflagração

incêndio (m)	агонь (м)	[a'ɦonʲ]
chama (f)	полымя (н)	['pɔlɨmʲa]
faísca (f)	іскра (ж)	['iskra]
fumo (m)	дым (м)	['dɨm]
tocha (f)	факел (м)	['fakel]
fogueira (f)	вогнішча (н)	['vɔɦniʃtʂa]
gasolina (f)	бензін (м)	[ben'zin]
querosene (m)	газа (ж)	['ɦaza]

inflamável	гаручы	[ha'rutʃi]
explosivo	выбухованебяспечны	[vibuhɔvanebʲas'petʃni]
PROIBIDO FUMAR!	НЕ КУРЫЦЬ!	[ne ku'ritsʲ]
segurança (f)	бяспека (ж)	[bʲas'peka]
perigo (m)	небяспека (ж)	[nebʲas'peka]
perigoso	небяспечны	[nebʲas'petʃni]
incendiar-se (vr)	загарэцца	[zaɦa'rɛtsa]
explosão (f)	выбух (м)	['vibuh]
incendiar (vt)	падпаліць	[patpa'litsʲ]
incendiário (m)	падпальшчык (м)	[pat'palʲʃɕik]
incêndio (m) criminoso	падпал (м)	[pat'pal]
arder (vi)	палаць	[pa'latsʲ]
queimar (vi)	гарэць	[ɦa'rɛtsʲ]
queimar tudo (vi)	згарэць	[zɦa'rɛtsʲ]
chamar os bombeiros	выклікаць пажарнікаў	[viklikatsʲ pa'ʒarnikaw]
bombeiro (m)	пажарны (м)	[pa'ʒarni]
carro (m) de bombeiros	пажарная машына (ж)	[pa'ʒarnaʲa ma'ʃina]
corpo (m) de bombeiros	пажарная каманда (ж)	[pa'ʒarnaʲa ka'manda]
escada (f) extensível	пажарныя драбіны (мн)	[pa'ʒarniʲa dra'bini]
mangueira (f)	шланг (м)	['ʃlanɦ]
extintor (m)	вогнетушыцель (м)	[vɔɦnetu'ʃitselʲ]
capacete (m)	каска (ж)	['kaska]
sirene (f)	сірэна (ж)	[si'rɛna]
gritar (vi)	крычаць	[kri'tʃatsʲ]
chamar por socorro	клікаць на дапамогу	['klikatsʲ na dapa'mɔɦu]
salvador (m)	ратавальнік (м)	[rata'valʲnik]
salvar, resgatar (vt)	ратаваць	[rata'vatsʲ]
chegar (vi)	прыехаць	[pri'ehatsʲ]
apagar (vt)	тушыць	[tu'ʃitsʲ]
água (f)	вада (ж)	[va'da]
areia (f)	пясок (м)	[pʲa'sɔk]
ruínas (f pl)	руіны (ж мн)	[ru'ini]
ruir (vi)	паваліцца	[pava'litsa]
desmoronar (vi)	абваліцца	[abva'litsa]
desabar (vi)	абурыцца	[abu'ritsa]
fragmento (m)	абломак (м)	[ab'lɔmak]
cinza (f)	попел (м)	['pɔpel]
sufocar (vi)	задыхнуцца	[zadih'nutsa]
perecer (vi)	загінуць	[za'ɦinutsʲ]

ATIVIDADES HUMANAS

Emprego. Negócios. Parte 1

103. Escritório. O trabalho no escritório

escritório (~ de advogados)	офіс (м)	['ɔfis]
escritório (do diretor, etc.)	кабінет (м)	[kabi'net]
receção (f)	рэцэпцыя (ж)	[rɛ'tsɛptsiʲa]
secretário (m)	сакратар (м)	[sakra'tar]
secretária (f)	сакратар (ж)	[sakra'tar]
diretor (m)	дырэктар (м)	[di'rɛktar]
gerente (m)	менеджэр (м)	['menedʒɛr]
contabilista (m)	бухгалтар (м)	[buh'ɦaltar]
empregado (m)	супрацоўнік (м)	[supra'tsɔwnik]
mobiliário (m)	мэбля (ж)	['mɛblʲa]
mesa (f)	стол (м)	['stɔl]
cadeira (f)	крэсла (н)	['krɛsla]
bloco (m) de gavetas	тумбачка (ж)	['tumbatʃka]
cabide (m) de pé	вешалка (ж)	['veʃalka]
computador (m)	камп'ютэр (м)	[kamp"ɨtɛr]
impressora (f)	прынтэр (м)	['printɛr]
fax (m)	факс (м)	['faks]
fotocopiadora (f)	капіравальны апарат (м)	[kapira'valʲnɨ apa'rat]
papel (m)	папера (ж)	[pa'pera]
artigos (m pl) de escritório	канцылярскія прылады (ж мн)	[kantsɨ'lʲarskiʲa prɨ'ladɨ]
tapete (m) de rato	дыванок (м)	[diva'nɔk]
folha (f) de papel	аркуш (м)	['arkuʃ]
pasta (f)	папка (ж)	['papka]
catálogo (m)	каталог (м)	[kata'lɔɦ]
diretório (f) telefónico	даведнік (м)	[da'vednik]
documentação (f)	дакументацыя (ж)	[dakumen'tatsɨʲa]
brochura (f)	брашура (ж)	[bra'ʃura]
flyer (m)	лістоўка (ж)	[lis'tɔwka]
amostra (f)	узор (м)	[u'zɔr]
formação (f)	трэнінг (м)	['trɛninɦ]
reunião (f)	нарада (ж)	[na'rada]
hora (f) de almoço	перапынак (м) на абед	[pera'pɨnak na a'bet]
fazer uma cópia	рабіць копію	[ra'bitsʲ 'kɔpiɨ]
tirar cópias	размножыць	[razm'nɔʒɨtsʲ]
receber um fax	атрымліваць факс	[at'rɨmlivatsʲ 'faks]

enviar um fax	адпраўляць факс	[atpraw'lʲatsʲ 'faks]
fazer uma chamada	патэлефанаваць	[patɛlefana'vatsʲ]
responder (vt)	адказаць	[atka'zatsʲ]
passar (vt)	злучыць	[zlu'tʃitsʲ]
marcar (vt)	прызначаць	[prizna'tʃatsʲ]
demonstrar (vt)	дэманстраваць	[dɛmanstra'vatsʲ]
estar ausente	адсутнічаць	[a'tsutnitʃatsʲ]
ausência (f)	пропуск (м)	['prɔpusk]

104. Processos negociais. Parte 1

negócio (m)	справа, бізнес (м)	['sprava], ['biznes]
ocupação (f)	справа (ж)	['sprava]
firma, empresa (f)	фірма (ж)	['firma]
companhia (f)	кампанія (ж)	[kam'panʲia]
corporação (f)	карпарацыя (ж)	[karpa'ratsʲia]
empresa (f)	прадпрыемства (н)	[pratpri'emstva]
agência (f)	агенцтва (н)	[a'ɦentstva]
acordo (documento)	дамова (ж)	[da'mɔva]
contrato (m)	кантракт (м)	[kan'trakt]
acordo (transação)	здзелка (ж)	['zʲdzelka]
encomenda (f)	заказ (м)	[za'kas]
cláusulas (f pl), termos (m pl)	умова (ж)	[u'mɔva]
por grosso (adv)	оптам	['ɔptam]
por grosso (adj)	аптовы	[ap'tɔvi]
venda (f) por grosso	продаж (м) оптам	[prɔdaʃ 'ɔptam]
a retalho	рознічны	['rɔzʲnitʃni]
venda (f) a retalho	продаж (м) у розніцу	['prɔdaʃ u 'rɔzʲnitsu]
concorrente (m)	канкурэнт (м)	[kanku'rɛnt]
concorrência (f)	канкурэнцыя (ж)	[kanku'rɛntsʲia]
competir (vi)	канкурыраваць	[kanku'riravatsʲ]
sócio (m)	партнёр (м)	[part'nʲor]
parceria (f)	партнёрства (н)	[part'nʲorstva]
crise (f)	крызіс (м)	['krizis]
bancarrota (f)	банкруцтва (н)	[bank'rutstva]
entrar em falência	збанкрутаваць	[zbankruta'vatsʲ]
dificuldade (f)	цяжкасць (ж)	['tsʲaʃkastsʲ]
problema (m)	праблема (ж)	[prab'lema]
catástrofe (f)	катастрофа (ж)	[kata'strɔfa]
economia (f)	эканоміка (ж)	[ɛka'nɔmika]
económico	эканамічны	[ɛkana'mitʃni]
recessão (f) económica	эканамічны спад (м)	[ɛkana'mitʃni 'spat]
objetivo (m)	мэта (ж)	['mɛta]
tarefa (f)	задача (ж)	[za'datʃa]
comerciar (vi, vt)	гандляваць	[ɦandlʲa'vatsʲ]
rede (de distribuição)	сетка (ж)	['setka]

estoque (m)	склад (м)	['sklat]
sortimento (m)	асартымент (м)	[asartɨ'ment]
líder (m)	лідэр (м)	['lidɛr]
grande (~ empresa)	буйны	[buj'nɨ]
monopólio (m)	манаполія (ж)	[mana'polʲia]
teoria (f)	тэорыя (ж)	[tɛ'ɔrʲia]
prática (f)	практыка (ж)	['praktɨka]
experiência (falar por ~)	вопыт (м)	['vɔpɨt]
tendência (f)	тэндэнцыя (ж)	[tɛn'dɛntsʲia]
desenvolvimento (m)	развіццё (н)	[razʲvi'tsʲo]

105. Processos negociais. Parte 2

rentabilidade (f)	выгада (ж)	['vɨɦada]
rentável	выгадны	['vɨɦadnɨ]
delegação (f)	дэлегацыя (ж)	[dɛle'ɦatsʲia]
salário, ordenado (m)	заработная плата (ж)	[zara'botnaʲa 'plata]
corrigir (um erro)	выпраўляць	[vɨpraw'lʲatsʲ]
viagem (f) de negócios	камандзіроўка (ж)	[kamandzi'rowka]
comissão (f)	камісія (ж)	[ka'misʲia]
controlar (vt)	кантраляваць	[kantralʲa'vatsʲ]
conferência (f)	канферэнцыя (ж)	[kanfe'rɛntsʲia]
licença (f)	ліцэнзія (ж)	[li'tsɛnzʲia]
confiável	надзейны	[na'dzejnɨ]
empreendimento (m)	пачынанне (н)	[patʃɨ'nanne]
norma (f)	норма (ж)	['nɔrma]
circunstância (f)	акалічнасць (ж)	[aka'litʃnastsʲ]
dever (m)	абавязак (м)	[aba'vʲazak]
empresa (f)	арганізацыя (ж)	[arɦani'zatsʲia]
organização (f)	арганізацыя (ж)	[arɦani'zatsʲia]
organizado	арганізаваны	[arɦaniza'vanɨ]
anulação (f)	скасаванне (н)	[skasa'vanne]
anular, cancelar (vt)	скасаваць	[skasa'vatsʲ]
relatório (m)	справаздача (ж)	[sprava'zdatʃa]
patente (f)	патэнт (м)	[pa'tɛnt]
patentear (vt)	патэнтаваць	[patɛnta'vatsʲ]
planear (vt)	планаваць	[plana'vatsʲ]
prémio (m)	прэмія (ж)	['prɛmʲia]
profissional	прафесійны	[prafe'sijnɨ]
procedimento (m)	працэдура (ж)	[pratsɛ'dura]
examinar (a questão)	разгледзець	[raz'ɦledzetsʲ]
cálculo (m)	разлік (м)	[raz'lik]
reputação (f)	рэпутацыя (ж)	[rɛpu'tatsʲia]
risco (m)	рызыка (ж)	['rɨzɨka]
dirigir (~ uma empresa)	кіраваць	[kira'vatsʲ]

informação (f)	звесткі (ж мн)	['zʲvestki]
propriedade (f)	уласнасць (ж)	[u'lasnastsʲ]
união (f)	саюз (м)	[sa'ʉs]
seguro (m) de vida	страхаванне (н) жыцця	[straha'vanne ʒi'tsʲa]
fazer um seguro	страхаваць	[straha'vatsʲ]
seguro (m)	страхоўка (ж)	[stra'hɔwka]
leilão (m)	таргі (м мн)	[tar'hi]
notificar (vt)	паведаміць	[pa'vedamitsʲ]
gestão (f)	кіраванне (н)	[kira'vanne]
serviço (indústria de ~s)	паслуга (ж)	[pas'luɦa]
fórum (m)	форум (м)	['fɔrum]
funcionar (vi)	функцыянаваць	[funktsʲɨana'vatsʲ]
estágio (m)	этап (м)	[ɛ'tap]
jurídico	юрыдычны	[ʉri'ditʃnʲi]
jurista (m)	юрыст (м)	[ʉ'rist]

106. Produção. Trabalhos

usina (f)	завод (м)	[za'vɔt]
fábrica (f)	фабрыка (ж)	['fabrɨka]
oficina (f)	цэх (м)	['tsɛh]
local (m) de produção	вытворчасць (ж)	[vit'vɔrtʃastsʲ]
indústria (f)	прамысловасць (ж)	[pramɨ'slovastsʲ]
industrial	прамысловы	[pramɨ'slovɨ]
indústria (f) pesada	цяжкая прамысловасць (ж)	[tsʲaʃkaʲa pramɨ'slovastsʲ]
indústria (f) ligeira	лёгкая прамысловасць (ж)	['lʲoɦkaʲa pramɨ'slovastsʲ]
produção (f)	прадукцыя (ж)	[pra'duktsɨʲa]
produzir (vt)	выбіраць	[virab'lʲatsʲ]
matérias-primas (f pl)	сыравіна (ж)	[sɨra'vina]
chefe (m) de brigada	брыгадзір (м)	[briɦa'dzir]
brigada (f)	брыгада (ж)	[bri'ɦada]
operário (m)	рабочы (м)	[ra'bɔtʃi]
dia (m) de trabalho	працоўны дзень (м)	[pra'tsownɨ 'dzenʲ]
pausa (f)	перапынак (м)	[pera'pɨnak]
reunião (f)	сход (м)	['shɔt]
discutir (vt)	абмяркоўваць	[abmʲar'kowvatsʲ]
plano (m)	план (м)	['plan]
cumprir o plano	выконваць план	[vɨ'kɔnvatsʲ 'plan]
taxa (f) de produção	норма (ж)	['nɔrma]
qualidade (f)	якасць (ж)	['ʲakastsʲ]
controlo (m)	кантроль (м)	[kan'trɔlʲ]
controlo (m) da qualidade	кантроль (м) якасці	[kan'trɔlʲ ʲakasʲtsi]
segurança (f) no trabalho	бяспека (ж) працы	[bʲas'peka 'pratsɨ]
disciplina (f)	дысцыпліна (ж)	[distsɨp'lina]
infração (f)	парушэнне (н)	[paru'ʃɛnne]

violar (as regras)	парушаць	[paru'ʃatsʲ]
greve (f)	забастоўка (ж)	[zaba'stowka]
grevista (m)	забастоўшчык (м)	[zaba'stowʃɕik]
estar em greve	баставаць	[basta'vatsʲ]
sindicato (m)	прафсаюз (м)	[prafsa'ʉs]
inventar (vt)	вынаходзіць	[vɨna'hɔdzitsʲ]
invenção (f)	вынаходка (ж)	[vɨna'hɔtka]
pesquisa (f)	даследаванне (н)	[da'sledavanne]
melhorar (vt)	паляпшаць	[palʲap'ʃatsʲ]
tecnologia (f)	тэхналогія (ж)	[tɛhna'lɔɦiʲa]
desenho (m) técnico	чарцёж (м)	[tʃar'tsʲoʃ]
carga (f)	груз (м)	['ɦrus]
carregador (m)	грузчык (м)	['ɦruʃɕik]
carregar (vt)	грузіць	[ɦru'zitsʲ]
carregamento (m)	пагрузка (ж)	[pa'ɦruska]
descarregar (vt)	разгружаць	[razɦru'ʒatsʲ]
descarga (f)	разгрузка (ж)	[raz'ɦruska]
transporte (m)	транспарт (м)	['transpart]
companhia (f) de transporte	транспартная кампанія (ж)	[transpartnaʲa kam'paniʲa]
transportar (vt)	транспартаваць	[transparta'vatsʲ]
vagão (m) de carga	вагон (м)	[va'ɦɔn]
cisterna (f)	цыстэрна (ж)	[tsɨs'tɛrna]
camião (m)	грузавік (м)	[ɦruza'vik]
máquina-ferramenta (f)	станок (м)	[sta'nɔk]
mecanismo (m)	механізм (м)	[meha'nizm]
resíduos (m pl) industriais	адыходы (м мн)	[adɨ'hɔdɨ]
embalagem (f)	пакаванне (н)	[paka'vanne]
embalar (vt)	упакаваць	[upaka'vatsʲ]

107. Contrato. Acordo

contrato (m)	кантракт (м)	[kan'trakt]
acordo (m)	пагадненне (н)	[paɦad'nenne]
adenda (f), anexo (m)	дадатак (м)	[da'datak]
assinar o contrato	заключыць кантракт	[zaklʉ'tʃɨtsʲ kan'trakt]
assinatura (f)	подпіс (м)	['pɔtpis]
assinar (vt)	падпісаць	[patpi'satsʲ]
carimbo (m)	пячатка (ж)	[pʲa'tʃatka]
objeto (m) do contrato	прадмет (м) дамовы	[prad'met da'mɔvɨ]
cláusula (f)	пункт (м)	['punkt]
partes (f pl)	бакі (м мн)	[ba'ki]
morada (f) jurídica	юрыдычны адрас (м)	[ʉrɨ'dɨtʃnɨ 'adras]
violar o contrato	парушыць кантракт	[pa'ruʃɨtsʲ kan'trakt]
obrigação (f)	абавязацельства (н)	[abavʲaza'tselʲstva]
responsabilidade (f)	адказнасць (ж)	[at'kaznastsʲ]

força (f) maior força-мажор (m) [fɔrs ma'ʒɔr]
litígio (m), disputa (f) спрэчка (ж) ['sprɛtʃka]
multas (f pl) штрафныя санкцыі (ж мн) [ʃtrafʲnʲʲa 'sanktsii]

108. Importação & Exportação

importação (f)	імпарт (m)	['impart]
importador (m)	імпарцёр (m)	[impar'tsʲor]
importar (vt)	імпартаваць	[imparta'vatsʲ]
de importação	імпартны	['impartnʲi]

exportação (f)	экспарт (ж)	['ɛkspart]
exportador (m)	экспарцёр (m)	[ɛkspar'tsʲor]
exportar (vt)	экспартаваць	[ɛksparta'vatsʲ]
de exportação	экспартны	['ɛkspartnʲi]

mercadoria (f)	тавар (m)	[ta'var]
lote (de mercadorias)	партыя (ж)	['partʲʲa]

peso (m)	вага (ж)	[va'ɦa]
volume (m)	аб'ём (m)	[a'bʲʲom]
metro (m) cúbico	кубічны метр (m)	[ku'bitʃnʲi 'metr]

produtor (m)	вытворца (m)	[vɨt'vortsa]
companhia (f) de transporte	транспартная кампанія (ж)	[transpartnaʲa kam'panʲʲa]
contentor (m)	кантэйнер (m)	[kan'tɛjner]

fronteira (f)	мяжа (ж)	[mʲa'ʒa]
alfândega (f)	мытня (ж)	['mɨtnʲa]
taxa (f) alfandegária	мытная пошліна (ж)	[mɨtnaʲa 'pɔʃlina]
funcionário (m) da alfândega	мытнік (m)	['mɨtnik]
contrabando (atividade)	кантрабанда (ж)	[kantra'banda]
contrabando (produtos)	кантрабанда (ж)	[kantra'banda]

109. Finanças

ação (f)	акцыя (ж)	['aktsʲʲa]
obrigação (f)	аблігацыя (ж)	[abli'ɦatsʲʲa]
nota (f) promissória	вэксаль (m)	['vɛksalʲ]

bolsa (f)	біржа (ж)	['birʒa]
cotação (m) das ações	курс (m) акцый	['kurs 'aktsɨj]

tornar-se mais barato	патаннець	[pata'nnetsʲ]
tornar-se mais caro	падаражэць	[padara'ʒɛtsʲ]

parte (f)	доля (ж), пай (m)	['dolʲa], ['paj]
participação (f) maioritária	кантрольны пакет (m)	[kan'trolʲnɨ pa'ket]
investimento (m)	інвестыцыі (ж мн)	[inves'tɨtsii]
investir (vt)	інвесціраваць	[inves'tsiravatsʲ]
percentagem (f)	працэнт (m)	[pra'tsɛnt]
juros (m pl)	працэнты (m мн)	[pra'tsɛntɨ]

lucro (m)	прыбытак (м)	[pri'bitak]
lucrativo	прыбыткoвы	[pribit'kɔvi]
imposto (m)	падатак (м)	[pa'datak]
divisa (f)	валюта (ж)	[va'lʉta]
nacional	нацыянальны	[natsʲa'nalʲni]
câmbio (m)	абмен (м)	[ab'men]
contabilista (m)	бухгалтар (м)	[buh'ɦaltar]
contabilidade (f)	бухгалтэрыя (ж)	[buhɦal'tɛrʲa]
bancarrota (f)	банкруцтва (н)	[bank'rutstva]
falência (f)	крах (м)	['krah]
ruína (f)	згаленне (н)	[zɦa'lenne]
arruinar-se (vr)	згалець	[zɦa'letsʲ]
inflação (f)	інфляцыя (ж)	[in'flʲatsʲa]
desvalorização (f)	дэвальвацыя (ж)	[dɛvalʲ'vatsʲa]
capital (m)	капітал (м)	[kapi'tal]
rendimento (m)	даход (м)	[da'hɔt]
volume (m) de negócios	абарот (м)	[aba'rɔt]
recursos (m pl)	рэсурсы (м мн)	[rɛ'sursɨ]
recursos (m pl) financeiros	грашовыя сродкі (м мн)	[ɦra'ʃovʲa 'srɔtki]
despesas (f pl) gerais	накладныя выдаткі (мн)	[naklad'nʲa vi'datki]
reduzir (vt)	скарaціць	[skara'tsitsʲ]

110. Marketing

marketing (m)	маркетынг (м)	['marketinɦ]
mercado (m)	рынак (м)	['rinak]
segmento (m) do mercado	сегмент (м) рынку	[seɦ'ment 'rinku]
produto (m)	прадукт (м)	[pra'dukt]
mercadoria (f)	тавар (м)	[ta'var]
marca (f) comercial	гандлёвая марка (ж)	[ɦand'lʲovaʲa 'marka]
logotipo (m)	фірмовы знак (м)	[fir'mɔvɨ z'nak]
logo (m)	лагатып (м)	[laɦa'tip]
demanda (f)	попыт (м)	['pɔpit]
oferta (f)	прапанаванне (н)	[prapana'vanne]
necessidade (f)	патрэба (ж)	[pa'trɛba]
consumidor (m)	спажывец (м)	[spaʒɨ'vets]
análise (f)	аналіз (м)	[a'naliz]
analisar (vt)	аналізаваць	[analiza'vatsʲ]
posicionamento (m)	пазіцыянаванне (н)	[pazitsʲana'vanne]
posicionar (vt)	пазіцыянаваць	[pazitsʲana'vatsʲ]
preço (m)	цана (ж)	[tsa'na]
política (f) de preços	цэнавая палітыка (ж)	['tsɛnavaʲa pa'litika]
formação (f) de preços	цэнаўтварэнне (н)	[tsɛnawtva'rɛnne]

111. Publicidade

publicidade (f)	рэклама (ж)	[rɛk'lama]
publicitar (vt)	рэкламаваць	[rɛklama'vatsʲ]
orçamento (m)	бюджэт (м)	[bʉ'dʒɛt]

anúncio (m) publicitário	рэклама (ж)	[rɛk'lama]
publicidade (f) televisiva	тэлерэклама (ж)	[tɛlerɛk'lama]
publicidade (f) na rádio	рэклама (ж) на радыё	[rɛk'lama na 'radʲo]
publicidade (f) exterior	вонкавая рэклама (ж)	['vɔnkavaʲa rɛk'lama]

comunicação (f) de massa	сродкі (м мн) масавай інфармацыі	['srɔtki 'masavaj infar'matsii]
periódico (m)	перыядычнае выданне (н)	[periʲa'ditʃnae vɨ'danne]
imagem (f)	імідж (м)	['imitʃ]

slogan (m)	лозунг (м)	['lɔzunɦ]
mote (m), divisa (f)	дэвіз (м)	[dɛ'vis]

campanha (f)	кампанія (ж)	[kam'paniʲa]
companha (f) publicitária	рэкламная кампанія (ж)	[rɛk'lamnaʲa kam'paniʲa]
grupo (m) alvo	мэтавая аўдыторыя (ж)	['mɛtavaʲa awdɨ'tɔriʲa]

cartão (m) de visita	візітная картка (ж)	[vi'zitnaʲa 'kartka]
flyer (m)	лістоўка (ж)	[lis'tɔwka]
brochura (f)	брашура (ж)	[bra'ʃura]
folheto (m)	буклет (м)	[buk'let]
boletim (~ informativo)	бюлетэнь (м)	[bʉle'tɛnʲ]

letreiro (m)	шыльда (ж)	['ʃilʲda]
cartaz, póster (m)	плакат (м)	[pla'kat]
painel (m) publicitário	рэкламны шчыт (м)	[rɛk'lamnɨ 'ʃɕit]

112. Banca

banco (m)	банк (м)	['bank]
sucursal, balcão (f)	аддзяленне (н)	[adzʲa'lenne]

consultor (m)	кансультант (м)	[kansulʲ'tant]
gerente (m)	загадчык (м)	[za'ɦatʃik]

conta (f)	рахунак (м)	[ra'hunak]
número (m) da conta	нумар (м) рахунку	['numar ra'hunku]
conta (f) corrente	бягучы рахунак (м)	[bʲa'ɦutʃi ra'hunak]
conta (f) poupança	назапашвальны рахунак (м)	[naza'paʃvalʲnɨ ra'hunak]

abrir uma conta	адкрыць рахунак	[atk'ritsʲ ra'hunak]
fechar uma conta	закрыць рахунак	[za'kritsʲ ra'hunak]
depositar na conta	пакласці на рахунак	[pa'klasʲtsi na ra'hunak]
levantar (vt)	зняць з рахунку	['znʲatsʲ z ra'hunku]
depósito (m)	уклад (м)	[u'klat]
fazer um depósito	зрабіць уклад	[zra'bitsʲ u'klat]

transferência (f) bancária	перавод (м)	[pera'vɔt]
transferir (vt)	зрабіць перавод	[zra'bitsʲ pera'vɔt]
soma (f)	сума (ж)	['suma]
Quanto?	Колькі?	['kɔlʲki]
assinatura (f)	подпіс (м)	['pɔtpis]
assinar (vt)	падпісаць	[patpi'satsʲ]
cartão (m) de crédito	крэдытная картка (ж)	[krɛ'ditnaʲa 'kartka]
código (m)	код (м)	['kɔt]
número (m) do cartão de crédito	нумар (м) крэдытнай карткі	['numar krɛ'ditnaj 'kartki]
Caixa Multibanco (m)	банкамат (м)	[banka'mat]
cheque (m)	чэк (м)	['tʃɛk]
passar um cheque	выпісаць чэк	['vipisatsʲ 'tʃɛk]
livro (m) de cheques	чэкавая кніжка (ж)	['tʃɛkavaʲa 'kniʃka]
empréstimo (m)	крэдыт (м)	[krɛ'dit]
pedir um empréstimo	звяртацца па крэдыт	[zvʲar'tatsa pa krɛ'dit]
obter um empréstimo	браць крэдыт	['bratsʲ krɛ'dit]
conceder um empréstimo	даваць крэдыт	[da'vatsʲ krɛ'dit]
garantia (f)	гарантыя (ж)	[ɦa'rantiʲa]

113. Telefone. Conversação telefónica

telefone (m)	тэлефон (м)	[tɛle'fɔn]
telemóvel (m)	мабільны тэлефон (м)	[ma'bilʲni tɛle'fɔn]
secretária (f) electrónica	аўтаадказчык (м)	[awtaat'kaʃʨik]
fazer uma chamada	тэлефанаваць	[tɛlefana'vatsʲ]
chamada (f)	тэлефанаванне (н)	[tɛlefana'vanne]
marcar um número	набраць нумар	[nab'ratsʲ 'numar]
Alô!	алё!	[a'lʲo]
perguntar (vt)	спытаць	[spi'tatsʲ]
responder (vt)	адказаць	[atka'zatsʲ]
ouvir (vt)	чуць	['tʃutsʲ]
bem	добра	['dɔbra]
mal	дрэнна	['drɛnna]
ruído (m)	перашкоды (ж мн)	[peraʃ'kɔdɨ]
auscultador (m)	трубка (ж)	['trupka]
pegar o telefone	зняць трубку	['znʲatsʲ 'trupku]
desligar (vi)	пакласці трубку	[pa'klasʲtsi 'trupku]
ocupado	заняты	[za'nʲati]
tocar (vi)	званіць	[zva'nitsʲ]
lista (f) telefónica	тэлефонная кніга (ж)	[tɛle'fɔnnaʲa 'kniɦa]
local	мясцовы	[mʲas'tsɔvɨ]
chamada (f) local	мясцовы званок (м)	[mʲas'tsɔvɨ zva'nɔk]

de longa distância	міжгародні	[miʒɦa'rɔdni]
chamada (f) de longa distância	міжгародні званок (м)	[miʒɦa'rɔdni zva'nok]
internacional	міжнародны	[miʒna'rɔdnɨ]
chamada (f) internacional	міжнародны званок (м)	[miʒna'rɔdnɨ zva'nok]

114. Telefone móvel

telemóvel (m)	мабільны тэлефон (м)	[ma'bilʲnɨ tɛle'fɔn]
ecrã (m)	дысплей (м)	[dɨs'plej]
botão (m)	кнопка (ж)	['knɔpka]
cartão SIM (m)	SIM-картка (ж)	[sim'kartka]

bateria (f)	батарэя (ж)	[bata'rɛʲa]
descarregar-se	разрадзіцца	[razra'dzitsa]
carregador (m)	зарадная прылада (ж)	[za'radnaʲa prɨ'lada]

menu (m)	меню (н)	[me'nʉ]
definições (f pl)	наладкі (ж мн)	[na'latki]
melodia (f)	мелодыя (ж)	[me'lɔdʲʲa]
escolher (vt)	выбраць	['vɨbratsʲ]

calculadora (f)	калькулятар (м)	[kalʲku'lʲatar]
correio (m) de voz	галасавая пошта (ж)	[ɦalasa'vaja 'poʃta]
despertador (m)	будзільнік (м)	[bu'dzilʲnik]
contatos (m pl)	тэлефонная кніга (ж)	[tɛle'fɔnnaʲa 'kniɦa]

| mensagem (f) de texto | SMS-паведамленне (н) | [ɛsɛ'mɛs pavedam'lenne] |
| assinante (m) | абанент (м) | [aba'nent] |

115. Estacionário

| caneta (f) | аўтаручка (ж) | [awta'rutʃka] |
| caneta (f) tinteiro | ручка (ж) пёравая | ['rutʃka 'pʲoravaʲa] |

lápis (m)	аловак (м)	[a'lɔvak]
marcador (m)	маркёр (м)	[mar'kʲor]
caneta (f) de feltro	фламастэр (м)	[fla'mastɛr]

| bloco (m) de notas | блакнот (м) | [blak'nɔt] |
| agenda (f) | штодзённік (м) | [ʃtɔ'dzʲonnik] |

régua (f)	лінейка (ж)	[li'nejka]
calculadora (f)	калькулятар (м)	[kalʲku'lʲatar]
borracha (f)	сцірка (ж)	['stsirka]
pionés (m)	кнопка (ж)	['knɔpka]
clipe (m)	сашчэпка (ж)	[sa'ɕɛpka]

cola (f)	клей (м)	['klej]
agrafador (m)	стэплер (м)	['stɛpler]
furador (m)	дзіркакол (м)	[dzirka'kɔl]
afia-lápis (m)	тачылка (ж)	[ta'tʃɨlka]

116. Vários tipos de documentos

relatório (m)	справаздача (ж)	[sprava'zdatʃa]
acordo (m)	пагадненне (н)	[paɦad'nenne]
ficha (f) de inscrição	заяўка (ж)	[zaˡ'awka]
autêntico	сапраўдны	[sa'prawdnʲi]
crachá (m)	бэдж (м)	['bɛdʃ]
cartão (m) de visita	візітная картка (ж)	[vi'zitnaʲa 'kartka]

certificado (m)	сертыфікат (м)	[sertifi'kat]
cheque (m)	чэк (м)	['ʧɛk]
conta (f)	рахунак (м)	[ra'hunak]
constituição (f)	канстытуцыя (ж)	[kanstʲi'tutsʲiʲa]

contrato (m)	дамова (ж)	[da'mɔva]
cópia (f)	копія (ж)	['kɔpʲiʲa]
exemplar (m)	экземпляр (м)	[ɛgzɛm'plʲar]

declaração (f) alfandegária	дэкларацыя (ж)	[dɛkla'ratsʲiʲa]
documento (m)	дакумент (м)	[daku'ment]
carta (f) de condução	вадзіцельскія правы (мн)	[va'dzitselʲskiʲa pra'vɨ]
adenda (ao contrato)	дадатак (м)	[da'datak]
questionário (m)	анкета (ж)	[an'keta]

bilhete (m) de identidade	пасведчанне (н)	[pas'vetʧanne]
inquérito (m)	запыт (м)	['zapɨt]
convite (m)	запрашальны білет (м)	[zapra'ʃalʲnɨ bi'let]
fatura (f)	рахунак (м)	[ra'hunak]

lei (f)	закон (м)	[za'kɔn]
carta (correio)	ліст (м)	['list]
papel (m) timbrado	бланк (м)	['blank]
lista (f)	спіс (м)	['spis]
manuscrito (m)	рукапіс (м)	['rukapis]
boletim (~ informativo)	бюлетэнь (м)	[bʉle'tɛnʲ]
bilhete (mensagem breve)	запіска (ж)	[za'piska]

passe (m)	пропуск (м)	['prɔpusk]
passaporte (m)	пашпарт (м)	['paʃpart]
permissão (f)	дазвол (м)	[daz'vɔl]
CV, currículo (m)	рэзюмэ (н)	[rɛzʉ'mɛ]
vale (nota promissória)	распіска (ж)	[ras'piska]
recibo (m)	квітанцыя (ж)	[kvi'tantsʲiʲa]
talão (f)	чэк (м)	['ʧɛk]
relatório (m)	рапарт (м)	['rapart]

mostrar (vt)	прад'яўляць	[pradˀjaw'lʲatsʲ]
assinar (vt)	падпісаць	[patpi'satsʲ]
assinatura (f)	подпіс (м)	['potpis]
carimbo (m)	пячатка (ж)	[pʲa'ʧatka]
texto (m)	тэкст (м)	['tɛkst]
bilhete (m)	білет (м)	[bi'let]

riscar (vt)	закрэсліць	[za'krɛslitsʲ]
preencher (vt)	запоўніць	[za'pɔwnitsʲ]

| guia (f) de remessa | накладная (ж) | [naklad'na a] |
| testamento (m) | завяшчанне (н) | [zav a'ɟcanne] |

117. Tipos de negócios

serviços (m pl) de contabilidade	бухгалтарскія паслугі (ж мн)	[buh'ɦaltarski a pas'luɦi]
publicidade (f)	рэклама (ж)	[rɛk'lama]
agência (f) de publicidade	рэкламнае агенцтва (н)	[rɛk'lamnae a'ɦentstva]
ar (m) condicionado	кандыцыянеры (м мн)	[kanditsi a'neri]
companhia (f) aérea	авіякампанія (ж)	[avi akam'pani a]

bebidas (f pl) alcoólicas	спіртныя напіткі (м мн)	[spirt'ni a na'pitki]
comércio (m) de antiguidades	антыкварыят (м)	[antikvari' at]
galeria (f) de arte	галерэя (ж)	[ɦale'rɛ a]
serviços (m pl) de auditoria	аўдытарскія паслугі (ж мн)	[aw'ditarski a pas'luɦi]

negócios (m pl) bancários	банкаўскі бізнэс (м)	['bankawski 'biznɛs]
bar (m)	бар (м)	['bar]
salão (m) de beleza	салон (м) прыгажосці	[sa'lɔn priɦa'ʒɔs tsi]
livraria (f)	кнігарня (ж)	[kni'ɦarn a]
cervejaria (f)	бровар (м)	['brɔvar]
centro (m) de escritórios	бізнэс-цэнтр (м)	['biznɛs 'tsɛntr]
escola (f) de negócios	бізнэс-школа (ж)	['biznɛs 'ʃkɔla]

casino (m)	казіно (н)	[kazi'nɔ]
construção (f)	будаўніцтва (н)	[budaw'nitstva]
serviços (m pl) de consultoria	кансалтынг (м)	[kan'saltinɦ]

estomatologia (f)	стаматалогія (н)	[stamata'lɔɦi a]
design (m)	дызайн (м)	[di'zajn]
farmácia (f)	аптэка (ж)	[ap'tɛka]
lavandaria (f)	хімчыстка (ж)	[him'tʃistka]
agência (f) de emprego	кадравае агенцтва (н)	['kadravae a'ɦentstva]

serviços (m pl) financeiros	фінансавыя паслугі (ж мн)	[fi'nansavi a pas'luɦi]
alimentos (m pl)	прадукты (м мн) харчавання	[pra'dukti hartʃa'vann a]
agência (f) funerária	пахавальнае бюро (н)	[paha'val nae bʉ'rɔ]
mobiliário (m)	мэбля (ж)	['mɛbl a]
roupa (f)	адзенне (н)	[a'dzenne]
hotel (m)	гасцініца (ж)	[ɦas'tsinitsa]

gelado (m)	марожанае (н)	[ma'rɔʒanae]
indústria (f)	прамысловасць (ж)	[pramɨ'slɔvasts]
seguro (m)	страхаванне (н)	[straha'vanne]
internet (f)	Інтэрнэт (м)	[intɛr'nɛt]
investimento (m)	інвестыцыі (ж мн)	[inves'titsii]

joalheiro (m)	ювелір (м)	[ʉve'lir]
joias (f pl)	ювелірныя вырабы (м мн)	[ʉve'lirni a 'virabɨ]
lavandaria (f)	праньня (ж)	['pral n a]
serviços (m pl) jurídicos	юрыдычныя паслугі (ж мн)	[uri'ditʃni a pas'luɦi]
indústria (f) ligeira	лёгкая прамысловасць (ж)	[' ɔɦka a prami'slɔvasts]
revista (f)	часопіс (м)	[tʃa'sɔpis]

vendas (f pl) por catálogo	гандаль (м) па каталозе	['ɦandalʲ pa kata'lɔze]
medicina (f)	медыцына (ж)	[medɨ'tsɨna]
cinema (m)	кінатэатр (м)	[kinatɛ'atr]
museu (m)	музей (м)	[mu'zej]
agência (f) de notícias	інфармацыйнае агенцтва (н)	[infarma'tsɨjnae a'ɦentstva]
jornal (m)	газета (ж)	[ɦa'zeta]
clube (m) noturno	начны клуб (м)	[natʂ'nɨ 'klup]
petróleo (m)	нафта (ж)	['nafta]
serviço (m) de encomendas	кур'ерская служба (ж)	[kur"erskaʲa 'sluʒba]
indústria (f) farmacêutica	фармацэўтыка (ж)	[farma'tsɛwtika]
poligrafia (f)	паліграфія (ж)	[pali'ɦrafiʲa]
editora (f)	выдавецтва (н)	[vɨda'vetstva]
rádio (m)	радыё (н)	['radʲɨo]
imobiliário (m)	нерухомасць (ж)	[neru'ɦɔmastsʲ]
restaurante (m)	рэстаран (м)	[rɛsta'ran]
empresa (f) de segurança	ахоўнае агенцтва (н)	[a'ɦɔwnae a'ɦentstva]
desporto (m)	спорт (м)	['spɔrt]
bolsa (f)	біржа (ж)	['birʒa]
loja (f)	крама (ж)	['krama]
supermercado (m)	супермаркет (м)	[super'market]
piscina (f)	басейн (м)	[ba'sejn]
alfaiataria (f)	атэлье (н)	[atɛ'lʲe]
televisão (f)	тэлебачанне (н)	[tɛle'batʃanne]
teatro (m)	тэатр (м)	[tɛ'atr]
comércio (atividade)	гандаль (м)	['ɦandalʲ]
serviços (m pl) de transporte	перавозкі (ж мн)	[pera'vɔski]
viagens (f pl)	турызм (м)	[tu'rɨzm]
veterinário (m)	ветэрынар (м)	[vetɛrɨ'nar]
armazém (m)	склад (м)	['sklat]
recolha (f) do lixo	вываз (м) смецця	['vɨvas 'smetsʲa]

Emprego. Negócios. Parte 2

118. Espetáculo. Feira

feira (f)	выстава (ж)	[vis'tava]
feira (f) comercial	гандлёвая выстава (ж)	[hand'lʲovaʲa vis'tava]
participação (f)	удзел (м)	[u'dzel]
participar (vi)	удзельнічаць	[u'dzelʲnitʃatsʲ]
participante (m)	удзельнік (м)	[u'dzelʲnik]
diretor (m)	дырэктар (м)	[di'rɛktar]
direção (f)	дырэкцыя (ж), аргкамітэт (м)	[di'rɛktsʲia], [arɦkami'tɛt]
organizador (m)	арганізатар (м)	[arɦani'zatar]
organizar (vt)	арганізоўваць	[arɦani'zɔwvatsʲ]
ficha (f) de inscrição	заяўка (ж) на ўдзел	[za'ʲawka na u'dzel]
preencher (vt)	запоўніць	[za'pɔwnitsʲ]
detalhes (m pl)	дэталі (ж мн)	[dɛ'tali]
informação (f)	інфармацыя (ж)	[infar'matsʲia]
preço (m)	цана (ж)	[tsa'na]
incluindo	уключаючы	[ukl'ʉ'tʃajutʃi]
incluir (vt)	уключаць	[ukl'ʉ'tʃatsʲ]
pagar (vt)	плаціць	[pla'tsitsʲ]
taxa (f) de inscrição	рэгістрацыйны ўзнос (м)	[rɛɦistra'tsijnɨ 'wznɔs]
entrada (f)	уваход (м)	[uva'hɔt]
pavilhão (m)	павільён (м)	[pavi'lʲjɔn]
inscrever (vt)	рэгістраваць	[rɛɦistra'vatsʲ]
crachá (m)	бэдж (м)	['bɛdʃ]
stand (m)	стэнд (м)	['stɛnt]
reservar (vt)	рэзерваваць	[rɛzerva'vatsʲ]
vitrina (f)	вітрына (ж)	[vit'rɨna]
foco, spot (m)	свяцільня (ж)	[svʲa'tsilʲnʲa]
design (m)	дызайн (м)	[di'zajn]
pôr, colocar (vt)	размяшчаць	[razmʲa'ʃɕatsʲ]
ser colocado, -a	размяшчацца	[razmʲa'ʃɕatsa]
distribuidor (m)	дыстрыб'ютар (м)	[distrib"ʉtar]
fornecedor (m)	пастаўшчык (м)	[pastaw'ʃɕik]
fornecer (vt)	пастаўляць	[pastaw'lʲatsʲ]
país (m)	краіна (ж)	[kra'ina]
estrangeiro	замежны	[za'meʒnɨ]
produto (m)	прадукт (м)	[pra'dukt]
associação (f)	асацыяцыя (ж)	[asatsɨ'ʲatsʲia]
sala (f) de conferências	канферэнц-зала (ж)	[kanfe'rɛnts 'zala]

congresso (m)	кангрэс (м)	[kanɦ'rɛs]
concurso (m)	конкурс (м)	['kɔnkurs]
visitante (m)	наведвальнік (м)	[na'vedvalʲnik]
visitar (vt)	наведваць	[na'vedvatsʲ]
cliente (m)	заказчык (м)	[za'kaʃɕik]

119. Media

jornal (m)	газета (ж)	[ɦa'zeta]
revista (f)	часопіс (м)	[tʃa'sɔpis]
imprensa (f)	прэса (ж)	['prɛsa]
rádio (m)	радыё (н)	['radʲo]
estação (f) de rádio	радыёстанцыя (ж)	['radʲo 'stantsʲɪa]
televisão (f)	тэлебачанне (н)	[tɛle'batʃanne]
apresentador (m)	вядучы (м)	[vʲa'dutʃi]
locutor (m)	дыктар (м)	['diktar]
comentador (m)	каментатар (м)	[kamen'tatar]
jornalista (m)	журналіст (м)	[ʒurna'list]
correspondente (m)	карэспандэнт (м)	[karɛspan'dɛnt]
repórter (m) fotográfico	фотакарэспандэнт (м)	['fota karɛspan'dɛnt]
repórter (m)	рэпарцёр (м)	[rɛpar'tsʲor]
redator (m)	рэдактар (м)	[rɛ'daktar]
redator-chefe (m)	галоўны рэдактар (м)	[ɦa'lɔwnɨ rɛ'daktar]
assinar a ...	падпісацца	[patpi'satsa]
assinatura (f)	падпіска (ж)	[pat'piska]
assinante (m)	падпісчык (м)	[pat'pitʃɕik]
ler (vt)	чытаць	[tʃɨ'tatsʲ]
leitor (m)	чытач (м)	[tʃɨ'tatʃ]
tiragem (f)	тыраж (м)	[ti'raʃ]
mensal	штомесячны	[ʃtɔ'mesʲatʃni]
semanal	штотыдневы	[ʃtɔtid'nʲovi]
número (jornal, revista)	нумар (м)	['numar]
recente	свежы	['sveʒi]
manchete (f)	загаловак (м)	[zaɦa'lɔvak]
pequeno artigo (m)	нататка (ж)	[na'tatka]
coluna (~ semanal)	рубрыка (ж)	['rubrɨka]
artigo (m)	артыкул (м)	[ar'tikul]
página (f)	старонка (ж)	[sta'rɔnka]
reportagem (f)	рэпартаж (м)	[rɛpar'taʃ]
evento (m)	падзея (ж)	[pa'dzeʲa]
sensação (f)	сенсацыя (ж)	[sen'satsʲɪa]
escândalo (m)	скандал (м)	[skan'dal]
escandaloso	скандальны	[skan'dalʲni]
grande	гучны	['ɦutʃni]
programa (m) de TV	перадача (ж)	[pera'datʃa]
entrevista (f)	інтэрв'ю (н)	[intɛr'vʲʉ]

| transmissão (f) em direto | прамая трансляцыя (ж) | [pra'maʲa trans'lʲatsʲʲa] |
| canal (m) | канал (м) | [ka'nal] |

120. Agricultura

agricultura (f)	сельская гаспадарка (ж)	[selʲskaʲa ɦaspa'darka]
camponês (m)	селянін (м)	[selʲa'nin]
camponesa (f)	сялянка (ж)	[sʲa'lʲanka]
agricultor (m)	фермер (м)	['fermer]

| trator (m) | трактар (м) | ['traktar] |
| ceifeira-debulhadora (f) | камбайн (м) | [kam'bajn] |

arado (m)	плуг (м)	['pluɦ]
arar (vt)	араць	[a'ratsʲ]
campo (m) lavrado	палля (ж)	[ra'lʲa]
rego (m)	баразна (ж)	[baraz'na]

semear (vt)	сеяць	['seʲatsʲ]
semeadora (f)	сеялка (ж)	['seʲalka]
semeadura (f)	сяўба (ж)	[sʲaw'ba]

| gadanha (f) | каса (ж) | [ka'sa] |
| gadanhar (vt) | касіць | [ka'sitsʲ] |

| pá (f) | лапата (ж) | [la'pata] |
| cavar (vt) | капаць | [ka'patsʲ] |

enxada (f)	матыка (ж)	[ma'tɨka]
carpir (vt)	палоць	[pa'lotsʲ]
erva (f) daninha	пустазелле (н)	[pusta'zelle]

regador (m)	палівачка (ж)	[pali'vatʃka]
regar (vt)	паліваць	[pali'vatsʲ]
rega (f)	паліванне (н)	[pali'vanne]

| forquilha (f) | вілы (мн) | ['vilɨ] |
| ancinho (m) | граблі (мн) | ['ɦrabli] |

fertilizante (m)	угнаенне (н)	[uɦna'enne]
fertilizar (vt)	угнойваць	[u'ɦnojvatsʲ]
estrume (m)	гной (м)	['ɦnoj]

campo (m)	поле (н)	['pole]
prado (m)	луг (м)	['luɦ]
horta (f)	агарод (м)	[aɦa'rot]
pomar (m)	сад (м)	['sat]

pastar (vt)	пасвіць	['pasvitsʲ]
pastor (m)	пастух (м)	[pas'tuɦ]
pastagem (f)	паша (ж)	['paʃa]

| pecuária (f) | жывёлагадоўля (ж) | [ʒɨ'wʲolaɦa'dowlʲa] |
| criação (f) de ovelhas | авечкагадоўля (ж) | [awetʃkaɦa'dowlʲa] |

plantação (f)	плантацыя (ж)	[plan'tatsʲia]
canteiro (m)	градка (ж)	['ɦratka]
invernadouro (m)	парнік (м)	[par'nik]

| seca (f) | засуха (ж) | ['zasuha] |
| seco (verão ~) | засушлівы | [za'suʃlivi] |

cereal (m)	зерне (н)	['zerne]
cereais (m pl)	зерневыя (н мн)	['zernevʲia]
colher (vt)	збіраць	[zʲbi'ratsʲ]

moleiro (m)	млынар (м)	[mlɨ'nar]
moinho (m)	млын (м)	['mlɨn]
moer (vt)	малоць	[ma'lɔtsʲ]
farinha (f)	мука (ж)	[mu'ka]
palha (f)	салома (ж)	[sa'lɔma]

121. Construção. Processo de construção

canteiro (m) de obras	будоўля (ж)	[bu'dɔwlʲa]
construir (vt)	будаваць	[buda'vatsʲ]
construtor (m)	будаўнік (м)	[budaw'nik]

projeto (m)	праект (м)	[pra'ekt]
arquiteto (m)	архітэктар (м)	[arhi'tɛktar]
operário (m)	рабочы (м)	[ra'bɔtʃi]

fundação (f)	падмурак (м)	[pad'murak]
telhado (m)	дах (м)	['dah]
estaca (f)	паля (ж)	['palʲa]
parede (f)	сцяна (ж)	[stsʲa'na]

| varões (m pl) para betão | арматура (ж) | [arma'tura] |
| andaime (m) | будаўнічыя рыштаванні (н мн) | [budaw'nitʃʲia riʃta'vanni] |

betão (m)	бетон (м)	[be'tɔn]
granito (m)	граніт (м)	[ɦra'nit]
pedra (f)	камень (м)	['kamenʲ]
tijolo (m)	цэгла (ж)	['tsɛkla]

areia (f)	пясок (м)	[pʲa'sɔk]
cimento (m)	цэмент (м)	[tsɛ'ment]
emboço (m)	тынк (м)	['tɨnk]
emboçar (vt)	тынкаваць	[tɨnka'vatsʲ]

tinta (f)	фарба (ж)	['farba]
pintar (vt)	фарбаваць	[farba'vatsʲ]
barril (m)	бочка (ж)	['bɔtʃka]

grua (f), guindaste (m)	кран (м)	['kran]
erguer (vt)	паднімаць	[padni'matsʲ]
baixar (vt)	апускаць	[apus'katsʲ]
buldózer (m)	бульдозер (м)	[bulʲ'dɔzer]

escavadora (f)	экскаватар (м)	[ɛkska'vatar]
caçamba (f)	коўш (м)	['kɔwʃ]
escavar (vt)	капаць	[ka'patsʲ]
capacete (m) de proteção	каска (ж)	['kaska]

122. Ciência. Investigação. Cientistas

ciência (f)	навука (ж)	[na'vuka]
científico	навуковы	[navu'kovɨ]
cientista (m)	навуковец (м)	[navu'kovets]
teoria (f)	тэорыя (ж)	[tɛ'ɔrɨʲa]

axioma (m)	аксіёма (ж)	[aksiʲ'oma]
análise (f)	аналіз (м)	[a'nalis]
analisar (vt)	аналізаваць	[analiza'vatsʲ]
argumento (m)	аргумент (м)	[arɦu'ment]
substância (f)	рэчыва (н)	['rɛtʃɨva]

hipótese (f)	гіпотэза (ж)	[ɦi'pɔtɛza]
dilema (m)	дылема (ж)	[di'lema]
tese (f)	дысертацыя (ж)	[diser'tatsɨʲa]
dogma (m)	догма (ж)	['dɔɦma]

doutrina (f)	дактрына (ж)	[dak'trina]
pesquisa (f)	даследаванне (н)	[da'sledavanne]
pesquisar (vt)	даследаваць	[da'sledavatsʲ]
teste (m)	кантроль (м)	[kan'trɔlʲ]
laboratório (m)	лабараторыя (ж)	[labara'tɔrɨʲa]

método (m)	метад (м)	['metat]
molécula (f)	малекула (ж)	[ma'lekula]
monitoramento (m)	маніторынг (м)	[mani'tɔrinɦ]
descoberta (f)	адкрыццё (н)	[atkri'tsʲo]

postulado (m)	пастулат (м)	[pastu'lat]
princípio (m)	прынцып (м)	['printsɨp]
prognóstico (previsão)	прагноз (м)	[praɦ'nɔs]
prognosticar (vt)	прагназіраваць	[praɦna'ziravatsʲ]

síntese (f)	сінтэз (м)	['sintɛs]
tendência (f)	тэндэнцыя (ж)	[tɛn'dɛntsɨʲa]
teorema (m)	тэарэма (ж)	[tɛa'rɛma]

ensinamentos (m pl)	вучэнне (н)	[vu'ʧɛnne]
facto (m)	факт (м)	['fakt]
expedição (f)	экспедыцыя (ж)	[ɛkspe'ditsɨʲa]
experiência (f)	эксперымент (м)	[ɛksperi'ment]

académico (m)	акадэмік (м)	[aka'dɛmik]
bacharel (m)	бакалаўр (м)	[baka'lawr]
doutor (m)	доктар (м)	['dɔktar]
docente (m)	дацэнт (м)	[da'tsɛnt]
mestre (m)	магістр (м)	[ma'ɦistr]
professor (m) catedrático	прафесар (м)	[pra'fesar]

Profissões e ocupações

123. Procura de emprego. Demissão

trabalho (m)	праца (ж)	['pratsa]
equipa (f)	штат (м)	['ʃtat]
pessoal (m)	персанал (м)	[persa'nal]
carreira (f)	кар'ера (ж)	[kar"era]
perspetivas (f pl)	перспектыва (ж)	[perspek'tiva]
mestria (f)	майстэрства (н)	[maj'stɛrstva]
seleção (f)	падбор (м)	[pad'bɔr]
agência (f) de emprego	кадравае агенцтва (н)	['kadravae a'ɦentstva]
CV, currículo (m)	рэзюмэ (н)	[rɛzʉ'mɛ]
entrevista (f) de emprego	сумоўе (н)	[su'mɔwe]
vaga (f)	вакансія (ж)	[va'kansʲia]
salário (m)	заробак (м)	[za'rɔbak]
salário (m) fixo	аклад (м)	[ak'lat]
pagamento (m)	аплата (ж)	[a'plata]
posto (m)	пасада (ж)	[pa'sada]
dever (do empregado)	абавязак (м)	[aba'vʲazak]
gama (f) de deveres	кола (н)	['kɔla]
ocupado	заняты	[za'nʲati]
despedir, demitir (vt)	звольніць	['zvɔlʲnitsʲ]
demissão (f)	звальненне (н)	[zvalʲ'nenne]
desemprego (m)	беспрацоўе (н)	[bespra'tsɔwe]
desempregado (m)	беспрацоўны (м)	[bespra'tsɔwnʲi]
reforma (f)	пенсія (ж)	['pensʲia]
reformar-se	пайсці на пенсію	[pajs'tsi na 'pensʲʉ]

124. Gente de negócios

diretor (m)	дырэктар (м)	[dʲi'rɛktar]
gerente (m)	загадчык (м)	[za'ɦatʃik]
patrão, chefe (m)	кіраўнік (м)	[kiraw'nik]
superior (m)	начальнік (м)	[na'tʃalʲnik]
superiores (m pl)	начальства (н)	[na'tʃalʲstva]
presidente (m)	прэзідэнт (м)	[prɛzi'dɛnt]
presidente (m) de direção	старшыня (ж)	[starʃi'nʲa]
substituto (m)	намеснік (м)	[na'mesnik]
assistente (m)	памочнік (м)	[pa'mɔtʃnik]

secretário (m)	сакратар (м)	[sakra'tar]
secretário (m) pessoal	асабісты сакратар (м)	[asa'bisti sakra'tar]
homem (m) de negócios	бізнэсмен (м)	[biznɛs'men]
empresário (m)	прадпрымальнік (м)	[pratprɨ'malʲnik]
fundador (m)	заснавальнік (м)	[zasna'valʲnik]
fundar (vt)	заснаваць	[zasna'vatsʲ]
fundador, sócio (m)	заснавальнік (м)	[zasna'valʲnik]
parceiro, sócio (m)	партнёр (м)	[part'nʲor]
acionista (m)	акцыянер (м)	[aktsɨʲa'ner]
milionário (m)	мільянер (м)	[milʲa'ner]
bilionário (m)	мільярдэр (м)	[milʲar'dɛr]
proprietário (m)	уладальнік (м)	[ula'dalʲnik]
proprietário (m) de terras	землеўладальнік (м)	[zemlewla'dalʲnik]
cliente (m)	кліент (м)	[kli'ent]
cliente (m) habitual	сталы кліент (м)	[stalɨ kli'ent]
comprador (m)	пакупнік (м)	[pakup'nik]
visitante (m)	наведвальнік (м)	[na'vedvalʲnik]
profissional (m)	прафесіянал (м)	[prafesiʲa'nal]
perito (m)	эксперт (м)	[ɛks'pert]
especialista (m)	спецыяліст (м)	[spetsɨʲa'list]
banqueiro (m)	банкір (м)	[ban'kir]
corretor (m)	брокер (м)	['brɔker]
caixa (m, f)	касір (м)	[ka'sir]
contabilista (m)	бухгалтар (м)	[buh'ɦaltar]
guarda (m)	ахоўнік (м)	[a'ɦownik]
investidor (m)	інвестар (м)	[in'vestar]
devedor (m)	даўжнік (м)	[dawʒ'nik]
credor (m)	крэдытор (м)	[krɛdɨ'tɔr]
mutuário (m)	пазычальнік (м)	[pazɨ'tʃalʲnik]
importador (m)	імпарцёр (м)	[impar'tsʲor]
exportador (m)	экспарцёр (м)	[ɛkspar'tsʲor]
produtor (m)	вытворца (м)	[vɨt'vɔrtsa]
distribuidor (m)	дыстрыб'ютар (м)	[distrib"ʉtar]
intermediário (m)	пасярэднік (м)	[pasʲa'rɛdnik]
consultor (m)	кансультант (м)	[kansulʲ'tant]
representante (m)	прадстаўнік (м)	[pratstaw'nik]
agente (m)	агент (м)	[a'ɦent]
agente (m) de seguros	страхавы агент (м)	[straha'vɨ a'ɦent]

125. Profissões de serviços

cozinheiro (m)	повар (м)	['pɔvar]
cozinheiro chefe (m)	шэф-повар (м)	[ʃɛf'pɔvar]

padeiro (m)	пекар (м)	['pekar]
barman (m)	бармэн (м)	[bar'mɛn]
empregado (m) de mesa	афіцыянт (м)	[afitsi'ᵢant]
empregada (f) de mesa	афіцыянтка (ж)	[afitsi'ᵢantka]
advogado (m)	адвакат (м)	[adva'kat]
jurista (m)	юрыст (м)	[ʉ'rist]
notário (m)	натарыус (м)	[na'tarius]
eletricista (m)	электрык (м)	[ɛ'lektrik]
canalizador (m)	сантэхнік (м)	[san'tɛhnik]
carpinteiro (m)	цясляр (м)	[tsʲas'lʲar]
massagista (m)	масажыст (м)	[masa'ʒist]
massagista (f)	масажыстка (ж)	[masa'ʒistka]
médico (m)	урач (м)	[u'ratʃ]
taxista (m)	таксіст (м)	[tak'sist]
condutor (automobilista)	шафёр (м)	[ʃa'fʲor]
entregador (m)	кур'ер (м)	[kurʺer]
camareira (f)	пакаёўка (ж)	[paka'ʲowka]
guarda (m)	ахоўнік (м)	[a'hownik]
hospedeira (f) de bordo	сцюардэса (ж)	[sʲtsʉar'dɛsa]
professor (m)	настаўнік (м)	[na'stawnik]
bibliotecário (m)	бібліятэкар (м)	[biblii'a'tɛkar]
tradutor (m)	перакладчык (м)	[pera'klatʃik]
intérprete (m)	перакладчык (м)	[pera'klatʃik]
guia (pessoa)	гід, экскурсавод (м)	['ɦit], [ɛkskursa'vɔt]
cabeleireiro (m)	цырульнік (м)	[tsi'rulʲnik]
carteiro (m)	паштальён (м)	[paʃta'lʲɔn]
vendedor (m)	прадавец (м)	[prada'vets]
jardineiro (m)	садоўнік (м)	[sa'downik]
criado (m)	слуга (м, ж)	[slu'ɦa]
criada (f)	служанка (ж)	[slu'ʒanka]
empregada (f) de limpeza	прыбіральшчыца (ж)	[pribi'ralʲʃtʃitsa]

126. Profissões militares e postos

soldado (m) raso	радавы (м)	[rada'vi]
sargento (m)	сяржант (м)	[sʲar'ʒant]
tenente (m)	лейтэнант (м)	[lejtɛ'nant]
capitão (m)	капітан (м)	[kapi'tan]
major (m)	маёр (м)	[ma'ʲor]
coronel (m)	палкоўнік (м)	[pal'kownik]
general (m)	генерал (м)	[ɦene'ral]
marechal (m)	маршал (м)	['marʃal]
almirante (m)	адмірал (м)	[admi'ral]
militar (m)	вайсковец (м)	[vajs'kɔvets]
soldado (m)	салдат (м)	[sal'dat]

oficial (m)	афіцэр (м)	[afi'tsɛr]
comandante (m)	камандзір (м)	[kaman'dzir]
guarda (m) fronteiriço	пагранічнік (м)	[paɦra'nitʃnik]
operador (m) de rádio	радыст (м)	[ra'dist]
explorador (m)	разведчык (м)	[raz'vetʃik]
sapador (m)	сапёр (м)	[sa'pʲor]
atirador (m)	стралок (м)	[stra'lɔk]
navegador (m)	штурман (м)	['ʃturman]

127. Oficiais. Padres

rei (m)	кароль (м)	[ka'rɔlʲ]
rainha (f)	каралева (ж)	[kara'leva]
príncipe (m)	прынц (м)	['prints]
princesa (f)	прынцэса (ж)	[prin'tsɛsa]
czar (m)	цар (м)	['tsar]
czarina (f)	царыца (ж)	[tsa'ritsa]
presidente (m)	Прэзідэнт (м)	[prɛzi'dɛnt]
ministro (m)	міністр (м)	[mi'nistr]
primeiro-ministro (m)	прэм'ер-міністр (м)	[prɛm"er mi'nistr]
senador (m)	сенатар (м)	[se'natar]
diplomata (m)	дыпламат (м)	[dipla'mat]
cônsul (m)	консул (м)	['kɔnsul]
embaixador (m)	пасол (м)	[pa'sɔl]
conselheiro (m)	саветнік (м)	[sa'vetnik]
funcionário (m)	чыноўнік (м)	[tʃi'nɔwnik]
prefeito (m)	прэфект (м)	[prɛ'fekt]
Presidente (m) da Câmara	мэр (м)	['mɛr]
juiz (m)	суддзя (м)	[su'dzʲa]
procurador (m)	пракурор (м)	[praku'rɔr]
missionário (m)	місіянер (м)	[misiʲa'ner]
monge (m)	манах (м)	[ma'nah]
abade (m)	абат (м)	[a'bat]
rabino (m)	рабін (м)	[ra'bin]
vizir (m)	візір (м)	[vi'zir]
xá (m)	шах (м)	['ʃah]
xeque (m)	шэйх (м)	['ʃɛjh]

128. Profissões agrícolas

apicultor (m)	пчаляр (м)	[ptʃa'lʲar]
pastor (m)	пастух (м)	[pas'tuh]
agrónomo (m)	аграном (м)	[aɦra'nɔm]

| criador (m) de gado | жывёлавод (м) | [ʒɨˈvʲolaˈvɔt] |
| veterinário (m) | ветэрынар (м) | [vetɛriˈnar] |

agricultor (m)	фермер (м)	[ˈfermer]
vinicultor (m)	вінароб (м)	[vinaˈrop]
zoólogo (m)	заолаг (м)	[zaˈɔlaɦ]
cowboy (m)	каўбой (м)	[kawˈbɔj]

129. Profissões artísticas

| ator (m) | акцёр (м) | [akˈtsʲor] |
| atriz (f) | актрыса (ж) | [aktˈrisa] |

| cantor (m) | спявак (м) | [spʲaˈvak] |
| cantora (f) | спявачка (ж) | [spʲaˈvatʃka] |

| bailarino (m) | танцор (м) | [tanˈtsɔr] |
| bailarina (f) | танцоўшчыца (ж) | [tanˈtsɔwʃɕitsa] |

| artista (m) | артыст (м) | [arˈtist] |
| artista (f) | артыстка (ж) | [arˈtistka] |

músico (m)	музыка (м)	[muˈzɨka]
pianista (m)	піяніст (м)	[pʲiaˈnist]
guitarrista (m)	гітарыст (м)	[ɦitaˈrist]

maestro (m)	дырыжор (м)	[diriˈʒɔr]
compositor (m)	кампазітар (м)	[kampaˈzitar]
empresário (m)	імпрэсарыо (м)	[imprɛˈsarɨo]

realizador (m)	рэжысёр (м)	[rɛʒɨˈsʲor]
produtor (m)	прадзюсер (м)	[praˈdzʉser]
argumentista (m)	сцэнарыст (м)	[stsɛnaˈrist]
crítico (m)	крытык (м)	[ˈkritik]

escritor (m)	пісьменнік (м)	[pisʲˈmennik]
poeta (m)	паэт (м)	[paˈɛt]
escultor (m)	скульптар (м)	[ˈskulʲptar]
pintor (m)	мастак (м)	[masˈtak]

malabarista (m)	жанглёр (м)	[ʒanɦˈlʲor]
palhaço (m)	клоун (м)	[ˈklɔun]
acrobata (m)	акрабат (м)	[akraˈbat]
mágico (m)	фокуснік (м)	[ˈfɔkusnik]

130. Várias profissões

médico (m)	урач (м)	[uˈratʃ]
enfermeira (f)	медсястра (ж)	[metsʲasˈtra]
psiquiatra (m)	псіхіятр (м)	[psiɦiˈʲatr]
estomatologista (m)	стаматолаг (м)	[stamaˈtɔlaɦ]
cirurgião (m)	хірург (м)	[hiˈrurɦ]

astronauta (m)	астранаўт (м)	[astra'nawt]
astrónomo (m)	астраном (м)	[astra'nɔm]
piloto (m)	лётчык, пілот (м)	[lʲottʃik], [pi'lot]
motorista (m)	вадзіцель (м)	[va'dzitselʲ]
maquinista (m)	машыніст (м)	[maʃi'nist]
mecânico (m)	механік (м)	[me'hanik]
mineiro (m)	шахцёр (м)	[ʃah'tsʲor]
operário (m)	рабочы (м)	[ra'bɔtʃi]
serralheiro (m)	слесар (м)	['slesar]
marceneiro (m)	сталяр (м)	[sta'lʲar]
torneiro (m)	токар (м)	['tɔkar]
construtor (m)	будаўнік (м)	[budaw'nik]
soldador (m)	зваршчык (м)	['zvarʃɕik]
professor (m) catedrático	прафесар (м)	[pra'fesar]
arquiteto (m)	архітэктар (м)	[arhi'tɛktar]
historiador (m)	гісторык (м)	[his'tɔrik]
cientista (m)	навуковец (м)	[navu'kɔvets]
físico (m)	фізік (м)	['fizik]
químico (m)	хімік (м)	['himik]
arqueólogo (m)	археолаг (м)	[arhe'ɔlaɦ]
geólogo (m)	геолаг (м)	[ɦe'ɔlaɦ]
pesquisador (cientista)	даследчык (м)	[da'sletʃik]
babysitter (f)	нянька (ж)	['nʲanʲka]
professor (m)	педагог (м)	[peda'ɦɔɦ]
redator (m)	рэдактар (м)	[rɛ'daktar]
redator-chefe (m)	галоўны рэдактар (м)	[ɦa'lɔwni rɛ'daktar]
correspondente (m)	карэспандэнт (м)	[karɛspan'dɛnt]
datilógrafa (f)	машыністка (ж)	[maʃi'nistka]
designer (m)	дызайнер (м)	[di'zajner]
especialista (m) em informática	камп'ютэршчык (м)	[kamp"ʉtɛrʃɕik]
programador (m)	праграміст (м)	[praɦra'mist]
engenheiro (m)	інжынер (м)	[inʒi'ner]
marujo (m)	марак (м)	[ma'rak]
marinheiro (m)	матрос (м)	[mat'rɔs]
salvador (m)	ратавальнік (м)	[rata'valʲnik]
bombeiro (m)	пажарны (м)	[pa'ʒarni]
polícia (m)	паліцэйскі (м)	[pali'tsɛjski]
guarda-noturno (m)	вартаўнік (м)	[vartaw'nik]
detetive (m)	сышчык (м)	['siʃɕik]
funcionário (m) da alfândega	мытнік (м)	['mitnik]
guarda-costas (m)	целаахоўнік (м)	[tselaa'ɦownik]
guarda (m) prisional	наглядчык (м)	[na'ɦlʲatʃik]
inspetor (m)	інспектар (м)	[in'spektar]
desportista (m)	спартсмен (м)	[sparts'men]
treinador (m)	трэнер (м)	['trɛner]

talhante (m)	мяснік (м)	[mʲasʼnik]
sapateiro (m)	шавец (м)	[ʃaˈvets]
comerciante (m)	камерсант (м)	[kamerˈsant]
carregador (m)	грузчык (м)	[ˈɦruʃɕik]
estilista (m)	мадэльер (м)	[madɛˈlʲer]
modelo (f)	мадэль (ж)	[maˈdɛlʲ]

131. Ocupações. Estatuto social

aluno, escolar (m)	школьнік (м)	[ˈʃkolʲnik]
estudante (~ universitária)	студэнт (м)	[stuˈdɛnt]
filósofo (m)	філосаф (м)	[fiˈlɔsaf]
economista (m)	эканаміст (м)	[ɛkanaˈmist]
inventor (m)	вынаходца (м)	[vɨnaˈhɔtsa]
desempregado (m)	беспрацоўны (м)	[bespraˈtsɔwnɨ]
reformado (m)	пенсіянер (м)	[pensiʲaˈner]
espião (m)	шпіён (м)	[ˈʃpiʲon]
preso (m)	зняволены (м)	[znʲaˈvɔlenɨ]
grevista (m)	забастоўшчык (м)	[zabaˈstɔwʃɕik]
burocrata (m)	бюракрат (м)	[bʉraˈkrat]
viajante (m)	падарожнік (м)	[padaˈrɔʒnik]
homossexual (m)	гомасексуаліст (м)	[ɦɔmaseksuaˈlist]
hacker (m)	хакер (м)	[ˈhaker]
bandido (m)	бандыт (м)	[banˈdɨt]
assassino (m) a soldo	наёмны забойца (м)	[naˈʲomnɨ zaˈbɔjtsa]
toxicodependente (m)	наркаман (м)	[narkaˈman]
traficante (m)	наркагандляр (м)	[narkaɦandˈlʲar]
prostituta (f)	прастытутка (ж)	[prastɨˈtutka]
chulo (m)	сутэнёр (м)	[sutɛˈnʲor]
bruxo (m)	вядзьмак (м)	[vʲadzʲˈmak]
bruxa (f)	вядзьмарка (ж)	[vʲadzʲˈmarka]
pirata (m)	пірат (м)	[piˈrat]
escravo (m)	раб (м)	[ˈrap]
samurai (m)	самурай (м)	[samuˈraj]
selvagem (m)	дзікун (м)	[dzʲiˈkun]

Desportos

132. Tipos de desportos. Desportistas

Português	Bielorrusso	Pronúncia
desportista (m)	спартсмен (м)	[sparts'men]
tipo (m) de desporto	від (м) спорту	['vit 'sportu]
basquetebol (m)	баскетбол (м)	[basked'bɔl]
jogador (m) de basquetebol	баскетбаліст (м)	[baskedba'list]
beisebol (m)	бейсбол (м)	[bejz'bɔl]
jogador (m) de beisebol	бейсбаліст (м)	[bejzba'list]
futebol (m)	футбол (м)	[fud'bɔl]
futebolista (m)	футбаліст (м)	[fudba'list]
guarda-redes (m)	варатар (м)	[vara'tar]
hóquei (m)	хакей (м)	[ha'kej]
jogador (m) de hóquei	хакеіст (м)	[hake'ist]
voleibol (m)	валейбол (м)	[valej'bɔl]
jogador (m) de voleibol	валейбаліст (м)	[valejba'list]
boxe (m)	бокс (м)	['bɔks]
boxeador, pugilista (m)	баксёр (м)	[bak'sʲor]
luta (f)	барацьба (ж)	[baradzj'ba]
lutador (m)	барэц (м)	[ba'rɛts]
karaté (m)	каратэ (н)	[kara'tɛ]
karateca (m)	каратыст (м)	[kara'tist]
judo (m)	дзюдо (н)	[dzʉ'dɔ]
judoca (m)	дзюдаіст (м)	[dzʉda'ist]
ténis (m)	тэніс (м)	['tɛnis]
tenista (m)	тэнісіст (м)	[tɛni'sist]
natação (f)	плаванне (н)	['plavanne]
nadador (m)	плывец (м)	[pli'voʦ]
esgrima (f)	фехтаванне (н)	[fehta'vanne]
esgrimista (m)	фехтавальшчык (м)	[fehta'valʲʃɕik]
xadrez (m)	шахматы (мн)	['ʃahmati]
xadrezista (m)	шахматыст (м)	[ʃahma'tist]
alpinismo (m)	альпінізм (м)	[alʲpi'nizm]
alpinista (m)	альпініст (м)	[alʲpi'nist]
corrida (f)	бег (м)	['beɦ]

corredor (m)	бягун (м)	[bʲa'ɦun]
atletismo (m)	лёгкая атлетыка (ж)	['lʲoɦkaʲa at'letika]
atleta (m)	атлет (м)	[at'let]
hipismo (m)	конны спорт (м)	['kɔnnɨ 'spɔrt]
cavaleiro (m)	коннік (м)	['kɔnnik]
patinagem (f) artística	фігурнае катанне (н)	[fi'ɦurnae ka'tanne]
patinador (m)	фігурыст (м)	[fiɦu'rist]
patinadora (f)	фігурыстка (ж)	[fiɦu'ristka]
halterofilismo (m)	цяжкая атлетыка (ж)	['tsʲaʃkaʲa at'letika]
halterofilista (m)	цяжкаатлет, штангіст (м)	[tsʲaʒkaat'let], [ʃtan'ɦist]
corrida (f) de carros	аўтагонкі (ж мн)	[awta'ɦonki]
piloto (m)	гоншчык (м)	['ɦonʃɕik]
ciclismo (m)	веласпорт (м)	[vela'spɔrt]
ciclista (m)	велаcіпедыст (м)	[velasipe'dɨst]
salto (m) em comprimento	скачкі (м мн) ў даўжыню	[ska'tʃki w dawʒi'nʉ]
salto (m) à vara	скачкі (м мн) з шастом	[skatʃ'ki s ʃas'tɔm]
atleta (m) de saltos	скакун (м)	[ska'kun]

133. Tipos de desportos. Diversos

futebol (m) americano	амерыканскі футбол (м)	[ameri'kanski fud'bɔl]
badminton (m)	бадмінтон (м)	[badmin'tɔn]
biatlo (m)	біятлон (м)	[biʲat'lɔn]
bilhar (m)	більярд (м)	[bi'ljart]
bobsled (m)	бобслей (м)	['bɔpslej]
musculação (f)	бодыбілдынг (м)	[bɔdɨ'bildɨnɦ]
polo (m) aquático	воднае пола (н)	['vɔdnae 'pɔla]
andebol (m)	гандбол (м)	[ɦand'bɔl]
golfe (m)	гольф (м)	['ɦɔlʲf]
remo (m)	веславанне (н)	[vesla'vanne]
mergulho (m)	дайвінг (м)	['dajvinɦ]
corrida (f) de esqui	лыжныя гонкі (ж мн)	['lɨʒnɨʲa 'ɦonki]
ténis (m) de mesa	настольны тэніс (м)	[na'stɔlʲnɨ 'tɛnis]
vela (f)	парусны спорт (м)	['parusnɨ 'spɔrt]
rali (m)	ралі (н)	['rali]
râguebi (m)	рэгбі (н)	['rɛɦbi]
snowboard (m)	снаўборд (м)	[snaw'bɔrt]
tiro (m) com arco	стральба (ж) з лука	[stralʲ'ba z 'luka]

134. Ginásio

barra (f)	штанга (ж)	['ʃtanɦa]
halteres (m pl)	гантэлі (ж мн)	[ɦan'tɛli]
aparelho (m) de musculaçao	трэнажор (м)	[trɛna'ʒor]

bicicleta (f) ergométrica	велатрэнажор (м)	[velatrɛna'ʒɔr]
passadeira (f) de corrida	бегавая дарожка (ж)	[beɦa'vaʲa da'rɔʃka]
barra (f) fixa	перакладзіна (ж)	[pera'kladzina]
barras (f) paralelas	брусы (м мн)	[bru'sɨ]
cavalo (m)	конь (м)	['kɔnʲ]
tapete (m) de ginástica	мат (м)	['mat]
corda (f) de saltar	скакалка (ж)	[ska'kalka]
aeróbica (f)	аэробіка (ж)	[aɛ'rɔbika]
ioga (f)	ёга (ж)	['ʲoɦa]

135. Hóquei

hóquei (m)	хакей (м)	[ha'kej]
jogador (m) de hóquei	хакеіст (м)	[hake'ist]
jogar hóquei	гуляць у хакей	[ɦu'lʲatsʲ u ha'kej]
gelo (m)	лёд (м)	['lʲot]
disco (m)	шайба (ж)	['ʃajba]
taco (m) de hóquei	клюшка (ж)	['klʉʃka]
patins (m pl) de gelo	канькі (м мн)	[kanʲ'ki]
muro (m)	борт (м)	['bɔrt]
tiro (m)	кідок (м)	[ki'dɔk]
guarda-redes (m)	варатар (м)	[vara'tar]
golo (m)	гол (м)	['ɦɔl]
marcar um golo	забіць гол	[za'bitsʲ 'ɦɔl]
tempo (m)	перыяд (м)	[pe'rʲiʲat]
segundo tempo (m)	другі перыяд (м)	[dru'ɦi pe'rʲiʲat]
banco (m) de reservas	лаўка (ж) запасных	['lawka zapas'nɨɦ]

136. Futebol

futebol (m)	футбол (м)	[fud'bɔl]
futebolista (m)	футбаліст (м)	[fudba'list]
jogar futebol	гуляць у футбол	[ɦu'lʲatsʲ u fud'bɔl]
Liga Principal (f)	найвышэйшая ліга (ж)	[najvɨ'ʃɛjʃaʲa 'liɦa]
clube (m) de futebol	футбольны клуб (м)	[fud'bɔlʲnɨ 'klup]
treinador (m)	трэнер (м)	['trɛner]
proprietário (m)	уладальнік (м)	[ula'dalʲnik]
equipa (f)	каманда (ж)	[ka'manda]
capitão (m) da equipa	капітан (м) каманды	[kapi'tan ka'mandɨ]
jogador (m)	гулец (м)	[ɦu'lets]
jogador (m) de reserva	запасны гулец (м)	[zapɑɔ'ni ɦu'lets]
atacante (m)	нападаючы (м)	[napa'daʉtʃɨ]
avançado (m) centro	цэнтральны нападаючы (м)	[tsɛn'tralʲni napa'daʉtʃi]

marcador (m)	бамбардзір (м)	[bambar'dzir]
defesa (m)	абаронца (м)	[aba'rɔntsa]
médio (m)	паўабаронца (м)	[pawaba'rɔntsa]
jogo (desafio)	матч (м)	['matʧ]
encontrar-se (vr)	сустракацца	[sustra'katsa]
final (m)	фінал (м)	[fi'nal]
meia-final (f)	паўфінал (м)	[pawfi'nal]
campeonato (m)	чэмпіянат (м)	[ʧɛmpiˈa'nat]
tempo (m)	тайм (м)	['tajm]
primeiro tempo (m)	першы тайм (м)	[perʃɨ 'tajm]
intervalo (m)	перапынак (м)	[pera'pɨnak]
baliza (f)	вароты (мн)	[va'rɔtɨ]
guarda-redes (m)	варатар (м)	[vara'tar]
trave (f)	штанга (ж)	['ʃtanɦa]
barra (f) transversal	перакладзіна (ж)	[pera'kladzina]
rede (f)	сетка (ж)	['setka]
sofrer um golo	прапусціць гол	[prapus'tsitsʲ 'ɦɔl]
bola (f)	мяч (м)	['mʲatʃ]
passe (m)	пас (м)	['pas]
chute (m)	удар (м)	[u'dar]
chutar (vt)	нанесці ўдар	[na'nesʲtsi u'dar]
tiro (m) livre	штрафны ўдар (м)	[ʃtrafˈnɨ u'dar]
canto (m)	вуглавы ўдар (м)	[vuɦla'vɨ u'dar]
ataque (m)	атака (ж)	[a'taka]
contra-ataque (m)	контратака (ж)	[kɔntra'taka]
combinação (f)	камбінацыя (ж)	[kambi'natsɨʲa]
árbitro (m)	арбітр (м)	[ar'bitr]
apitar (vi)	свістаць	[svis'tatsʲ]
apito (m)	свісток (м)	[svis'tɔk]
falta (f)	парушэнне (н)	[paru'ʃɛnne]
cometer a falta	парушыць	[pa'ruʃɨtsʲ]
expulsar (vt)	выдаліць з поля	['vidalitsʲ s 'pɔlʲa]
cartão (m) amarelo	жоўтая картка (ж)	['ʒɔwtaʲa 'kartka]
cartão (m) vermelho	чырвоная картка (ж)	[ʧɨr'vɔnaʲa 'kartka]
desqualificação (f)	дыскваліфікацыя (ж)	[diskvalifi'katsɨʲa]
desqualificar (vt)	дыскваліфікаваць	[diskvalifika'vatsʲ]
penálti (m)	пенальці (н)	[pe'nalʲtsi]
barreira (f)	сценка (ж)	['sʲtsenka]
marcar (vt)	забіць	[za'bitsʲ]
golo (m)	гол (м)	['ɦɔl]
marcar um golo	забіць гол	[za'bitsʲ 'ɦɔl]
substituição (f)	замена (ж)	[za'mena]
substituir (vt)	замяніць	[zamʲa'nitsʲ]
regras (f pl)	правілы (н мн)	['pravilɨ]
tática (f)	тактыка (ж)	['taktika]
estádio (m)	стадыён (м)	[stadɨʲ'ɔn]
bancadas (f pl)	трыбуна (ж)	[trɨ'buna]

fã, adepto (m)	заўзятар (м)	[zaw'zʲatar]
gritar (vi)	крычаць	[kri'tʃatsʲ]
marcador (m)	табло (н)	[tab'lɔ]
resultado (m)	лік (м)	['lik]
derrota (f)	паражэнне (н)	[para'ʒɛnne]
perder (vt)	прайграць	[praj'hratsʲ]
empate (m)	нічыя (ж)	[nitʃiʲa]
empatar (vi)	згуляць унічыю	[zɦu'lʲatsʲ unitʃi'ʉ]
vitória (f)	перамога (ж)	[pera'mɔɦa]
ganhar, vencer (vi, vt)	перамагчы	[peramaɦ'tʃi]
campeão (m)	чэмпіён (м)	[tʃɛmpiʲon]
melhor	найлепшы	[naj'lepʃi]
felicitar (vt)	віншаваць	[vinʃa'vatsʲ]
comentador (m)	каментатар (м)	[kamen'tatar]
comentar (vt)	каменціраваць	[kamen'tsiravatsʲ]
transmissão (f)	трансляцыя (ж)	[trans'lʲatsʲʲa]

137. Esqui alpino

esqui (m)	лыжы (ж мн)	['lɨʒɨ]
esquiar (vi)	катацца на лыжах	[ka'tatsa na 'liʒah]
estância (f) de esqui	гарналыжны курорт (м)	[harna'liʒnɨ ku'rɔrt]
teleférico (m)	пад'ёмнік (м)	[pa'dʲomnik]
bastões (m pl) de esqui	палкі (ж мн)	['palki]
declive (m)	схіл (м)	['shil]
slalom (m)	слалам (м)	['slalam]

138. Ténis. Golfe

golfe (m)	гольф (м)	['ɦɔlʲf]
clube (m) de golfe	гольф-клуб (м)	['ɦɔlʲf 'klup]
jogador (m) de golfe	гулец (м) у гольф	[ɦu'lets u 'ɦɔlʲf]
buraco (m)	лунка (ж)	['lunka]
taco (m)	клюшка (ж)	['klʉʃka]
trolley (m)	каллока (ж) для клюшак	[ka'lʲaska dlʲa 'klʉʃak]
ténis (m)	тэніс (м)	['tɛnis]
quadra (f) de ténis	тэнісны корт (м)	['tɛnisnɨ 'kɔrt]
saque (m)	падача (ж)	[pa'datʃa]
sacar (vi)	падаваць	[pada'vatsʲ]
raquete (f)	ракетка (ж)	[ra'ketka]
rede (f)	сетка (ж)	['setka]
bola (f)	мяч (м)	['mʲatʃ]

139. Xadrez

xadrez (m)	шахматы (мн)	[ˈʃahmatɨ]
peças (f pl) de xadrez	шахматы (мн)	[ˈʃahmatɨ]
xadrezista (m)	шахматыст (м)	[ʃahmaˈtɨst]
tabuleiro (m) de xadrez	шахматная дошка (ж)	[ʃahmatnaʲa ˈdɔʃka]
peça (f) de xadrez	фігура (ж)	[fiˈɦura]
brancas (f pl)	белыя (мн)	[ˈbelʲiʲa]
pretas (f pl)	чорныя (мн)	[ˈt͡ʃɔrnʲiʲa]
peão (m)	пешка (ж)	[ˈpeʃka]
bispo (m)	слон (м)	[ˈslɔn]
cavalo (m)	конь (м)	[ˈkɔnʲ]
torre (f)	тура (ж)	[tuˈra]
dama (f)	каралева (ж)	[karaˈleva]
rei (m)	кароль (м)	[kaˈrɔlʲ]
vez (m)	ход (м)	[ˈhɔt]
mover (vt)	хадзіць	[haˈdzitsʲ]
sacrificar (vt)	ахвяраваць	[ahvʲaraˈvatsʲ]
roque (m)	ракіроўка (ж)	[rakiˈrɔwka]
xeque (m)	шах (м)	[ˈʃah]
xeque-mate (m)	мат (м)	[ˈmat]
torneio (m) de xadrez	шахматны турнір (м)	[ˈʃahmatnɨ turˈnir]
grão-mestre (m)	гросмайстар (м)	[ɦrɔsˈmajstar]
combinação (f)	камбінацыя (ж)	[kambiˈnatsɨʲa]
partida (f)	партыя (ж)	[ˈpartɨʲa]
jogo (m) de damas	шашкі (ж мн)	[ˈʃaʃki]

140. Boxe

boxe (m)	бокс (м)	[ˈbɔks]
combate (m)	бой (м)	[ˈbɔj]
duelo (m)	паядынак (м)	[paʲaˈdɨnak]
round (m)	раунд (м)	[ˈraunt]
ringue (m)	рынг (м)	[ˈrɨnɦ]
gongo (m)	гонг (м)	[ˈɦɔnɦ]
murro, soco (m)	удар (м)	[uˈdar]
knockdown (m)	накдаўн (м)	[naɦˈdawn]
nocaute (m)	накаўт (м)	[naˈkawt]
nocautear (vt)	накаўтаваць	[nakawtaˈvatsʲ]
luva (f) de boxe	баксёрская пальчатка (ж)	[bakˈsʲɔrskaʲa palʲˈt͡ʃatka]
árbitro (m)	рэферы (м)	[ˈrɛferɨ]
peso-leve (m)	лёгкая вага (ж)	[ˈlʲɔɦkaʲa vaˈɦa]
peso-médio (m)	сярэдняя вага (ж)	[sʲaˈrɛdnæʲa vaˈɦa]
peso-pesado (m)	цяжкая вага (ж)	[ˈtsʲaʃkaʲa vaˈɦa]

141. Desportos. Diversos

Português	Bielorrusso	Pronúncia
Jogos (m pl) Olímpicos	Алімпійскія гульні (ж мн)	[alim'pijskʲla 'ɦulʲni]
vencedor (m)	пераможца (м)	[pera'mɔʃtsa]
vencer (vi)	перамагаць	[perama'ɦatsʲ]
vencer, ganhar (vi)	выйграць	['vijɦratsʲ]
líder (m)	лідэр (м)	['lidɛr]
liderar (vt)	лідзіраваць	[li'dziravatsʲ]
primeiro lugar (m)	першае месца (н)	['perʃae 'mestsa]
segundo lugar (m)	другое месца (н)	[dru'ɦɔe 'mestsa]
terceiro lugar (m)	трэцяе месца (н)	['trɛtsʲae 'mestsa]
medalha (f)	медаль (м)	[me'dalʲ]
troféu (m)	трафей (м)	[tra'fej]
taça (f)	кубак (м)	['kubak]
prémio (m)	прыз (м)	['pris]
prémio (m) principal	галоўны прыз (м)	[ɦa'lɔwnɨ 'pris]
recorde (m)	рэкорд (м)	[rɛ'kɔrt]
estabelecer um recorde	ставіць рэкорд	['stavitsʲ rɛ'kɔrt]
final (m)	фінал (м)	[fi'nal]
final	фінальны	[fi'nalʲnɨ]
campeão (m)	чэмпіён (м)	[tʃɛmpi'ʲon]
campeonato (m)	чэмпіянат (м)	[tʃɛmpiʲa'nat]
estádio (m)	стадыён (м)	[stadi'ʲon]
bancadas (f pl)	трыбуна (ж)	[tri'buna]
fã, adepto (m)	заўзятар (м)	[zaw'zʲatar]
adversário (m)	праціўнік (м)	[pra'tsiwnik]
partida (f)	старт (м)	['start]
chegada, meta (f)	фініш (м)	['finiʃ]
derrota (f)	паражэнне (н)	[para'ʒɛnne]
perder (vt)	прайграць	[praj'ɦratsʲ]
árbitro (m)	суддзя (м)	[su'dzʲa]
júri (m)	журы (н)	[ʒu'rɨ]
resultado (m)	лік (м)	['lik]
empate (m)	нічыя (ж)	[nitʃi'ʲa]
empatar (vi)	згуляць унічыю	[zɦu'lʲatsʲ unitʃi'u]
ponto (m)	ачко (н)	[atʃ'kɔ]
resultado (m) final	вынік (м)	['vɨnik]
tempo, período (m)	тайм, перыяд (м)	['tajm], [pe'rɨʲat]
intervalo (m)	перапынак (м)	[pera'pɨnak]
doping (m)	допінг (м)	['dɔpinɦ]
penalizar (vt)	штрафаваць	[ʃtrafa'vatsʲ]
desqualificar (vt)	дыскваліфікаваць	[diskvalifika'vatsʲ]
aparelho (m)	прылада (ж)	[pri'lada]
dardo (m)	кап'ё (н)	[ka'pʲʲo]

123

| peso (m) | ядро (н) | [ˡadˈrɔ] |
| bola (f) | шар (м) | [ˈʃar] |

alvo, objetivo (m)	цэль (ж)	[ˈtsɛlʲ]
alvo (~ de papel)	мішэнь (ж)	[miˈʃɛnʲ]
atirar, disparar (vi)	страляць	[straˈlʲatsʲ]
preciso (tiro ~)	дакладны	[daˈkladnʲi]

treinador (m)	трэнер (м)	[ˈtrɛner]
treinar (vt)	трэніраваць	[trɛniraˈvatsʲ]
treinar-se (vr)	трэніравацца	[trɛniraˈvatsa]
treino (m)	трэніроўка (ж)	[trɛniˈrɔwka]

ginásio (m)	спартзала (ж)	[sparˈdzala]
exercício (m)	практыкаванне (н)	[praktikaˈvanne]
aquecimento (m)	размінка (ж)	[razˈminka]

Educação

142. Escola

escola (f)	школа (ж)	['ʃkɔla]
diretor (m) de escola	дырэктар (м) школы	[di'rɛktar 'ʃkɔli]
aluno (m)	вучань (м)	['vutʃanʲ]
aluna (f)	вучаніца (ж)	[vutʃa'nitsa]
escolar (m)	школьнік (м)	['ʃkɔlʲnik]
escolar (f)	школьніца (ж)	['ʃkɔlʲnitsa]
ensinar (vt)	навучаць	[navu'tʃatsʲ]
aprender (vt)	вучыць	[vu'tʃitsʲ]
aprender de cor	вучыць напамяць	[vu'tʃitsʲ na'pamʲatsʲ]
estudar (vi)	вучыцца	[vu'tʃitsa]
andar na escola	вучыцца	[vu'tʃitsa]
ir à escola	ісці ў школу	[is'tsi w 'ʃkɔlu]
alfabeto (m)	алфавіт (м)	[alfa'vit]
disciplina (f)	прадмет (м)	[prad'met]
sala (f) de aula	клас (м)	['klas]
lição (f)	урок (м)	[u'rɔk]
recreio (m)	перапынак (м)	[pera'pinak]
toque (m)	званок (м)	[zva'nɔk]
carteira (f)	парта (ж)	['parta]
quadro (m) negro	дошка (ж)	['dɔʃka]
nota (f)	адзнака (ж)	[ad'znaka]
boa nota (f)	добрая адзнака (ж)	['dɔbraʲa ad'znaka]
nota (f) baixa	дрэнная адзнака (ж)	['drɛnnaʲa ad'znaka]
dar uma nota	ставіць адзнаку	[stavitsʲ ad'znaku]
erro (m)	памылка (ж)	[pa'milka]
fazer erros	рабіць памылкі	[ra'bitsʲ pa'milki]
corrigir (vt)	выпраўляць	[vipraw'lʲatsʲ]
cábula (f)	шпаргалка (ж)	[ʃparˈɦalka]
dever (m) de casa	дамашняе заданне (н)	[da'maʃnʲae za'danne]
exercício (m)	практыкаванне (н)	[praktika'vanne]
estar presente	прысутнічаць	[pri'sutnitʃatsʲ]
estar ausente	адсутнічаць	[a'tsutnitʃatsʲ]
faltar às aulas	прапускаць урокі	[prapus'katsʲ u'roki]
punir (vt)	караць	[ka'ratsʲ]
punição (f)	пакаранне (н)	[paka'ranne]
comportamento (m)	паводзіны (мн)	[pa'vɔdzini]

boletim (m) escolar	дзённік (м)	['dzʲonnik]
lápis (m)	аловак (м)	[a'lɔvak]
borracha (f)	сцірка (ж)	['stsirka]
giz (m)	крэйда (ж)	['krɛjda]
estojo (m)	пенал (м)	[pe'nal]
pasta (f) escolar	партфель (м)	[part'felʲ]
caneta (f)	ручка (ж)	['rutʃka]
caderno (m)	сшытак (м)	['ʃitak]
manual (m) escolar	падручнік (м)	[pad'rutʃnik]
compasso (m)	цыркуль (м)	['tsirkulʲ]
traçar (vt)	чарціць	[tʃar'tsitsʲ]
desenho (m) técnico	чарцёж (м)	[tʃar'tsʲoʃ]
poesia (f)	верш (м)	['verʃ]
de cor	напамяць	[na'pamʲatsʲ]
aprender de cor	вучыць напамяць	[vu'tʃits na'pamʲatsʲ]
férias (f pl)	канікулы (мн)	[ka'nikulɨ]
estar de férias	быць на канікулах	[bitsʲ na ka'nikulah]
passar as férias	правесці канікулы	[pra'vestsi ka'nikulɨ]
teste (m)	кантрольная работа (ж)	[kan'trolʲnaʲa ra'bota]
composição, redação (f)	сачыненне (н)	[satʃi'nenne]
ditado (m)	дыктоўка (ж)	[dik'tɔwka]
exame (m)	экзамен (м)	[ɛg'zamen]
fazer exame	здаваць экзамены	[zda'vatsʲ ɛɦ'zamenɨ]
experiência (~ química)	дослед (м)	['dɔslet]

143. Colégio. Universidade

academia (f)	акадэмія (ж)	[aka'dɛmiʲa]
universidade (f)	універсітэт (м)	[universi'tɛt]
faculdade (f)	факультэт (м)	[fakulʲ'tɛt]
estudante (m)	студэнт (м)	[stu'dɛnt]
estudante (f)	студэнтка (ж)	[stu'dɛntka]
professor (m)	выкладчык (м)	[vik'latʃik]
sala (f) de palestras	аўдыторыя (ж)	[awdi'tɔriʲa]
graduado (m)	выпускнік (м)	[vɨpusk'nik]
diploma (m)	дыплом (м)	[dip'lɔm]
tese (f)	дысертацыя (ж)	[diser'tatsiʲa]
estudo (obra)	даследаванне (н)	[da'sledavanne]
laboratório (m)	лабараторыя (ж)	[labara'tɔriʲa]
palestra (f)	лекцыя (ж)	['lektsiʲa]
colega (m) de curso	аднакурснік (м)	[adna'kursnik]
bolsa (f) de estudos	стыпендыя (ж)	[sti'pendiʲa]
grau (m) académico	навуковая ступень (ж)	[navu'kɔvaʲa stu'penʲ]

144. Ciências. Disciplinas

matemática (f)	матэматыка (ж)	[matɛ'matika]
álgebra (f)	алгебра (ж)	['alhebra]
geometria (f)	геаметрыя (ж)	[hea'metriʲa]
astronomia (f)	астраномія (ж)	[astra'nɔmiʲa]
biologia (f)	біялогія (ж)	[biʲa'lɔhiʲa]
geografia (f)	геаграфія (ж)	[hea'hrafiʲa]
geologia (f)	геалогія (ж)	[hea'lɔhiʲa]
história (f)	гісторыя (ж)	[his'tɔriʲa]
medicina (f)	медыцына (ж)	[medi'tsina]
pedagogia (f)	педагогіка (ж)	[peda'hɔhika]
direito (m)	права (н)	['prava]
física (f)	фізіка (ж)	['fizika]
química (f)	хімія (ж)	['himiʲa]
filosofia (f)	філасофія (ж)	[fila'sɔfiʲa]
psicologia (f)	псіхалогія (ж)	[psiha'lɔhiʲa]

145. Sistema de escrita. Ortografia

gramática (f)	граматыка (ж)	[hra'matika]
vocabulário (m)	лексіка (ж)	['leksika]
fonética (f)	фанетыка (ж)	[fa'netika]
substantivo (m)	назоўнік (м)	[na'zɔwnik]
adjetivo (m)	прыметнік (м)	[pri'metnik]
verbo (m)	дзеяслоў (м)	[dzeʲa'slɔw]
advérbio (m)	прыслоўе (н)	[pri'slɔwe]
pronome (m)	займеннік (м)	[zaj'mennik]
interjeição (f)	выклічнік (м)	[vik'litʃnik]
preposição (f)	прыназоўнік (м)	[prina'zɔwnik]
raiz (f) da palavra	корань (м) слова	['kɔranʲ 'slɔva]
terminação (f)	канчатак (м)	[kan'tʃatak]
prefixo (m)	прыстаўка (ж)	[pri'stawka]
sílaba (f)	склад (м)	['sklat]
sufixo (m)	суфікс (м)	['sufiks]
acento (m)	націск (м)	['natsisk]
apóstrofo (m)	апостраф (м)	[a'pɔstraf]
ponto (m)	кропка (ж)	['krɔpka]
vírgula (f)	коска (ж)	['kɔska]
ponto e vírgula (m)	кропка (ж) з коскай	['krɔpka s 'kɔskaj]
dois pontos (m pl)	двукроп'е (н)	[dvu'krɔpʲe]
reticências (f pl)	шматкроп'е (н)	[ʃmat'krɔpʲo]
ponto (m) de interrogação	пытальнік (м)	[pi'talʲnik]
ponto (m) de exclamação	клічнік (м)	['klitʃnik]

aspas (f pl)	двукоссе (н)	[dvu'kɔsse]
entre aspas	у двукоссі	[u dvu'kɔssi]
parênteses (m pl)	дужкі (ж мн)	['duʃki]
entre parênteses	у дужках	[u 'duʃkah]

hífen (m)	дэфіс (м)	[dɛ'fis]
travessão (m)	працяжнік (м)	[pra'tsʲaʒnik]
espaço (m)	прабел (м)	[pra'bel]

letra (f)	літара (ж)	['litara]
letra (f) maiúscula	вялікая літара (ж)	[vʲa'likaʲa 'litara]

vogal (f)	галосны гук (м)	[ɦa'lɔsnɨ 'ɦuk]
consoante (f)	зычны гук (м)	[zitʃnɨ 'ɦuk]

frase (f)	сказ (м)	['skas]
sujeito (m)	дзейнік (м)	['dzejnik]
predicado (m)	выказнік (м)	[vɨ'kazʲnik]

linha (f)	радок (м)	[ra'dɔk]
em uma nova linha	з новага радка	[z 'nɔvaɦa rat'ka]
parágrafo (m)	абзац (м)	[ab'zats]

palavra (f)	слова (н)	['slɔva]
grupo (m) de palavras	словазлучэнне (н)	[slɔvazlu'tʃɛnne]
expressão (f)	выраз (м)	['vɨras]
sinónimo (m)	сінонім (м)	[si'nɔnim]
antónimo (m)	антонім (м)	[an'tɔnim]

regra (f)	правіла (н)	['pravila]
exceção (f)	выключэнне (н)	[vɨklʉ'tʃɛnne]
correto	правільны	['pravilʲnɨ]

conjugação (f)	спражэнне (н)	[spra'ʒɛnne]
declinação (f)	скланенне (н)	[skla'nenne]
caso (m)	склон (м)	['sklɔn]
pergunta (f)	пытанне (н)	[pɨ'tanne]
sublinhar (vt)	падкрэсліць	[pat'krɛslitsʲ]
linha (f) pontilhada	пункцір (м)	[punk'tsir]

146. Línguas estrangeiras

língua (f)	мова (ж)	['mɔva]
estrangeiro	замежны	[za'meʒnɨ]
língua (f) estrangeira	замежная мова (ж)	[za'meʒnaʲa 'mɔva]
estudar (vt)	вывучаць	[vɨvu'tʃatsʲ]
aprender (vt)	вучыць	[vu'tʃɨtsʲ]

ler (vt)	чытаць	[tʃɨ'tatsʲ]
falar (vi)	гаварыць	[ɦava'rɨtsʲ]
compreender (vt)	разумець	[razu'metsʲ]
escrever (vt)	пісаць	[pi'satsʲ]
rapidamente	хутка	['hutka]
devagar	павольна	[pa'vɔlʲna]

fluentemente	лёгка	['lʲoɦka]
regras (f pl)	правілы (н мн)	['pravilʲi]
gramática (f)	граматыка (ж)	[ɦra'matika]
vocabulário (m)	лексіка (ж)	['leksika]
fonética (f)	фанетыка (ж)	[fa'netika]
manual (m) escolar	падручнік (м)	[pad'rutʃnik]
dicionário (m)	слоўнік (м)	['slɔwnik]
manual (m) de autoaprendizagem	самавучыцель (м)	[samavu'tʃitselʲ]
guia (m) de conversação	размоўнік (м)	[raz'mɔwnik]
cassete (f)	касета (ж)	[ka'seta]
vídeo cassete (m)	відэакасета (ж)	['vidɛa ka'seta]
CD (m)	кампакт-дыск (м)	[kam'pakt 'disk]
DVD (m)	DVD (м)	[dʑiwi'dʑi]
alfabeto (m)	алфавіт (м)	[alfa'vit]
soletrar (vt)	гаварыць па літарах	[ɦava'ritsʲ pa 'litarah]
pronúncia (f)	вымаўленне (н)	[vimaw'lenne]
sotaque (m)	акцэнт (м)	[ak'tsɛnt]
com sotaque	з акцэнтам	[z ak'tsɛntam]
sem sotaque	без акцэнту	[bez ak'tsɛntu]
palavra (f)	слова (н)	['slɔva]
sentido (m)	сэнс (м)	['sɛns]
cursos (m pl)	курсы (м мн)	['kursi]
inscrever-se (vr)	запісацца	[zapi'satsa]
professor (m)	выкладчык (м)	[vik'latʃik]
tradução (processo)	пераклад (м)	[pera'klat]
tradução (texto)	пераклад (м)	[pera'klat]
tradutor (m)	перакладчык (м)	[pera'klatʃik]
intérprete (m)	перакладчык (м)	[pera'klatʃik]
poliglota (m)	паліглот (м)	[pali'ɦlɔt]
memória (f)	памяць (ж)	['pamʲatsʲ]

147. Personagens de contos de fadas

Pai (m) Natal	Санта Клаўс (м)	['santa 'klaws]
Cinderela (f)	Папялушка (ж)	[pɔpʲa'luʃkɑ]
sereia (f)	русалка (ж)	[ru'salka]
Neptuno (m)	Нептун (м)	[nep'tun]
mago (m)	чараўнік (м)	[tʃaraw'nik]
fada (f)	чараўніца (ж)	[tʃaraw'nitsa]
mágico	чароўны	[tʃa'rɔwni]
varinha (f) mágica	чарадзейная палачка (ж)	[tʃara'dzejnaʲa 'palatʃkɑ]
conto (m) de fadas	казка (ж)	['kaska]
milagre (m)	цуд (м)	['tsut]

anão (m)	гном (м)	['ɦnɔm]
transformar-se em ...	ператварыцца ў ...	[peratva'ritsa w ...]

fantasma (m)	прывід (м)	['privit]
espetro (m)	здань (ж)	['zdanʲ]
monstro (m)	пачвара (ж)	[patʃʲ'vara]
dragão (m)	цмок (м)	['tsmɔk]
gigante (m)	волат (м)	['vɔlat]

148. Signos do Zodíaco

Carneiro	Авен (м)	[a'ven]
Touro	Цялец (м)	[tsʲa'lets]
Gémeos	Блізняты (мн)	[bliz'nʲati]
Caranguejo	Рак (м)	['rak]
Leão	Леў (м)	['lew]
Virgem (f)	Дзева (ж)	['dzeva]

Balança	Шалі (мн)	['ʃali]
Escorpião	Скарпіён (м)	[skarpi'ʲon]
Sagitário	Стралец (м)	[stra'lets]
Capricórnio	Казярог (м)	[kazʲa'rɔɦ]
Aquário	Вадалей (м)	[vada'lej]
Peixes	Рыбы (мн)	['ribi]

caráter (m)	характар (м)	[ha'raktar]
traços (m pl) do caráter	рысы (ж мн) характару	['risi ha'raktaru]
comportamento (m)	паводзіні (мн)	[pa'vɔdzini]
predizer (vt)	варажыць	[vara'ʒitsʲ]
adivinha (f)	варажбітка (ж)	[varaʒ'bitka]
horóscopo (m)	гараскоп (м)	[ɦara'skɔp]

Artes

149. Teatro

Português	Bielorrusso	Pronúncia
teatro (m)	тэатр (м)	[tɛ'atr]
ópera (f)	опера (ж)	['ɔpera]
opereta (f)	аперэта (ж)	[ape'rɛta]
balé (m)	балет (м)	[ba'let]
cartaz (m)	афіша (ж)	[a'fiʃa]
companhia (f) teatral	трупа (ж)	['trupa]
turné (digressão)	гастролі (ж мн)	[ɦas'trɔli]
estar em turné	гастраліраваць	[ɦastra'liravatsʲ]
ensaiar (vt)	рэпеціраваць	[rɛpe'tsiravatsʲ]
ensaio (m)	рэпетыцыя (ж)	[rɛpe'titsʲia]
repertório (m)	рэпертуар (м)	[rɛpertu'ar]
apresentação (f)	паказ (м)	[pa'kas]
espetáculo (m)	спектакль (м)	[spek'taklʲ]
peça (f)	п'еса (ж)	['pʼesa]
bilhete (m)	білет (м)	[bi'let]
bilheteira (f)	білетная каса (ж)	[bi'letnaʲa 'kasa]
hall (m)	хол (м)	['ɦɔl]
guarda-roupa (m)	гардэроб (м)	[ɦardɛ'rɔp]
senha (f) numerada	нумарок (м)	[numa'rɔk]
binóculo (m)	бінокль (м)	[bi'nɔklʲ]
lanterninha (m)	кантралёр (м)	[kantra'lʲor]
plateia (f)	партэр (м)	[par'tɛr]
balcão (m)	балкон (м)	[bal'kɔn]
primeiro balcão (m)	бельэтаж (м)	[belʲɛ'taʃ]
camarote (m)	ложа (н)	['lɔʒa]
fila (f)	рад (м)	['rat]
assento (m)	месца (н)	['mesʲtsa]
público (m)	публіка (ж)	['publika]
espetador (m)	глядач (м)	[ɦlʲa'datʃ]
aplaudir (vt)	пляскаць	['plʲaskatsʲ]
aplausos (m pl)	апладысменты (мн)	[apladɨs'menti]
ovação (f)	авацыі (ж мн)	[a'vatsii]
palco (m)	сцэна (ж)	['stsɛna]
pano (m) de boca	заслона (ж)	[za'slɔna]
cenário (m)	дэкарацыя (ж)	[dɛka'ratsʲia]
bastidores (m pl)	кулісы (ж мн)	[ku'lisɨ]
cena (f)	сцэна (ж)	['stsɛna]
ato (m)	дзея (ж)	['dzeʲa]
entreato (m)	антракт (м)	[an'trakt]

150. Cinema

ator (m)	акцёр (м)	[ak'tsʲor]
atriz (f)	актрыса (ж)	[akt'risa]

cinema (m)	кіно (н)	[ki'nɔ]
filme (m)	кіно (н)	[ki'nɔ]
episódio (m)	серыя (ж)	['serʲa]

filme (m) policial	дэтэктыў (м)	[dɛtɛk'tɨw]
filme (m) de ação	баявік (м)	[baʲa'vik]
filme (m) de aventuras	прыгодніцкі фільм (м)	[pri'ɦodnitski 'filʲm]
filme (m) de ficção científica	фантастычны фільм (м)	[fantas'titʃnɨ 'filʲm]
filme (m) de terror	фільм (м) жахаў	['filʲm 'ʒahaw]

comédia (f)	кінакамедыя (ж)	[kinaka'medʲa]
melodrama (m)	меладрама (ж)	[mela'drama]
drama (m)	драма (ж)	['drama]

filme (m) ficcional	мастацкі фільм (м)	[mas'tatski filʲm]
documentário (m)	дакументальны фільм (м)	[dakumen'talʲnɨ filʲm]
desenho (m) animado	мультфільм (м)	[mulʲt'filʲm]
cinema (m) mudo	нямое кіно (н)	[nʲa'mɔe ki'nɔ]

papel (m)	роля (ж)	['rɔlʲa]
papel (m) principal	галоўная роля (ж)	[ɦa'lownaʲa 'rɔlʲa]
representar (vt)	іграць	[iɦ'ratsʲ]

estrela (f) de cinema	кіназорка (ж)	[kina'zɔrka]
conhecido	вядомы	[vʲa'dɔmɨ]
famoso	славуты	[sla'vutɨ]
popular	папулярны	[papu'lʲarnɨ]

argumento (m)	сцэнарый (м)	[stsɛ'narij]
argumentista (m)	сцэнарыст (м)	[stsɛna'rist]
realizador (m)	рэжысёр (м)	[rɛʒɨ'sʲor]
produtor (m)	прадзюсер (м)	[pra'dzuser]
assistente (m)	асістэнт (м)	[asis'tɛnt]
diretor (m) de fotografia	аператар (м)	[ape'ratar]
duplo (m)	каскадзёр (м)	[kaska'dzʲor]
duplo (m) de corpo	дублёр (м)	[dub'lʲor]

filmar (vt)	здымаць фільм	[zdɨ'matsʲ 'filʲm]
audição (f)	пробы (ж мн)	['prɔbɨ]
filmagem (f)	здымкі (ж мн)	['zdɨmki]
equipe (f) de filmagem	здымачная група (ж)	[zdɨmatʃnaʲa 'ɦrupa]
set (m) de filmagem	здымачная пляцоўка (ж)	[zdɨmatʃnaʲa plʲa'tsowka]
câmara (f)	кінакамера (ж)	[kina'kamera]

cinema (m)	кінатэатр (м)	[kinatɛ'atr]
ecrã (m), tela (f)	экран (м)	[ɛk'ran]
exibir um filme	паказваць фільм	[pa'kazvatsʲ 'filʲm]
pista (f) sonora	гукавая дарожка (ж)	[ɦuka'vaʲa da'rɔʃka]
efeitos (m pl) especiais	спецыяльныя эфекты (м мн)	[spɛtsɨ'alʲnɨʲa ɛ'fɛktɨ]

T&P Books. Vocabulário Português-Bielorrusso - 9000 palavras

legendas (f pl)	субтытры (м мн)	[sup'titri]
crédito (m)	тытры (м мн)	['titri]
tradução (f)	пераклад (м)	[pera'klat]

151. Pintura

arte (f)	мастацтва (н)	[mas'tatstva]
belas-artes (f pl)	прыгожыя мастацтвы (н мн)	[pri'hoʒʲa mas'tatstvʲi]
galeria (f) de arte	галерэя (ж)	[ɦale'rɛʲa]
exposição (f) de arte	выстава (ж) карцін	[vɨs'tava kar'tsin]

pintura (f)	жывапіс (м)	['ʒɨvapis]
arte (f) gráfica	графіка (ж)	['ɦrafika]
arte (f) abstrata	абстракцыянізм (м)	[apstraktsʲa'nizm]
impressionismo (m)	імпрэсіянізм (м)	[imprɛsʲa'nizm]

pintura (f), quadro (m)	карціна (ж)	[kar'tsina]
desenho (m)	рысунак (м)	[rɨ'sunak]
cartaz, póster (m)	плакат (м)	[pla'kat]

ilustração (f)	ілюстрацыя (ж)	[ilʉ'stratsʲa]
miniatura (f)	мініяцюра (ж)	[minʲa'tsʉra]
cópia (f)	копія (ж)	['kopʲa]
reprodução (f)	рэпрадукцыя (ж)	[rɛpra'duktsʲa]

mosaico (m)	мазаіка (ж)	[ma'zaika]
vitral (m)	вітраж (м)	[vit'raʃ]
fresco (m)	фрэска (ж)	['frɛska]
gravura (f)	гравюра (ж)	[ɦra'vʉra]

busto (m)	бюст (м)	['bʉst]
escultura (f)	скульптура (ж)	[skulʲp'tura]
estátua (f)	статуя (ж)	['statuʲa]
gesso (m)	гіпс (м)	['ɦips]
em gesso	з гіпсу	[z 'ɦipsu]

retrato (m)	партрэт (м)	[par'trɛt]
autorretrato (m)	аўтапартрэт (м)	[awtapar'trɛt]
paisagem (f)	краявід (м)	[kraʲa'vit]
natureza (f) morta	нацюрморт (м)	[natsʉr'mort]
caricatura (f)	карыкатура (ж)	[karɨka'tura]
esboço (m)	накід (м)	['nakit]

tinta (f)	фарба (ж)	['farba]
aguarela (f)	акварэль (ж)	[akva'rɛlʲ]
óleo (m)	алей (м)	[a'lej]
lápis (m)	аловак (м)	[a'lovak]
tinta da China (f)	туш (ж)	['tuʃ]
carvão (m)	вугаль (м)	['vuɦalʲ]

desenhar (vt)	рысаваць	[rɨsa'vatsʲ]
pintar (vt)	маляваць	[malʲa'vatsʲ]
posar (vi)	пазіраваць	[pa'ziravatsʲ]
modelo (m)	натуршчык (м)	[na'turʃcik]

modelo (f)	натуршчыца (ж)	[naˈturʂʨitsa]
pintor (m)	мастак (м)	[masˈtak]
obra (f)	твор (м)	[ˈtvɔr]
obra-prima (f)	шэдэўр (м)	[ʃɛˈdɛwr]
estúdio (m)	майстэрня (ж)	[majˈstɛrnʲa]
tela (f)	палатно (н)	[palatˈnɔ]
cavalete (m)	мальберт (м)	[malʲˈbert]
paleta (f)	палітра (ж)	[paˈlitra]
moldura (f)	рама (ж)	[ˈrama]
restauração (f)	рэстаўрацыя (ж)	[rɛstawˈratsʲa]
restaurar (vt)	рэстаўрыраваць	[rɛstawˈriravatsʲ]

152. Literatura & Poesia

literatura (f)	літаратура (ж)	[litaraˈtura]
autor (m)	аўтар (м)	[ˈawtar]
pseudónimo (m)	псеўданім (м)	[psewdaˈnim]
livro (m)	кніга (ж)	[ˈkniɦa]
volume (m)	том (м)	[ˈtɔm]
índice (m)	змест (м)	[ˈzʲmest]
página (f)	старонка (ж)	[staˈrɔnka]
protagonista (m)	галоўны герой (м)	[ɦaˈlowni ɦeˈrɔj]
autógrafo (m)	аўтограф (м)	[awˈtɔɦraf]
conto (m)	апавяданне (н)	[apavʲaˈdanne]
novela (f)	аповесць (ж)	[aˈpɔvestsʲ]
romance (m)	раман (м)	[raˈman]
obra (f)	твор (м)	[ˈtvɔr]
fábula (m)	байка (ж)	[ˈbajka]
romance (m) policial	дэтэктыў (м)	[dɛtɛkˈtɨw]
poesia (obra)	верш (м)	[ˈverʃ]
poesia (arte)	паэзія (ж)	[paˈɛzʲia]
poema (m)	паэма (ж)	[paˈɛma]
poeta (m)	паэт (м)	[paˈɛt]
ficção (f)	белетрыстыка (ж)	[beletˈristɨka]
ficção (f) científica	навуковая фантастыка (ж)	[navuˈkɔvaʲa fanˈtastɨka]
aventuras (f pl)	прыгоды (ж мн)	[priˈɦɔdɨ]
literatura (f) didática	навучальная літаратура (ж)	[navuˈtʂalʲnaʲa litaraˈtura]

153. Circo

circo (m)	цырк (м)	[ˈtsɨrk]
circo (m) ambulante	цырк-шапіта (м)	[tsɨrk ʃapiˈtɔ]
programa (m)	праграма (ж)	[praɦˈrama]
apresentação (f)	паказ (м)	[paˈkas]
número (m)	нумар (м)	[ˈnumar]

arena (f)	арэна (ж)	[a'rɛna]
pantomima (f)	пантаміма (ж)	[panta'mima]
palhaço (m)	клоун (м)	['klɔun]
acrobata (m)	акрабат (м)	[akra'bat]
acrobacia (f)	акрабатыка (ж)	[akra'batika]
ginasta (m)	гімнаст (м)	[ɦim'nast]
ginástica (f)	гімнастыка (ж)	[ɦim'nastika]
salto (m) mortal	сальта (н)	['salʲta]
homem forte (m)	атлет (м)	[at'let]
domador (m)	утаймавальнік (м)	[utajma'valʲnik]
cavaleiro (m) equilibrista	коннік (м)	['kɔnnik]
assistente (m)	асістэнт (м)	[asis'tɛnt]
truque (m)	трук (м)	['truk]
truque (m) de mágica	фокус (м)	['fɔkus]
mágico (m)	фокуснік (м)	['fɔkusnik]
malabarista (m)	жанглёр (м)	[ʒanɦ'lʲor]
fazer malabarismos	жангліраваць	[ʒanɦ'liravatsʲ]
domador (m)	дрэсіроўшчык (м)	[drɛsi'rɔwʃɕik]
adestramento (m)	дрэсіроўка (ж)	[drɛsi'rɔwka]
adestrar (vt)	дрэсіраваць	[drɛsira'vatsʲ]

154. Música. Música popular

música (f)	музыка (ж)	['muzika]
músico (m)	музыка (м)	[mu'zika]
instrumento (m) musical	музычны інструмент (м)	[mu'ziʧni instru'ment]
tocar ...	іграць на ...	[iɦ'ratsʲ na ...]
guitarra (f)	гітара (ж)	[ɦi'tara]
violino (m)	скрыпка (ж)	['skripka]
violoncelo (m)	віяланчэль (ж)	[viʲalan'ʧɛlʲ]
contrabaixo (m)	кантрабас (м)	[kantra'bas]
harpa (f)	арфа (ж)	['arfa]
piano (m)	піяніна (н)	[piʲa'nina]
piano (m) de cauda	раяль (м)	[ra'ʲalʲ]
órgão (m)	арган (м)	[ar'ɦan]
instrumentos (m pl) de sopro	духавыя інструменты (м мн)	[duha'vʲʲa instru'menti]
oboé (m)	габой (м)	[ɦa'bɔj]
saxofone (m)	саксафон (м)	[saksa'fɔn]
clarinete (m)	кларнет (м)	[klar'net]
flauta (f)	флейта (ж)	['flejta]
trompete (m)	труба (ж)	[tru'ba]
acordeão (m)	акардэон (м)	[ɑkardɛ'ɔn]
tambor (m)	барабан (м)	[bara'ban]
duo, dueto (m)	дуэт (м)	[du'ɛt]
trio (m)	трыо (н)	['triɔ]

quarteto (m)	квартэт (м)	[kvar'tɛt]
coro (m)	хор (м)	['hɔr]
orquestra (f)	аркестр (м)	[ar'kestr]

música (f) pop	поп-музыка (м)	[pɔp 'muzika]
música (f) rock	рок-музыка (м)	[rɔk 'muzika]
grupo (m) de rock	рок-гурт (м)	[rɔk 'ɦurt]
jazz (m)	джаз (м)	['dʒas]

| ídolo (m) | кумір (м) | [ku'mir] |
| fã, admirador (m) | прыхільнік (м) | [priˈɦilʲnik] |

concerto (m)	канцэрт (м)	[kan'tsɛrt]
sinfonia (f)	сімфонія (ж)	[simˈfɔnʲia]
composição (f)	твор (м)	['tvɔr]
compor (vt)	напісаць	[napiˈsatsʲ]

canto (m)	спевы (м мн)	['spevi]
canção (f)	песня (ж)	[ˈpesʲnʲa]
melodia (f)	мелодыя (ж)	[meˈlɔdʲia]
ritmo (m)	рытм (м)	['ritm]
blues (m)	блюз (м)	['blus]

notas (f pl)	ноты (ж мн)	[ˈnɔti]
batuta (f)	палачка (ж)	[ˈpalatʃka]
arco (m)	смык (м)	['smik]
corda (f)	струна (ж)	[struˈna]
estojo (m)	футарал (м)	[futaˈral]

Descanso. Entretenimento. Viagens

155. Viagens

turismo (m)	турызм (м)	[tu'rizm]
turista (m)	турыст (м)	[tu'rist]
viagem (f)	падарожжа (н)	[pada'rɔʐa]
aventura (f)	прыгода (ж)	[pri'ɦɔda]
viagem (f)	паездка (ж)	[pa'estka]
férias (f pl)	водпуск (м)	['vɔtpusk]
estar de férias	быць у водпуску	['bitsʲ u 'vɔtpusku]
descanso (m)	адпачынак (м)	[atpa'tʃinak]
comboio (m)	цягнік (м)	[tsʲaɦ'nik]
de comboio (chegar ~)	цягніком	[tsʲaɦni'kɔm]
avião (m)	самалёт (м)	[sama'lʲot]
de avião	самалётам	[sama'lʲotam]
de carro	на аўтамабілі	[na awtama'bili]
de navio	на караблі	[na karab'li]
bagagem (f)	багаж (м)	[ba'ɦaʃ]
mala (f)	чамадан (м)	[tʃama'dan]
carrinho (m)	каляска (ж) для багажу	[ka'lʲaska dlʲa baɦaʒu]
passaporte (m)	пашпарт (м)	['paʃpart]
visto (m)	віза (ж)	['viza]
bilhete (m)	білет (м)	[bi'let]
bilhete (m) de avião	авіябілет (м)	[aviʲabi'let]
guia (m) de viagem	даведнік (м)	[da'vednik]
mapa (m)	карта (ж)	['karta]
local (m), area (f)	мясцовасць (ж)	[mʲas'tsɔvastsʲ]
lugar, sítio (m)	месца (н)	['mesʲtsa]
exotismo (m)	экзотыка (ж)	[ɛg'zɔtika]
exótico	экзатычны	[ɛgza'titʃnɨ]
surpreendente	дзівосны	[dzi'vɔsnɨ]
grupo (m)	група (ж)	['ɦrupa]
excursão (f)	экскурсія (ж)	[ɛks'kursiʲa]
guia (m)	гід, экскурсавод (м)	['ɦit], [ɛkskursa'vɔt]

156. Hotel

hotel (m)	гасцініца (ж)	[ɦas'tsinitsa]
hotel (m)	гатэль (м)	[ɦa'tɛl]
motel (m)	матэль (м)	[ma'tɛlʲ]

três estrelas	тры зоркі	[trɨ 'zorki]
cinco estrelas	пяць зорак	[pʲatsʲ 'zorak]
ficar (~ num hotel)	спыніцца	[spɨ'nitsa]
quarto (m)	нумар (м)	['numar]
quarto (m) individual	аднамесны нумар (м)	[adna'mesnɨ 'numar]
quarto (m) duplo	двухмесны нумар (м)	[dvuh'mesnɨ 'numar]
reservar um quarto	браніраваць нумар	[bra'niravatsʲ 'numar]
meia pensão (f)	паўпансіён (м)	[pawpansiʲon]
pensão (f) completa	поўны пансіён (м)	['pownɨ pansiʲon]
com banheira	з ваннай	[z 'vannaj]
com duche	з душам	[z 'duʃam]
televisão (m) satélite	спадарожнікавае тэлебачанне (н)	[spada'roʒnikavae tɛle'batʃanne]
ar (m) condicionado	кандыцыянер (м)	[kandɨtsɨʲa'ner]
toalha (f)	ручнік (м)	[rutʃ'nik]
chave (f)	ключ (м)	['klʉtʃ]
administrador (m)	адміністратар (м)	[admini'stratar]
camareira (f)	пакаёўка (ж)	[paka'ʲowka]
bagageiro (m)	насільшчык (м)	[na'silʲʃcik]
porteiro (m)	парцье (м)	[par'tsʲe]
restaurante (m)	рэстаран (м)	[rɛsta'ran]
bar (m)	бар (м)	['bar]
pequeno-almoço (m)	сняданак (м)	[snʲa'danak]
jantar (m)	вячэра (ж)	[vʲa'tʃɛra]
buffet (m)	шведскі стол (м)	['ʃvetski 'stɔl]
hall (m) de entrada	вестыбюль (м)	[vestɨ'bʉlʲ]
elevador (m)	ліфт (м)	['lift]
NÃO PERTURBE	НЕ ТУРБАВАЦЬ	[ne turba'vatsʲ]
PROIBIDO FUMAR!	НЕ КУРЫЦЬ!	[ne ku'rɨtsʲ]

157. Livros. Leitura

livro (m)	кніга (ж)	['kniɦa]
autor (m)	аўтар (м)	['awtar]
escritor (m)	пісьменнік (м)	[pisʲ'mennik]
escrever (vt)	напісаць	[napi'satsʲ]
leitor (m)	чытач (м)	[tʃɨ'tatʃ]
ler (vt)	чытаць	[tʃɨ'tatsʲ]
leitura (f)	чытанне (н)	[tʃɨ'tanne]
para si	сам сабе	[sam sa'be]
em voz alta	угалас	[u'ɦɔlas]
publicar (vt)	выдаваць	[vɨda'vatsʲ]
publicação (f)	выданне (н)	[vɨ'danne]
editor (m)	выдавец (м)	[vɨda'vets]

editora (f)	выдавецтва (н)	[vida'vetstva]
sair (vi)	выйсці	['vijsʲtsi]
lançamento (m)	выхад (м)	['vihat]
tiragem (f)	тыраж (м)	[tiʲraʃ]

| livraria (f) | кнігарня (ж) | [kni'harnʲa] |
| biblioteca (f) | бібліятэка (ж) | [bibliʲa'tɛka] |

novela (f)	аповесць (ж)	[a'povestsʲ]
conto (m)	апавяданне (н)	[apavʲa'danne]
romance (m)	раман (м)	[ra'man]
romance (m) policial	дэтэктыў (м)	[dɛtɛk'tiw]

memórias (f pl)	мемуары (мн)	[memu'ari]
lenda (f)	легенда (ж)	[le'henda]
mito (m)	міф (м)	['mif]

poesia (f)	вершы (м мн)	['verʃi]
autobiografia (f)	аўтабіяграфія (ж)	[awtabiʲah'rafiʲa]
obras (f pl) escolhidas	выбранае (н)	['vibranae]
ficção (f) científica	фантастыка (ж)	[fan'tastika]

título (m)	назва (ж)	['nazva]
introdução (f)	уводзіны (мн)	[u'vodzini]
folha (f) de rosto	тытульны ліст (м)	['titulʲni 'list]

capítulo (m)	раздзел (м)	[raz'dzel]
excerto (m)	урывак (м)	[u'rivak]
episódio (m)	эпізод (м)	[ɛpi'zɔt]

tema (m)	сюжэт (м)	[sʉ'ʒɛt]
conteúdo (m)	змест (м)	['zʲmest]
índice (m)	змест (м)	['zʲmest]
protagonista (m)	галоўны герой (м)	[ha'lɔwni ɦe'rɔj]

tomo, volume (m)	том (м)	['tɔm]
capa (f)	вокладка (ж)	['vɔklatka]
encadernação (f)	пераплёт (м)	[perap'lʲot]
marcador (m) de livro	закладка (ж)	[za'klatka]

página (f)	старонка (ж)	[sta'rɔnka]
folhear (vt)	гартаць	[ɦar'tatsʲ]
margem (f)	палі (н мн)	[pa'li]
anotação (f)	пазнака (ж)	[pa'znaka]
nota (f) de rodapé	заўвага (ж)	[zaw'vaɦa]

texto (m)	тэкст (м)	['tɛkst]
fonte (f)	шрыфт (м)	['ʃrift]
gralha (f)	памылка (ж) друку	[pa'milka 'druku]

tradução (f)	пераклад (м)	[pera'klat]
traduzir (vt)	перакладаць	[perakla'datsʲ]
original (m)	аўтэнтык (м)	[aw'tɛntik]

| famoso | славуты | [sla'vuti] |
| desconhecido | невядомы | [nevʲa'dɔmi] |

| interessante | цікавы | [tsi'kavi] |
| best-seller (m) | бестселер (м) | [best'seler] |

dicionário (m)	слоўнік (м)	['slownik]
manual (m) escolar	падручнік (м)	[pad'rutʃnik]
enciclopédia (f)	энцыклапедыя (ж)	[ɛntsikla'pedʲa]

158. Caça. Pesca

caça (f)	паляванне (н)	[palʲa'vanne]
caçar (vi)	паляваць	[palʲa'vatsʲ]
caçador (m)	паляўнічы (м)	[palʲaw'nitʃi]

atirar (vi)	страляць	[stra'lʲatsʲ]
caçadeira (f)	стрэльба (ж)	['strɛlʲba]
cartucho (m)	патрон (м)	[pat'rɔn]
chumbo (m) de caça	шрот (м)	['ʃrɔt]

armadilha (f)	пастка (ж)	['pastka]
armadilha (com corda)	пастка (ж)	['pastka]
cair na armadilha	трапіць у пастку	['trapitsʲ u 'pastku]
pôr a armadilha	ставіць пастку	['stavitsʲ 'pastku]

caçador (m) furtivo	браканьер (м)	[braka'njer]
caça (f)	дзічына (ж)	[dzi'tʃina]
cão (m) de caça	паляўнічы сабака (м)	[palʲaw'nitʃi sa'baka]
safári (m)	сафары (н)	[sa'fari]
animal (m) empalhado	чучала (н)	['tʃutʃala]

pescador (m)	рыбак (м)	[ri'bak]
pesca (f)	рыбалка (ж)	[ri'balka]
pescar (vt)	лавіць рыбу	[la'vitsʲ 'ribu]

cana (f) de pesca	вуда (ж)	['vuda]
linha (f) de pesca	лёска (ж)	['lʲoska]
anzol (m)	кручок (м)	[kru'tʃɔk]
boia (f)	паплавок (м)	[papla'vɔk]
isca (f)	прынада (ж)	[pri'nada]

lançar a linha	закінуць вуду	[za'kinutsʲ 'vudu]
morder (vt)	кляваць	[klʲa'vatsʲ]
pesca (f)	улоў (м)	[u'lɔw]
buraco (m) no gelo	палонка (ж)	[pa'lɔnka]

rede (f)	сетка (ж)	['setka]
barco (m)	лодка (ж)	['lɔtka]
pescar com rede	лавіць сеткай	[la'vitsʲ 'setkaj]
lançar a rede	закідваць сетку	[za'kidvatsʲ 'setku]
puxar a rede	выцягваць сетку	[vi'tsʲahvatsʲ 'setku]
cair nas malhas	трапіць у сетку	['trapitsʲ u 'setku]

baleeiro (m)	кітабой (м)	[kita'bɔj]
baleeira (f)	кітабойнае судна (н)	[kita'bɔjnae 'sudna]
arpão (m)	гарпун (м)	[ɦar'pun]

159. Jogos. Bilhar

bilhar (m)	більярд (м)	[bi'ljart]
sala (f) de bilhar	більярдная (ж)	[bi'lʲardnaʲa]
bola (f) de bilhar	більярдны шар (м)	[bi'lʲardnɨ 'ʃar]
embolsar uma bola	загнаць шар	[zaɦ'natsʲ 'ʃar]
taco (m)	кій (м)	['kij]
caçapa (f)	луза (ж)	['luza]

160. Jogos. Jogar cartas

ouros (m pl)	звонкі (ж мн)	['zvɔnki]
espadas (f pl)	віны (ж мн)	['vinɨ]
copas (f pl)	чырвы (ж мн)	['tɕirvɨ]
paus (m pl)	трэфы (м мн)	['trɛfɨ]
ás (m)	туз (м)	['tus]
rei (m)	кароль (м)	[ka'rɔlʲ]
dama (f)	дама (ж)	['dama]
valete (m)	ніжнік (м)	['niʒnik]
carta (f) de jogar	карта (ж)	['karta]
cartas (f pl)	карты (ж мн)	['kartɨ]
trunfo (m)	козыр (м)	['kɔzɨr]
baralho (m)	калода (ж)	[ka'lɔda]
ponto (m)	ачко (н)	[atʃ'kɔ]
dar, distribuir (vt)	здаваць	[zda'vatsʲ]
embaralhar (vt)	тасаваць	[tasa'vatsʲ]
vez, jogada (f)	ход (м)	['hɔt]
batoteiro (m)	шулер (м)	['ʃuler]

161. Casino. Roleta

casino (m)	казіно (н)	[kazi'nɔ]
roleta (f)	рулетка (ж)	[ru'letka]
aposta (f)	стаўка (ж)	['stawka]
apostar (vt)	рабіць стаўкі	[ra'bitsʲ 'stawki]
vermelho (m)	чырвонае (н)	[tʃɨr'vɔnae]
preto (m)	чорнае (н)	['tʃɔrnae]
apostar no vermelho	ставіць на чырвонае	['stavitsʲ na tʃɨr'vɔnae]
apostar no preto	ставіць на чорнае	['stavitsʲ na 'tʃɔrnae]
crupiê (m, f)	круп'е (м)	[krup"e]
girar a roda	круціць барабан	[kru'tsitsʲ bara'ban]
regras (f pl) do jogo	правілы (н мн) гульні	[prɐvili ɦulʲ'ni]
ficha (f)	фішка (ж)	['fiʃka]
ganhar (vi, vt)	выйграць	['vɨjɦratsʲ]
ganho (m)	выйгрыш (м)	['vɨjɦrɨʃ]

| perder (dinheiro) | прайграць | [praj'ɦratsʲ] |
| perda (f) | пройгрыш (м) | ['prɔjɦriʃ] |

jogador (m)	гулец (м)	[ɦu'lets]
blackjack (m)	блэк-джэк (м)	[blɛk'dʒɛk]
jogo (m) de dados	гульня (ж) ў косці	[ɦulʲ'nʲa w 'kɔsʲtsi]
dados (m pl)	косці (мн)	['kostsi]
máquina (f) de jogo	гульнявы аўтамат (м)	[ɦulʲ'nʲa'vɨ awta'mat]

162. Descanso. Jogos. Diversos

passear (vi)	гуляць	[ɦu'lʲatsʲ]
passeio (m)	шпацыр (м)	['ʃpatsir]
viagem (f) de carro	прагулянка (ж)	[praɦu'lʲanka]
aventura (f)	прыгода (ж)	[pri'ɦɔda]
piquenique (m)	пікнік (м)	[pik'nik]

jogo (m)	гульня (ж)	[ɦulʲ'nʲa]
jogador (m)	гулец (м)	[ɦu'lets]
partida (f)	партыя (ж)	['partʲɨa]

colecionador (m)	калекцыянер (м)	[kalektsʲɨa'ner]
colecionar (vt)	калекцыяніраваць	[kalektsʲɨa'niravatsʲ]
coleção (f)	калекцыя (ж)	[ka'lektsʲɨa]

palavras (f pl) cruzadas	крыжаванка (ж)	[kriʒa'vanka]
hipódromo (m)	іпадром (м)	[ipa'drɔm]
discoteca (f)	дыскатэка (ж)	[dɨska'tɛka]

| sauna (f) | сауна (ж) | ['sauna] |
| lotaria (f) | латарэя (ж) | [lata'rɛʲa] |

campismo (m)	вандроўка (ж)	[van'drɔwka]
acampamento (m)	лагер (м)	['laɦer]
tenda (f)	палатка (ж)	[pa'latka]
bússola (f)	компас (м)	['kɔmpas]
campista (m)	турыст (м)	[tu'rist]

ver (vt), assistir à ...	глядзець	[ɦlʲa'dzetsʲ]
telespectador (m)	тэлеглядач (м)	[tɛleɦlʲa'datʃ]
programa (m) de TV	тэлеперадача (ж)	[tɛlepera'datʃa]

163. Fotografia

| máquina (f) fotográfica | фотаапарат (м) | [fotaapa'rat] |
| foto, fotografia (f) | фота (н) | ['fɔta] |

fotógrafo (m)	фатограф (м)	[fa'tɔɦraf]
estúdio (m) fotográfico	фотастудыя (ж)	[fota'studʲɨa]
álbum (m) de fotografias	фотаальбом (м)	[fotaalʲ'bɔm]
objetiva (f)	аб'ектыў (м)	[abˀek'tiw]
teleobjetiva (f)	тэлеаб'ектыў (м)	[tɛleabˀek'tiw]

filtro (m)	фільтр (м)	['filʲtr]
lente (f)	лінза (ж)	['linza]
ótica (f)	оптыка (ж)	['ɔptika]
abertura (f)	дыяфрагма (ж)	[dʲa'fraɦma]
exposição (f)	вытрымка (ж)	['vitrimka]
visor (m)	відашукальнік (м)	[vidaʃu'kalʲnik]
câmara (f) digital	лічбавая камера (ж)	[lidʑbavaʲa 'kamera]
tripé (m)	штатыў (м)	[ʃta'tiw]
flash (m)	успышка (ж)	[us'piʃka]
fotografar (vt)	фатаграфаваць	[fataɦrafa'vatsʲ]
tirar fotos	здымаць	[zdiˈmatsʲ]
fotografar-se	фатаграфавацца	[fataɦrafa'vatsa]
foco (m)	рэзкасць (ж)	['rɛskastsʲ]
focar (vt)	наводзіць на рэзкасць	[na'vɔdzitsʲ na 'rɛskastsʲ]
nítido	рэзкі	['rɛski]
nitidez (f)	рэзкасць (ж)	['rɛskastsʲ]
contraste (m)	кантраст (м)	[kan'trast]
contrastante	кантрастны	[kan'trasni]
retrato (m)	здымак (м)	['zdɨmak]
negativo (m)	негатыў (м)	[neɦa'tiw]
filme (m)	фотаплёнка (ж)	[fɔta'plʲonka]
fotograma (m)	кадр (м)	['kadr]
imprimir (vt)	пячатаць	[pʲa'tʃatatsʲ]

164. Praia. Natação

praia (f)	пляж (м)	['plʲaʃ]
areia (f)	пясок (м)	[pʲa'sɔk]
deserto	пустэльны	[pus'tɛlʲni]
bronzeado (m)	загар (м)	[za'ɦar]
bronzear-se (vr)	загараць	[zaɦa'ratsʲ]
bronzeado	загарэлы	[zaɦa'rɛli]
protetor (m) solar	крэм (м) для загару	['krɛm dlʲa za'ɦaru]
biquíni (m)	бікіні (н)	[bi'kini]
fato (m) de banho	купальнік (м)	[ku'palʲnik]
calção (m) de banho	плаўкі (мн)	['plawkl]
piscina (f)	басейн (м)	[ba'sejn]
nadar (vi)	плаваць	['plavatsʲ]
duche (m)	душ (м)	['duʃ]
mudar de roupa	пераадзявацца	[peraadzʲa'vatsa]
toalha (f)	ручнік (м)	[rutʃ'nik]
barco (m)	лодка (ж)	['lɔtka]
lancha (f)	катэр (м)	['katɛr]
esqui (m) aquático	водныя лыжы (ж мн)	[vɔdnʲa 'liʑi]

barco (m) de pedais	водны веласіпед (м)	[vɔdnɨ velasi'pet]
surf (m)	сёрфінг (м)	['sʲorfinɦ]
surfista (m)	сёрфінгіст (м)	[sʲorfin'ɦist]
equipamento (m) de mergulho	акваланг (м)	[akva'lanɦ]
barbatanas (f pl)	ласты (м мн)	['lastɨ]
máscara (f)	маска (ж)	['maska]
mergulhador (m)	нырэц (м)	[nɨ'rɛt͡s]
mergulhar (vi)	нырацъ	[nɨ'rat͡sʲ]
debaixo d'água	пад вадой	[pad va'dɔj]
guarda-sol (m)	парасон (м)	[para'sɔn]
espreguiçadeira (f)	шэзлонг (м)	[ʃɛz'lɔnɦ]
óculos (m pl) de sol	акуляры (мн)	[aku'lʲarɨ]
colchão (m) de ar	плавальны матрац (м)	[plavalʲnɨ mat'rat͡s]
brincar (vi)	гуляць	[ɦu'lʲat͡sʲ]
ir nadar	купацца	[ku'pat͡sa]
bola (f) de praia	мяч (м)	['mʲat͡ʃ]
encher (vt)	надзімаць	[nad͡zi'mat͡sʲ]
inflável, de ar	надзіманы	[nad͡zi'manɨ]
onda (f)	хваля (ж)	['hvalʲa]
boia (f)	буй (м)	['buj]
afogar-se (pessoa)	тануць	[ta'nut͡sʲ]
salvar (vt)	ратаваць	[rata'vat͡sʲ]
colete (m) salva-vidas	выратавальная камізэлька (ж)	[vɨrata'valʲnaʲa kami'zɛlʲka]
observar (vt)	назіраць	[nazi'rat͡sʲ]
nadador-salvador (m)	ратавальнік (м)	[rata'valʲnik]

EQUIPAMENTO TÉCNICO. TRANSPORTES

Equipamento técnico. Transportes

165. Computador

computador (m)	камп'ютэр (м)	[kampʺᵘtɛr]
portátil (m)	ноўтбук (м)	[ˈnɔwdbuk]
ligar (vt)	уключыць	[uklʉˈtʃitsʲ]
desligar (vt)	выключыць	[ˈviklʉtʃitsʲ]
teclado (m)	клавіятура (ж)	[klaviʲaˈtura]
tecla (f)	клавіша (ж)	[ˈklaviʃa]
rato (m)	мыш (ж)	[ˈmiʃ]
tapete (m) de rato	дыванок (м)	[divaˈnɔk]
botão (m)	кнопка (ж)	[ˈknɔpka]
cursor (m)	курсор (м)	[kurˈsɔr]
monitor (m)	манітор (м)	[maniˈtɔr]
ecrã (m)	экран (м)	[ɛkˈran]
disco (m) rígido	цвёрды дыск (м)	[tsvʲordɨ ˈdisk]
capacidade (f) do disco rígido	аб'ём (м) цвёрдага дыска	[aˈbʲʲom ˈtsvʲordaɦa ˈdiska]
memória (f)	памяць (ж)	[ˈpamʲatsʲ]
memória RAM (f)	аператыўная памяць (ж)	[aperaˈtiwnaʲa ˈpamʲatsʲ]
ficheiro (m)	файл (м)	[ˈfajl]
pasta (f)	папка (ж)	[ˈpapka]
abrir (vt)	адкрыць	[atkˈritsʲ]
fechar (vt)	закрыць	[zaˈkritsʲ]
guardar (vt)	захаваць	[zaɦaˈvatsʲ]
apagar, eliminar (vt)	выдаліць	[ˈvidalitsʲ]
copiar (vt)	скапіраваць	[skaˈpiravatsʲ]
ordenar (vt)	сартаваць	[sartaˈvatsʲ]
copiar (vt)	перапісаць	[perapiˈsatsʲ]
programa (m)	праграма (ж)	[praɦˈrama]
software (m)	праграмнае забеспячэнне (н)	[praɦˈramnae zabespʲaˈtʃɛnne]
programador (m)	праграміст (м)	[praɦraˈmist]
programar (vt)	праграміраваць	[praɦraˈmiravatsʲ]
hacker (m)	хакер (м)	[ˈɦaker]
senha (f)	пароль (м)	[paˈrɔlʲ]
vírus (m)	вірус (м)	[ˈvirus]
detetar (vt)	знайсці	[znajsˈtsi]

| byte (m) | байт (м) | ['bajt] |
| megabyte (m) | мегабайт (м) | [meɦa'bajt] |

| dados (m pl) | даныя (мн) | ['danʲia] |
| base (f) de dados | база (ж) даных | ['baza 'danih] |

cabo (m)	кабель (м)	['kabelʲ]
desconectar (vt)	адлучыць	[adlu'ʧitsʲ]
conetar (vt)	далучыць	[dalu'ʧitsʲ]

166. Internet. E-mail

internet (f)	Інтэрнэт (м)	[intɛr'nɛt]
browser (m)	браўзер (м)	['brawzer]
motor (m) de busca	пошукавы рэсурс (м)	[poʃukavɨ rɛ'surs]
provedor (m)	правайдэр (м)	[pra'vajdɛr]

webmaster (m)	вэб-майстар (м)	[wɛp'majstar]
website, sítio web (m)	вэб-сайт (м)	[wɛp'sajt]
página (f) web	вэб-старонка (ж)	['wɛp sta'rɔnka]

| endereço (m) | адрас (м) | ['adras] |
| livro (m) de endereços | адрасная кніга (ж) | [adrasnaʲa 'kniɦa] |

caixa (f) de correio	паштовая скрынка (ж)	[paʃ'tɔvaʲa 'skrinka]
correio (m)	пошта (ж)	['pɔʃta]
cheia (caixa de correio)	перапоўненая	[pera'pownenaʲa]

mensagem (f)	паведамленне (н)	[pavedam'lenne]
mensagens (f pl) recebidas	уваходныя паведамленні	[uva'hodnʲia pavedam'lenni]
mensagens (f pl) enviadas	выходныя паведамленні	[vɨ'hodnʲia pavedam'lenni]
remetente (m)	адпраўшчык (м)	[at'prawʃɕik]
enviar (vt)	адправіць	[at'pravitsʲ]
envio (m)	адпраўка (ж)	[at'prawka]

| destinatário (m) | атрымальнік (м) | [atrɨ'malʲnik] |
| receber (vt) | атрымаць | [atrɨ'matsʲ] |

| correspondência (f) | перапіска (ж) | [pera'piska] |
| corresponder-se (vr) | перапісвацца | [pera'pisvatsa] |

ficheiro (m)	файл (м)	['fajl]
fazer download, baixar	спампаваць	[spampa'vatsʲ]
criar (vt)	стварыць	[stva'ritsʲ]
apagar, eliminar (vt)	выдаліць	['vɨdalitsʲ]
eliminado	выдалены	['vɨdalenɨ]

conexão (f)	сувязь (ж)	['suvʲasʲ]
velocidade (f)	хуткасць (ж)	['hutkastsʲ]
modem (m)	мадэм (м)	[ma'dɛm]
acesso (m)	доступ (м)	['dɔstup]
porta (f)	порт (м)	['pɔrt]
conexão (f)	падключэнне (н)	[patklʲu'ʧɛnne]
conetar (vi)	падключыцца да ...	[patklʲu'ʧitsa da ...]

| escolher (vt) | выбраць | [ˈvibratsʲ] |
| buscar (vt) | шукаць | [ʃuˈkatsʲ] |

167. Eletricidade

eletricidade (f)	электрычнасць (ж)	[ɛlektˈritʃnastsʲ]
elétrico	электрычны	[ɛlektˈritʃni]
central (f) elétrica	электрастанцыя (ж)	[ɛˈlektra ˈstantsʲia]
energia (f)	энергія (ж)	[ɛˈnerɦʲia]
energia (f) elétrica	электраэнергія (ж)	[ɛˈlektra ɛˈnerɦʲia]

lâmpada (f)	лямпачка (ж)	[ˈlʲampatʃka]
lanterna (f)	ліхтар (м)	[lihˈtar]
poste (m) de iluminação	ліхтар (м)	[lihˈtar]

luz (f)	святло (н)	[svʲatˈlɔ]
ligar (vt)	уключаць	[ukluˈtʃatsʲ]
desligar (vt)	выключаць	[vikluˈtʃatsʲ]
apagar a luz	пагасіць святло	[paɦaˈsitsʲ svʲatˈlɔ]

fundir (vi)	перагарэць	[peraɦaˈrɛtsʲ]
curto-circuito (m)	кароткае замыканне (н)	[kaˈrɔtkae zamiˈkanne]
rutura (f)	абрыў (м)	[abˈriw]
contacto (m)	кантакт (м)	[kanˈtakt]

interruptor (m)	выключальнік (м)	[vikluˈtʃalʲnik]
tomada (f)	разетка (ж)	[raˈzetka]
ficha (f)	вілка (ж)	[ˈvilka]
extensão (f)	падаўжальнік (м)	[padawˈʒalʲnik]

fusível (m)	засцерагальнік (м)	[zasʲtseraˈɦalʲnik]
fio, cabo (m)	провад (м)	[ˈprɔvat]
instalação (f) elétrica	праводка (ж)	[praˈvɔtka]

ampere (m)	ампер (м)	[amˈper]
amperagem (f)	сіла (ж) току	[sila ˈtɔku]
volt (m)	вольт (м)	[ˈvɔlʲt]
voltagem (f)	напружанне (н)	[naˈpruʒanne]

| aparelho (m) elétrico | электрапрыбор (м) | [ɛˈlektra priˈbɔr] |
| indicador (m) | індыкатар (м) | [indiˈkatar] |

eletricista (m)	электрык (м)	[ɛˈlektrik]
soldar (vt)	паяць	[paˈʲatsʲ]
ferro (m) de soldar	паяльнік (м)	[paˈʲalʲnik]
corrente (f) elétrica	ток (м)	[ˈtɔk]

168. Ferramentas

ferramenta (f)	інструмент (м)	[instruˈment]
ferramentas (f pl)	інструменты (м мн)	[instruˈmenti]
equipamento (m)	абсталяванне (н)	[apstalʲaˈvanne]

martelo (m)	малаток (м)	[mala'tɔk]
chave (f) de fendas	адвёртка (ж)	[at'vʲortka]
machado (m)	сякера (ж)	[sʲa'kera]

serra (f)	піла (ж)	[pi'la]
serrar (vt)	пілаваць	[pila'vatsʲ]
plaina (f)	гэбель (м)	['ɦɛbelʲ]
aplainar (vt)	габляваць	[ɦablʲa'vatsʲ]
ferro (m) de soldar	паяльнік (м)	[pa'ʲalʲnik]
soldar (vt)	паяць	[pa'ʲatsʲ]

lima (f)	напільнік (м)	[na'pilʲnik]
tenaz (f)	абцугі (мн)	[aptsu'ɦi]
alicate (m)	пласкагубцы (мн)	[plaska'ɦuptsi]
formão (m)	стамеска (ж)	[sta'meska]

broca (f)	свердзел (м)	['sverdzel]
berbequim (f)	дрыль (м)	['drilʲ]
furar (vt)	свідраваць	[svidra'vatsʲ]

| faca (f) | нож (м) | ['nɔʃ] |
| lâmina (f) | лязо (н) | [lʲa'zɔ] |

afiado	востры	['vɔstri]
cego	тупы	[tu'pi]
embotar-se (vr)	затупіцца	[zatu'pitsa]
afiar, amolar (vt)	вастрыць	[vast'ritsʲ]

parafuso (m)	болт (м)	['bɔlt]
porca (f)	гайка (ж)	['ɦajka]
rosca (f)	разьба (ж)	[razʲ'ba]
parafuso (m) para madeira	шруба (ж)	['ʃruba]

| prego (m) | цвік (м) | ['tsʲvik] |
| cabeça (f) do prego | плешка (ж) | ['pleʃka] |

régua (f)	лінейка (ж)	[li'nejka]
fita (f) métrica	рулетка (ж)	[ru'letka]
nível (m)	ватэрпас (м)	[vatɛr'pas]
lupa (f)	лупа (ж)	['lupa]

medidor (m)	вымяральны прыбор (м)	[vimʲa'ralʲni pri'bɔr]
medir (vt)	вымяраць	[vimʲa'ratsʲ]
escala (f)	шкала (ж)	[ʃka'la]
indicação (f), registo (m)	паказанне (н)	[paka'zanne]

| compressor (m) | кампрэсар (м) | [kam'prɛsar] |
| microscópio (m) | мікраскоп (м) | [mikra'skɔp] |

bomba (f)	помпа (ж)	['pɔmpa]
robô (m)	робат (м)	['rɔbat]
laser (m)	лазер (м)	['lazer]

chave (f) de boca	гаечны ключ (м)	['ɦaetʃni 'klʉtʃ]
fita (f) adesiva	стужка-скотч (ж)	[stuʃka 'skɔtʃ]
cola (f)	клей (м)	['klej]

lixa (f)	наждачная папера (ж)	[naʒ'datʃnaʲa pa'pera]
mola (f)	спружына (ж)	[spru'ʒina]
íman (m)	магніт (м)	[maɦ'nit]
luvas (f pl)	пальчаткі (ж мн)	[palʲ'tʃatki]

corda (f)	вяроўка (ж)	[vʲa'rɔwka]
cordel (m)	шнур (м)	['ʃnur]
fio (m)	провад (м)	['prɔvat]
cabo (m)	кабель (м)	['kabelʲ]

marreta (f)	кувалда (ж)	[ku'valda]
pé de cabra (m)	лом (м)	['lɔm]
escada (f) de mão	лескі (мн)	['leski]
escadote (m)	драбіны (ж мн)	[dra'binʲi]

enroscar (vt)	закручваць	[za'krutʃvatsʲ]
desenroscar (vt)	адкручваць	[at'krutʃvatsʲ]
apertar (vt)	заціскаць	[zatsis'katsʲ]
colar (vt)	прыклейваць	[prik'lejvatsʲ]
cortar (vt)	рэзаць	['rɛzatsʲ]

falha (mau funcionamento)	няспраўнасць (ж)	[nʲas'prawnastsʲ]
conserto (m)	папраўка (ж)	[pa'prawka]
consertar, reparar (vt)	рамантаваць	[ramanta'vatsʲ]
regular, ajustar (vt)	рэгуляваць	[rɛɦulʲa'vatsʲ]

verificar (vt)	правяраць	[pravʲa'ratsʲ]
verificação (f)	праверка (ж)	[pra'verka]
indicação (f), registo (m)	паказанне (н)	[paka'zanne]

seguro	надзейны	[na'dzejnʲi]
complicado	складаны	[skla'danʲi]

enferrujar (vi)	іржавець	[irʒa'vetsʲ]
enferrujado	іржавы	[ir'ʒavʲi]
ferrugem (f)	іржа (ж)	[ir'ʒa]

Transportes

169. Avião

avião (m)	самалёт (м)	[sama'lʲot]
bilhete (m) de avião	авіябілет (м)	[avʲiabi'let]
companhia (f) aérea	авіякампанія (ж)	[avʲiakam'panʲia]
aeroporto (m)	аэрапорт (м)	[aɛra'pɔrt]
supersónico	звышгукавы	[zvɨʒɦuka'vɨ]
comandante (m) do avião	камандзір (м) карабля	[kaman'dzir karab'lʲa]
tripulação (f)	экіпаж (м)	[ɛki'paʃ]
piloto (m)	пілот (м)	[pi'lɔt]
hospedeira (f) de bordo	сцюардэса (ж)	[sʲtsʉar'dɛsa]
copiloto (m)	штурман (м)	['ʃturman]
asas (f pl)	крылы (н мн)	['krɨɫɨ]
cauda (f)	хвост (м)	['hvɔst]
cabine (f) de pilotagem	кабіна (ж)	[ka'bina]
motor (m)	рухавік (м)	[ruɦa'vik]
trem (м) de aterragem	шасі (н)	[ʃa'si]
turbina (f)	турбіна (ж)	[tur'bina]
hélice (f)	прапелер (м)	[pra'peler]
caixa-preta (f)	чорная скрынка (ж)	['tʃɔrnaʲa 'skrɨnka]
coluna (f) de controlo	штурвал (м)	[ʃtur'val]
combustível (m)	гаручае (н)	[ɦaru'tʃae]
instruções (f pl) de segurança	інструкцыя (ж)	[in'struktsɨʲa]
máscara (f) de oxigénio	кіслародная маска (ж)	[kisla'rɔdnaʲa 'maska]
uniforme (m)	уніформа (ж)	[uni'fɔrma]
colete (m) salva-vidas	выратавальная камізэлька (ж)	[vɨrata'valʲnaʲa kamiˈzɛlʲka]
paraquedas (m)	парашут (м)	[para'ʃut]
descolagem (f)	узлёт (м)	[uz'lʲot]
descolar (vi)	узляцаць	[uzlʲa'tatsʲ]
pista (f) de descolagem	узлётная паласа (ж)	[uz'lʲotnaʲa pala'sa]
visibilidade (f)	бачнасць (ж)	['batʃnastsʲ]
voo (m)	палёт (м)	[pa'lʲot]
altura (f)	вышыня (ж)	[vɨʃɨ'nʲa]
poço (m) de ar	паветраная яма (ж)	[pa'vetranaʲa 'ʲama]
assento (m)	месца (н)	['mesʲtsa]
auscultadores (m pl)	навушнікі (м мн)	[na'vuʃniki]
mesa (f) rebatível	адкідны столік (м)	[atkid'nɨ 'stɔlik]
vigia (f)	ілюмінатар (м)	[ilʉmi'natar]
passagem (f)	праход (м)	[pra'hɔt]

170. Comboio

comboio (m)	цягнік (м)	[ts̪ah'nik]
comboio (m) suburbano	электрацягнік (м)	[ɛ'lektra ts̪ah'nik]
comboio (m) rápido	хуткі цягнік (м)	[hutki ts̪ah'nik]
locomotiva (f) diesel	цеплавоз (м)	[tsepla'vɔs]
locomotiva (f) a vapor	паравоз (м)	[para'vɔs]
carruagem (f)	вагон (м)	[va'ɦɔn]
carruagem restaurante (f)	вагон-рэстаран (м)	[va'ɦɔn rɛsta'ran]
carris (m pl)	рэйкі (ж мн)	['rɛjki]
caminho de ferro (m)	чыгунка (ж)	[tʃɨ'ɦunka]
travessa (f)	шпала (ж)	['ʃpala]
plataforma (f)	платформа (ж)	[plat'fɔrma]
linha (f)	пуць (м)	['puts̪]
semáforo (m)	семафор (м)	[sema'fɔr]
estação (f)	станцыя (ж)	['stants̪a]
maquinista (m)	машыніст (м)	[maʃɨ'nist]
bagageiro (m)	насільшчык (м)	[na'sil̪ʃɕik]
hospedeiro, -a (da carruagem)	праваднік (м)	[pravad'nik]
passageiro (m)	пасажыр (м)	[pasa'ʒɨr]
revisor (m)	кантралёр (м)	[kantra'l̪ɔr]
corredor (m)	калідор (м)	[kali'dɔr]
freio (m) de emergência	стоп-кран (м)	[stɔp'kran]
compartimento (m)	купэ (н)	[ku'pɛ]
cama (f)	лаўка (ж)	['lawka]
cama (f) de cima	лаўка (ж) верхняя	[lawka 'verhnæ̞ja]
cama (f) de baixo	лаўка (ж) ніжняя	[lawka 'niʒnæ̞ja]
roupa (f) de cama	пасцельная бялізна (ж)	[pas'tsel̪naja bja'lizna]
bilhete (m)	білет (м)	[bi'let]
horário (m)	расклад (м)	[ras'klat]
painel (m) de informação	табло (н)	[tab'lɔ]
partir (vt)	адыходзіць	[adɨ'hɔdzits̪]
partida (f)	адпраўленне (н)	[atpraw'lenne]
chegar (vi)	прыбываць	[pribɨ'vats̪]
chegada (f)	прыбыццё (н)	[pribɨ'ts̪ɔ]
chegar de comboio	прыехаць цягніком	[pri'ehats̪ ts̪ahni'kɔm]
apanhar o comboio	сесці на цягнік	['sɛs̪tsi na ts̪ah'nik]
sair do comboio	сысці з цягніка	[sis'tsi z ts̪ahni'ka]
acidente (m) ferroviário	крушэнне (н)	[kru'ʃɛnne]
descarrilar (vi)	сысці з рэек	[sis'tsi z 'rɛek]
locomotiva (f) a vapor	паравоз (м)	[para'vɔs]
fogueiro (m)	качагар (м)	[katʃa'ɦar]
fornalha (f)	топка (ж)	['tɔpka]
carvão (m)	вугаль (м)	['vuɦalʲ]

171. Barco

navio (m)	карабель (м)	[kara'belʲ]
embarcação (f)	судна (н)	['sudna]

vapor (m)	параход (м)	[para'hɔt]
navio (m)	цеплаход (м)	[tsepla'hɔt]
transatlântico (m)	лайнер (м)	['lajner]
cruzador (m)	крэйсер (м)	['krɛjser]

iate (m)	яхта (ж)	['ʲahta]
rebocador (m)	буксір (м)	[buk'sir]
barcaça (f)	баржа (ж)	['barʒa]
ferry (m)	паром (м)	[pa'rɔm]

veleiro (m)	паруснік (м)	['parusnik]
bergantim (m)	брыганціна (ж)	[briɦan'tsina]

quebra-gelo (m)	ледакол (м)	[leda'kɔl]
submarino (m)	падводная лодка (ж)	[pad'vɔdnaʲa 'lɔtka]

bote, barco (m)	лодка (ж)	['lɔtka]
bote, dingue (m)	шлюпка (ж)	['ʃlʉpka]
bote (m) salva-vidas	шлюпка (ж) выратавальная	[ʃlʉpka virata'valʲnaʲa]
lancha (f)	катэр (м)	['katɛr]

capitão (m)	капітан (м)	[kapi'tan]
marinheiro (m)	матрос (м)	[mat'rɔs]
marujo (m)	марак (м)	[ma'rak]
tripulação (f)	экіпаж (м)	[ɛki'paʃ]

contramestre (m)	боцман (м)	['bɔtsman]
grumete (m)	юнга (м)	['ʉnɦa]
cozinheiro (m) de bordo	кок (м)	['kɔk]
médico (m) de bordo	суднавы ўрач (м)	['sudnavɨ 'wratʃ]

convés (m)	палуба (ж)	['paluba]
mastro (m)	мачта (ж)	['matʃta]
vela (f)	парус (м)	['parus]

porão (m)	трум (м)	['trum]
proa (f)	нос (м)	['nɔs]
popa (f)	карма (ж)	[kar'ma]
remo (m)	вясло (н)	[vʲas'lɔ]
hélice (f)	вінт (м)	['vint]

camarote (m)	каюта (ж)	[ka'ʉta]
sala (f) dos oficiais	кают-кампанія (ж)	[ka'ʉt kam'paniʲa]
sala (f) das máquinas	машыннае аддзяленне (н)	[ma'ʃɨnnae adzʲa'lenne]
ponte (m) de comando	капітанскі мосцік (м)	[kapi'tanski 'mɔsʲtsik]
sala (f) de comunicações	радыёрубка (ж)	[radɨʲo'rupka]
onda (f) de rádio	хваля (ж)	['hvalʲa]
diário (m) de bordo	суднавы журнал (м)	['sudnavɨ ʒur'nal]
luneta (f)	падзорная труба (ж)	[pa'dzɔrnaʲa tru'ba]

sino (m)	звон (м)	['zvɔn]
bandeira (f)	сцяг (м)	['sʦʲaɦ]
cabo (m)	канат (м)	[ka'nat]
nó (m)	вузел (м)	['vuzel]
corrimão (m)	поручань (м)	['pɔruʧanʲ]
prancha (f) de embarque	трап (м)	['trap]
âncora (f)	якар (м)	[ˡʲakar]
recolher a âncora	падняць якар	[pad'nʲaʦʲ ˡʲakar]
lançar a âncora	кінуць якар	['kinuʦʲ ˡʲakar]
amarra (f)	якарны ланцуг (м)	[ˡʲakarnɨ lan'ʦuɦ]
porto (m)	порт (м)	['pɔrt]
cais, amarradouro (m)	прычал (м)	[pri'ʧal]
atracar (vi)	прычальваць	[pri'ʧalʲvaʦʲ]
desatracar (vi)	адчальваць	[a'ʧalʲvaʦʲ]
viagem (f)	падарожжа (н)	[pada'rɔʐa]
cruzeiro (m)	круіз (м)	[kru'is]
rumo (m), rota (f)	курс (м)	['kurs]
itinerário (m)	маршрут (м)	[marʃ'rut]
canal (m) navegável	фарватэр (м)	[far'vatɛr]
banco (m) de areia	мель (ж)	['melʲ]
encalhar (vt)	сесці на мель	[sesʲʦi na 'melʲ]
tempestade (f)	бура (ж)	['bura]
sinal (m)	сігнал (м)	[siɦ'nal]
afundar-se (vr)	тануць	[ta'nuʦʲ]
Homem ao mar!	Чалавек за бортам!	[ʧala'vek za 'bɔrtam!]
SOS	SOS	['sɔs]
boia (f) salva-vidas	выратавальны круг (м)	[virata'valʲnɨ kruɦ]

172. Aeroporto

aeroporto (m)	аэрапорт (м)	[aɛra'pɔrt]
avião (m)	самалёт (м)	[sama'lʲɔt]
companhia (f) aérea	авіякампанія (ж)	[avʲiakam'panʲia]
controlador (m) de tráfego aéreo	дыспетчар (м)	[dɨs'peʧar]
partida (f)	вылет (м)	['vɨlet]
chegada (f)	прылёт (м)	[pri'lʲɔt]
chegar (~ de avião)	прыляцець	[prilʲa'ʦeʦʲ]
hora (f) de partida	час (м) вылету	[ʧas 'vɨletu]
hora (f) de chegada	час (м) прылёту	[ʧas pri'lʲɔtu]
estar atrasado	затрымлівацца	[zatrɨm'livaʦa]
atraso (m) de voo	затрымка (ж) вылету	[za'trɨmka 'vɨletu]
painel (m) de informação	інфармацыйнае табло (н)	[infarma'ʦɨjnae tab'lɔ]
informação (f)	інфармацыя (ж)	[infar'maʦɨʲa]

anunciar (vt)	абвяшчаць	[abvʲaˈʂɕatsʲ]
voo (m)	рэйс (м)	[ˈrɛjs]

alfândega (f)	мытня (ж)	[ˈmitnʲa]
funcionário (m) da alfândega	мытнік (м)	[ˈmitnik]

declaração (f) alfandegária	дэкларацыя (ж)	[dɛklaˈratsʲɨa]
preencher (vt)	запоўніць	[zaˈpownitsʲ]
preencher a declaração	запоўніць дэкларацыю	[zaˈpownitsʲ dɛklaˈratsɨɨ]
controlo (m) de passaportes	пашпартны кантроль (м)	[ˈpaʂpartnɨ kanˈtrɔlʲ]

bagagem (f)	багаж (м)	[baˈɦaʂ]
bagagem (f) de mão	ручная паклажа (ж)	[rutʂˈnaʲa pakˈlaʐa]
carrinho (m)	каляска (ж) для багажу	[kaˈlʲaska dlʲa baɦaʐu]

aterragem (f)	пасадка (ж)	[paˈsatka]
pista (f) de aterragem	пасадачная паласа (ж)	[paˈsadatʂnaʲa palaˈsa]
aterrar (vi)	садзіцца	[saˈdzitsa]
escada (f) de avião	трап (м)	[ˈtrap]

check-in (m)	рэгістрацыя (ж)	[rɛɦiˈstratsʲɨa]
balcão (m) do check-in	стойка (ж) рэгістрацыі	[stɔjka rɛɦistˈratsɨi]
fazer o check-in	зарэгістравацца	[zarɛɦistraˈvatsa]
cartão (m) de embarque	пасадачны талон (м)	[paˈsadatʂnɨ taˈlɔn]
porta (f) de embarque	выхад (м)	[ˈvɨhat]

trânsito (m)	транзіт (м)	[tranˈzit]
esperar (vi, vt)	чакаць	[tʂaˈkatsʲ]
sala (f) de espera	зала (ж) чакання	[ˈzala tʂaˈkannʲa]
despedir-se de ...	праводзіць	[praˈvɔdzitsʲ]
despedir-se (vr)	развітвацца	[razˈvitvatsa]

173. Bicicleta. Motocicleta

bicicleta (f)	веласіпед (м)	[velasiˈpet]
scotter, lambreta (f)	мотаролер (м)	[mɔtaˈrɔler]
mota (f)	матацыкл (м)	[mataˈtsɨkl]

ir de bicicleta	ехаць на веласіпедзе	[ˈehatsʲ na velasiˈpedze]
guiador (m)	руль (м)	[ˈrulʲ]
pedal (m)	педаль (ж)	[peˈdalʲ]
travões (m pl)	тармазы (м мн)	[tarmaˈzɨ]
selim (m)	сядло (н)	[sʲadˈlɔ]

bomba (f) de ar	помпа (ж)	[ˈpɔmpa]
porta-bagagens (m)	багажнік (м)	[baˈɦaʐnik]

lanterna (f)	ліхтар (м)	[lihˈtar]
capacete (m)	шлем (м)	[ˈʂlem]

roda (f)	кола (н)	[ˈkɔla]
guarda-lamas (m)	крыло (н)	[krɨˈlɔ]
aro (m)	вобад (м)	[ˈvɔbat]
raio (m)	спіца (ж)	[ˈspitsa]

Carros

174. Tipos de carros

carro, automóvel (m)	аўтамабіль (м)	[awtama'bilʲ]
carro (m) desportivo	спартыўны аўтамабіль (м)	[spar'tiwnɨ awtama'bilʲ]
limusine (f)	лімузін (м)	[limu'zin]
todo o terreno (m)	пазадарожнік (м)	[pazada'rɔʒnik]
descapotável (m)	кабрыялет (м)	[kabrʲa'let]
minibus (m)	мікрааўтобус (м)	['mikra aw'tɔbus]
ambulância (f)	хуткая дапамога (ж)	[hutkaʲa dapa'mɔha]
limpa-neve (m)	снегаўборачная машына (ж)	['sneɦa w'bɔratʃnaʲa ma'ʃɨna]
camião (m)	грузавік (м)	[ɦruza'vik]
camião-cisterna (m)	бензавоз (м)	[benza'vɔs]
carrinha (f)	фургон (м)	[fur'ɦɔn]
camião-trator (m)	цягач (м)	[tsʲa'hatʃ]
atrelado (m)	прычэп (м)	[pri'tʃɛp]
confortável	камфартабельны	[kamfar'tabelʲnɨ]
usado	ужываны	[uʒɨ'vanɨ]

175. Carros. Carroçaria

capô (m)	капот (м)	[ka'pɔt]
guarda-lamas (m)	крыло (н)	[kri'lɔ]
tejadilho (m)	дах (м)	['dah]
para-brisa (m)	ветравое шкло (н)	[vetra'vɔe 'ʃklɔ]
espelho (m) retrovisor	люстэрка (н) задняга агляду	[lʉs'tɛrka 'zadnʲaɦa aɦ'lʲadu]
lavador (m)	абмывальнік (м)	[abmɨ'valʲnik]
limpa-para-brisas (m)	шклоачышчальнікі (м мн)	[ʃklɔ atʃɨ'ʃcalʲniki]
vidro (m) lateral	бакавое шкло (н)	[baka'vɔe ʃk'lɔ]
elevador (m) do vidro	шклопад'ёмнік (м)	[ʃklɔ pa'dʲɔmnik]
antena (f)	антэна (ж)	[an'tɛna]
teto solar (m)	люк (м)	['lʉk]
para-choques (m pl)	бампер (м)	['bamper]
bagageira (f)	багажнік (м)	[ba'ɦaʒnik]
bagageira (f) de tejadilho	багажнік (м)	[ba'ɦaʒnik]
porta (f)	дзверцы (мн)	[dzj'vertsɨ]
maçaneta (f)	ручка (ж)	['rutʃka]
fechadura (f)	замок (м)	[za'mɔk]

matrícula (f)	нумар (м)	['numar]
silenciador (m)	глушыцель (м)	[ɦlu'ʃitsel^j]
tanque (m) de gasolina	бензабак (м)	[benza'bak]
tubo (m) de escape	выхлапная труба (ж)	[vihlap'na^ja tru'ba]

acelerador (m)	газ (м)	['ɦas]
pedal (m)	педаль (ж)	[pe'dal^j]
pedal (m) do acelerador	педаль (ж) газу	[pe'dal^j 'ɦazu]

travão (m)	тормаз (м)	['tɔrmas]
pedal (m) do travão	педаль (ж) тормазу	[pe'dal^j 'tɔrmazu]
travar (vt)	тармазіць	[tarma'zitsʲ]
travão (m) de mão	стаянкавы тормаз (м)	[sta^jankavɨ 'tɔrmas]

embraiagem (f)	счапленне (н)	[ɕɕap'lenne]
pedal (m) da embraiagem	педаль (ж) счаплення	[pe'dal^j ɕɕap'lenn^ja]
disco (m) de embraiagem	дыск (м) счаплення	['dɨsk ɕɕap'lenn^ja]
amortecedor (m)	амартызатар (м)	[amartɨ'zatar]

roda (f)	кола (н)	['kɔla]
pneu (m) sobresselente	запасное кола (н)	[zapas'nɔe 'kɔla]
pneu (m)	пакрышка, шына (ж)	[pa'krɨʃka], ['ʃɨna]
tampão (m) de roda	каўпак (м)	[kaw'pak]

rodas (f pl) motrizes	вядучыя колы (н мн)	[v^ja'dutʃ^ja 'kɔlɨ]
de tração dianteira	пярэднепрывадны	[p^ja'rɛdne privad'nɨ]
de tração traseira	заднепрывадны	['zadne privad'nɨ]
de tração às 4 rodas	поўнапрывадны	['pɔwna privad'nɨ]

caixa (f) de mudanças	каробка (ж) перадач	[ka'rɔpka pera'datʃ]
automático	аўтаматычны	[awtama'tɨtʃnɨ]
mecânico	механічны	[meha'nitʃnɨ]
alavanca (f) das mudanças	рычаг (м) каробкі перадач	[ri'tʃaɦ ka'rɔpki pera'datʃ]

farol (m)	фара (ж)	['fara]
faróis, luzes	фары (ж мн)	['farɨ]

médios (m pl)	блізкае святло (н)	['bliskae sv^jat'lɔ]
máximos (m pl)	далёкае святло (н)	[da'l^jokae sv^jat'lɔ]
luzes (f pl) de stop	стоп-сігнал (м)	[stɔp siɦ'nal]

mínimos (m pl)	габарытныя агні (м мн)	[haba'ritn^ja aɦ'ni]
luzes (f pl) de emergência	аварыйныя агні (м мн)	[ava'rɨjn^ja aɦ'ni]
faróis (m pl) antinevoeiro	супрацьтуманныя фары (ж мн)	[suprats^j tu'mann^ja 'farɨ]

pisca-pisca (m)	паваротнік (м)	[pava'rɔtnik]
luz (f) de marcha atrás	задні ход (м)	['zadni 'hɔt]

176. Carros. Habitáculo

interior (m) do carro	салон (м)	[sa'lɔn]
de couro, de pele	скураны	[skura'nɨ]
de veludo	велюравы	[ve'lʉravɨ]
estofos (m pl)	абіўка (ж)	[a'biwka]

indicador (m)	прыбор (м)	[pri'bɔr]
painel (m) de instrumentos	прыборны шчыток (м)	[pri'bɔrnɨ ɕi'tɔk]
velocímetro (m)	спідометр (м)	[spi'dɔmetr]
ponteiro (m)	стрэлка (ж)	['strɛlka]
conta-quilómetros (m)	лічыльнік (м)	[li'tʃɨlʲnik]
sensor (m)	датчык (м)	['datʃik]
nível (m)	узровень (м)	[uz'rɔvenʲ]
luz (f) avisadora	лямпачка (ж)	['lʲampatʃka]
volante (m)	руль (м)	['rulʲ]
buzina (f)	сігнал (м)	[siɦ'nal]
botão (m)	кнопка (ж)	['knɔpka]
interruptor (m)	пераключальнік (м)	[peraklʉ'tʃalʲnik]
assento (m)	сядзенне (н)	[sʲa'dzenne]
costas (f pl) do assento	спінка (ж)	['spinka]
cabeceira (f)	падгалоўнік (м)	[padɦa'lɔwnik]
cinto (m) de segurança	рэмень (м) бяспекі	['rɛmenʲ bʲas'peki]
apertar o cinto	прышпіліць рэмень	[priʃpi'litsʲ 'rɛmenʲ]
regulação (f)	рэгуляванне (н)	[rɛɦulʲa'vanne]
airbag (m)	паветраная падушка (ж)	[pa'vetranaʲa pa'duʃka]
ar (m) condicionado	кандыцыянер (м)	[kanditsʲɨa'ner]
rádio (m)	радыё (н)	['radʲo]
leitor (m) de CD	CD-прайгравальнік (м)	[si'dzi prajɦra'valʲnik]
ligar (vt)	уключыць	[uklʉ'tʃitsʲ]
antena (f)	антэна (ж)	[an'tɛna]
porta-luvas (m)	бардачок (м)	[barda'tʃɔk]
cinzeiro (m)	попельніца (ж)	['pɔpelʲnitsa]

177. Carros. Motor

motor (m)	рухавік (м)	[ruha'vik]
motor (m)	матор (м)	[ma'tɔr]
diesel	дызельны	['dizelʲnɨ]
a gasolina	бензінавы	[ben'zinavɨ]
cilindrada (f)	аб'ём (м) рухавіка	[a'bʲom ruhavi'ka]
potência (f)	магутнасць (ж)	[ma'ɦutnastsʲ]
cavalo-vapor (m)	конская сіла (ж)	[kɔnskaʲa 'sila]
pistão (m)	поршань (м)	['pɔrʃanʲ]
cilindro (m)	цыліндр (м)	[tsɨ'lindr]
válvula (f)	клапан (м)	['klapan]
injetor (m)	інжэктар (м)	[in'ʒɛktar]
gerador (m)	генератар (м)	[ɦene'ratar]
carburador (m)	карбюратар (м)	[karbʉ'ratar]
óleo (m) para motor	аліва (ж) маторная	[a'liva ma'tɔrnaʲa]
radiador (m)	радыятар (м)	[radɨʲatar]
refrigerante (m)	ахаладжальная вадкасць (ж)	[ahala'dʒalʲnaʲa 'vatkastsʲ]

ventilador (m)	вентылятар (м)	[venti'lʲatar]
bateria (f)	акумулятар (м)	[akumu'lʲatar]
dispositivo (m) de arranque	стартэр (м)	['startɛr]
ignição (f)	запальванне (н)	[za'palʲvanne]
vela (f) de ignição	свечка (ж) запальвання	['svetʃka za'palʲvannʲa]
borne (m)	клема (ж)	['klema]
borne (m) positivo	плюс (м)	['plʲus]
borne (m) negativo	мінус (м)	['minus]
fusível (m)	засцерагальнік (м)	[zasʲtsera'halʲnik]
filtro (m) de ar	паветраны фільтр (м)	[pa'vetranɨ 'filʲtr]
filtro (m) de óleo	алівавы фільтр (м)	[a'livavɨ 'filʲtr]
filtro (m) de combustível	паліўны фільтр (м)	['paliwnɨ 'filʲtr]

178. Carros. Batidas. Reparação

acidente (m) de carro	аварыя (ж)	[a'varɨja]
acidente (m) rodoviário	дарожнае здарэнне (н)	[da'rɔʒnae zda'rɛnne]
ir contra …	уразацца	[ura'zatsa]
sofrer um acidente	разбіцца	[raz'bitsa]
danos (m pl)	пашкоджанне (н)	[paʃ'kɔdʒanne]
intato	цэлы	['tsɛlɨ]
avaria (no motor, etc.)	аварыя, паломка (ж)	[a'varɨja], [pa'lɔmka]
avariar (vi)	зламацца	[zla'matsa]
cabo (m) de reboque	буксіровачны трос (м)	[buksi'rɔvatʃnɨ 'trɔs]
furo (m)	пракол (м)	[pra'kɔl]
estar furado	спусціць	[spus'tsitsʲ]
encher (vt)	напампоўваць	[napam'pɔwvatsʲ]
pressão (f)	ціск (м)	['tsisk]
verificar (vt)	праверыць	[pra'verɨtsʲ]
reparação (f)	рамонт (м)	[ra'mɔnt]
oficina (f) de reparação de carros	аўтасэрвіс (м)	[awta'sɛrvis]
peça (f) sobresselente	запчастка (ж)	[zap'tʃastka]
peça (f)	дэталь (ж)	[dɛ'talʲ]
parafuso (m)	болт (м)	['bɔlt]
parafuso (m)	шруба (ж)	['ʃruba]
porca (f)	гайка (ж)	['ɦajka]
anilha (f)	шайба (ж)	['ʃajba]
rolamento (m)	падшыпнік (м)	[pat'ʃɨpnik]
tubo (m)	трубка (ж)	['trupka]
junta (f)	пракладка (ж)	[prak'latka]
fio, cabo (m)	провад (м)	['prɔvat]
macaco (m)	дамкрат (м)	[dam'krat]
chave (f) de boca	гаечны ключ (м)	['ɦaetʃnɨ 'klʲutʃ]
martelo (m)	малаток (м)	[mala'tɔk]
bomba (f)	помпа (ж)	['pɔmpa]

chave (f) de fendas	адвёртка (ж)	[at'vʲortka]
extintor (m)	вогнетушыцель (м)	[vɔɦnetu'ʃɨtselʲ]
triângulo (m) de emergência	аварыйны трохвугольнік (м)	[ava'rɨjnɨ trɔhvu'ɦɔlʲnik]

parar (vi) (motor)	глухнуць	['ɦluhnutsʲ]
paragem (f)	спыненне (н)	[spɨ'nenne]
estar quebrado	быць зламаным	['bɨtsʲ zla'manɨm]

superaquecer-se (vr)	перагрэцца	[pera'ɦrɛtsa]
entupir-se (vr)	засмецiцца	[zas'metsitsa]
congelar-se (vr)	замерзнуць	[za'merznutsʲ]
rebentar (vi)	лопнуць	['lɔpnutsʲ]

pressão (f)	цiск (м)	['tsisk]
nível (m)	узровень (м)	[uz'rɔvenʲ]
frouxo	слабы	['slabɨ]

mossa (f)	увагнутасць (ж)	[uva'ɦnutastsʲ]
ruído (m)	стук (м)	['stuk]
fissura (f)	трэшчына (ж)	['trɛʃɕina]
arranhão (m)	драпіна (ж)	['drapina]

179. Carros. Estrada

estrada (f)	дарога (ж)	[da'rɔɦa]
autoestrada (f)	аўтамагістраль (ж)	[awtamaɦi'stralʲ]
rodovia (f)	шаша (ж)	[ʃa'ʃa]
direção (f)	кірунак (м)	[ki'runak]
distância (f)	адлегласць (ж)	[ad'leɦlastsʲ]

ponte (f)	мост (м)	['mɔst]
parque (m) de estacionamento	паркінг (м)	['parkinɦ]
praça (f)	плошча (ж)	['plɔʃɕa]
nó (m) rodoviário	развязка (ж)	[raz'vʲaska]
túnel (m)	тунэль (м)	[tu'nɛlʲ]

posto (m) de gasolina	аўтазапраўка (ж)	[awtaza'prawka]
parque (m) de estacionamento	аўтастаянка (ж)	[awtasta'ʲanka]
bomba (f) de gasolina	бензакалонка (ж)	[benzaka'lɔnka]
oficina (f) de reparação de carros	аўтасэрвіс (м)	[awta'sɛrvis]

abastecer (vt)	заправіць	[za'pravitsʲ]
combustível (m)	паліва, гаручае (н)	['paliva], [ɦaru'tʃae]
bidão (m) de gasolina	канiстра (ж)	[ka'nistra]

asfalto (m)	асфальт (м)	[as'falʲt]
marcação (f) de estradas	разметка (ж)	[raz'metka]
lancil (m)	бардзюр (м)	[bar'dzur]
proteção (f) guard-rail	агароджа (ж)	[aɦa'rɔdʒa]
valeta (f)	кювет (м)	[ku'vɛt]
berma (f) da estrada	узбочына (ж)	[uz'bɔtʃina]
poste (m) de luz	слуп (м)	['slup]
conduzir, guiar (vt)	весцi	['vestsi]

virar (ex. ~ à direita)	паварочваць	[pava'rotʃvatsʲ]
dar retorno	разварочвацца	[razva'rotʃvatsa]
marcha-atrás (f)	задні ход (м)	['zadni 'hɔt]
buzinar (vi)	сігналіць	[siɦ'nalitsʲ]
buzina (f)	гукавы сігнал (м)	[ɦuka'vɨ siɦ'nal]
atolar-se (vr)	захраснуць	[zah'rasnutsʲ]
patinar (na lama)	буксаваць	[buksa'vatsʲ]
desligar (vt)	глушыць	[ɦlu'ʃɨtsʲ]
velocidade (f)	хуткасць (ж)	['hutkastsʲ]
exceder a velocidade	перавысіць хуткасць	[pera'vɨsitsʲ 'hutkastsʲ]
multar (vt)	штрафаваць	[ʃtrafa'vatsʲ]
semáforo (m)	святлафор (м)	[svʲatla'fɔr]
carta (f) de condução	вадзіцельскія правы (мн)	[va'dzitselʲskiʲa pra'vɨ]
passagem (f) de nível	пераезд (м)	[pera'est]
cruzamento (m)	скрыжаванне (н)	[skrɨʒa'vanne]
passadeira (f)	пешаходны пераход (м)	[peʃa'hɔdnɨ pera'hɔt]
curva (f)	паварот (м)	[pava'rɔt]
zona (f) pedonal	пешаходная зона (ж)	[peʃa'hɔdnaʲa 'zɔna]

180. Sinais de trânsito

código (m) da estrada	правілы (н мн) дарожнага руху	[pravilɨ da'rɔʒnaɦa 'ruhu]
sinal (m) de trânsito	знак (м)	['znak]
ultrapassagem (f)	абгон (м)	[ab'ɦɔn]
curva (f)	паварот (м)	[pava'rɔt]
inversão (f) de marcha	разварот (м)	[razva'rɔt]
rotunda (f)	кругавы рух (м)	[kruɦa'vɨ ruh]
sentido proibido	уезд забаронены	[u'ezd zaba'rɔnenɨ]
trânsito proibido	рух забаронены	['ruh zaba'rɔnenɨ]
proibição de ultrapassar	абгон забаронены	[ab'ɦɔn zaba'rɔnenɨ]
estacionamento proibido	стаянка забаронена	[sta'ʲanka zaba'rɔnena]
paragem proibida	спыненне забаронена	[spɨ'nenne zaba'rɔnena]
curva (f) perigosa	круты паварот (м)	[kru'tɨ pava'rɔt]
descida (f) perigosa	стромкі спуск (м)	['strɔmki s'pusk]
trânsito de sentido único	аднабаковы рух (м)	[adnaba'kɔvɨ 'ruh]
passadeira (f)	пешаходны пераход (м)	[peʃa'hɔdnɨ pera'hɔt]
pavimento (m) escorregadio	коўзкая дарога (ж)	['kɔwskaʲa da'rɔɦa]
cedência de passagem	саступіць дарогу	[sastu'pitsʲ da'rɔɦu]

PESSOAS. EVENTOS

Eventos

181. Férias. Evento

festa (f)	свята (н)	['svʲata]
festa (f) nacional	нацыянальнае свята (н)	[natsʲiʲa'nalʲnae 'svʲata]
feriado (m)	святочны дзень (м)	[svʲa'tɔtʃnɨ 'dzenʲ]
festejar (vt)	святкаваць	[svʲatka'vatsʲ]
evento (festa, etc.)	падзея (ж)	[pa'dzeʲa]
evento (banquete, etc.)	мерапрыемства (н)	[meraprɨ'emstva]
banquete (m)	банкет (м)	[ban'ket]
receção (f)	прыём (м)	['prɨʲom]
festim (m)	бяседа (ж)	[bʲa'seda]
aniversário (m)	гадавіна (ж)	[ɦada'vina]
jubileu (m)	юбілей (м)	[ʉbi'lej]
celebrar (vt)	адзначыць	[adz'natʃɨtsʲ]
Ano (m) Novo	Новы год (м)	['novɨ 'ɦɔt]
Feliz Ano Novo!	З Новым годам!	[z 'novɨm 'ɦɔdam]
Pai (m) Natal	Дзед Мароз, Санта Клаўс	[dzʲet ma'rɔz], ['santa 'klaws]
Natal (m)	Каляды (ж мн)	[ka'lʲadɨ]
Feliz Natal!	Вясёлых Каляд!	[vʲa'sʲolih ka'lʲat]
árvore (f) de Natal	Навагодняя ёлка (ж)	[nava'ɦɔdnæʲa 'jolka]
fogo (m) de artifício	салют (м)	[sa'lʉt]
boda (f)	вяселле (н)	[vʲa'selle]
noivo (m)	жаніх (м)	[ʒa'nih]
noiva (f)	нявеста (ж)	[nʲa'vesta]
convidar (vt)	запрашаць	[zapra'ʃatsʲ]
convite (m)	запрашэнне (н)	[zapra'ʃɛnne]
convidado (m)	госць (м)	['ɦɔstsʲ]
visitar (vt)	ісці ў госці	[isʲtsʲi w 'ɦɔsʲtsʲi]
receber os hóspedes	сустракаць гасцей	[sustra'katsʲ ɦas'tsej]
presente (m)	падарунак (м)	[pada'runak]
oferecer (vt)	дарыць	[da'rɨtsʲ]
receber presentes	атрымоўваць падарункі	[atrɨ'mɔwvatsʲ pada'runki]
ramo (m) de flores	букет (м)	[bu'ket]
felicitações (f pl)	віншаванне (н)	[vinʃa'vanne]
felicitar (dar os parabéns)	віншаваць	[vinʃa'vatsʲ]
cartão (m) de parabéns	віншавальная паштоўка (ж)	[winʃa'valʲnaʲa paʃ'towka]

enviar um postal	адправіць паштоўку	[at'prawits^j pa'ʃtowku]
receber um postal	атрымаць паштоўку	[atri'mats^j pa'ʃtowku]
brinde (m)	тост (м)	['tɔst]
oferecer (vt)	частаваць	[tʃasta'vats^j]
champanhe (m)	шампанскае (н)	[ʃam'panskae]
divertir-se (vr)	весяліцца	[ves^ja'litsa]
diversão (f)	весялосць (ж)	[ves^ja'lɔsts^j]
alegria (f)	радасць (ж)	['radasts^j]
dança (f)	танец (м)	['tanets]
dançar (vi)	танцаваць	[tantsa'vats^j]
valsa (f)	вальс (м)	['val^js]
tango (m)	танга (н)	['tanɦa]

182. Funerais. Enterro

cemitério (m)	могілкі (мн)	['mɔɦilki]
sepultura (f), túmulo (m)	магіла (ж)	[ma'ɦila]
cruz (f)	крыж (м)	['kriʃ]
lápide (f)	надмагільны помнік (м)	[nadma'ɦil^jnɨ 'pomnik]
cerca (f)	агароджа (ж)	[aɦa'rɔdʒa]
capela (f)	капліца (ж)	[kap'litsa]
morte (f)	смерць (ж)	['smerts^j]
morrer (vi)	памерці	[pa'mertsi]
defunto (m)	нябожчык (м)	[n^ja'bɔʃɕik]
luto (m)	жалоба (ж)	[ʒa'lɔba]
enterrar, sepultar (vt)	хаваць	[ha'vats^j]
agência (f) funerária	пахавальнае бюро (н)	[paha'val^jnae bʉ'rɔ]
funeral (m)	пахаванне (н)	[paha'vanne]
coroa (f) de flores	вянок (м)	[v^ja'nɔk]
caixão (m)	труна (ж)	[tru'na]
carro (m) funerário	катафалк (м)	[kata'falk]
mortalha (f)	саван (м)	['savan]
procissão (f) funerária	жалобная працэсія	[ʒa'lɔbna^ja pra'tsɛsi^ja]
urna (f) funerária	урна (ж)	['urna]
crematório (m)	крэматорый (м)	[krɛma'tɔrij]
obituário (m), necrologia (f)	некралог (м)	[nekra'lɔɦ]
chorar (vi)	плакаць	['plakats^j]
soluçar (vi)	рыдаць	[ri'dats^j]

183. Guerra. Soldados

pelotão (m)	узвод (м)	[uz'vɔt]
companhia (f)	рота (ж)	['rɔta]

regimento (m)	полк (м)	['pɔlk]
exército (m)	армія (ж)	['armiʲa]
divisão (f)	дывізія (ж)	[diˈviziʲa]

| destacamento (m) | атрад (м) | [atˈrat] |
| hoste (f) | войска (н) | ['vɔjska] |

| soldado (m) | салдат (м) | [salˈdat] |
| oficial (m) | афіцэр (м) | [afiˈtsɛr] |

soldado (m) raso	радавы (м)	[radaˈvi]
sargento (m)	сяржант (м)	[sʲarˈʒant]
tenente (m)	лейтэнант (м)	[lejtɛˈnant]
capitão (m)	капітан (м)	[kapiˈtan]
major (m)	маёр (м)	[maˈʲor]
coronel (m)	палкоўнік (м)	[palˈkownik]
general (m)	генерал (м)	[ɦeneˈral]

marujo (m)	марак (м)	[maˈrak]
capitão (m)	капітан (м)	[kapiˈtan]
contramestre (m)	боцман (м)	['bɔtsman]

artilheiro (m)	артылерыст (м)	[artileˈrist]
soldado (m) paraquedista	дэсантнік (м)	[dɛˈsantnik]
piloto (m)	лётчык (м)	['lʲotʧik]
navegador (m)	штурман (м)	['ʃturman]
mecânico (m)	механік (м)	[meˈɦanik]

sapador (m)	сапёр (м)	[saˈpʲor]
paraquedista (m)	парашутыст (м)	[paraʃuˈtist]
explorador (m)	разведчык (м)	[razˈvetʧik]
franco-atirador (m)	снайпер (м)	['snajper]

patrulha (f)	патруль (м)	[patˈrulʲ]
patrulhar (vt)	патруляваць	[patrulʲaˈvatsʲ]
sentinela (f)	вартавы (м)	[vartaˈvi]

| guerreiro (m) | воін (м) | ['vɔin] |
| patriota (m) | патрыёт (м) | ['patrʲʲot] |

| herói (m) | герой (м) | [ɦeˈrɔj] |
| heroína (f) | гераіня (ж) | [ɦeraˈinʲa] |

| traidor (m) | здраднік (м) | ['zdradnik] |
| trair (vt) | здрадзіць | ['zdradzitsʲ] |

| desertor (m) | дэзерцір (м) | [dɛzerˈtsir] |
| desertar (vt) | дэзерціраваць | [dɛzerˈtsiravatsʲ] |

mercenário (m)	найміт (м)	['najmit]
recruta (m)	навабранец (м)	[navaˈbranets]
voluntário (m)	добраахвотнік (м)	[dɔbraaɦˈvɔtnik]

morto (m)	забіты (м)	[zaˈbiti]
ferido (m)	паранены (м)	[paˈraneni]
prisioneiro (m) de guerra	палонны (м)	[paˈlɔnni]

184. Guerra. Ações militares. Parte 1

guerra (f)	вайна (ж)	[vaj'na]
guerrear (vt)	ваяваць	[vaˡa'vatsʲ]
guerra (f) civil	грамадзянская вайна (ж)	[ɦrama'dzʲanskaˡa vaj'na]
perfidamente	вераломна	[vera'lɔmna]
declaração (f) de guerra	абвяшчэнне (н)	[abvˡa'ʃɕɛnne]
declarar (vt) guerra	абвясціць	[abvˡas'tsitsʲ]
agressão (f)	агрэсія (ж)	[aɦ'rɛsiˡa]
atacar (vt)	нападаць	[napa'datsʲ]
invadir (vt)	захопліваць	[za'hɔplivatsʲ]
invasor (m)	захопнік (м)	[za'hɔpnik]
conquistador (m)	заваёўнік (м)	[zavaˡˡownik]
defesa (f)	абарона (ж)	[aba'rɔna]
defender (vt)	абараняць	[abara'nʲatsʲ]
defender-se (vr)	абараняцца	[abara'nʲatsa]
inimigo (m)	вораг (м)	['vɔraɦ]
adversário (m)	супраціўнік (м)	[supra'tsiwnik]
inimigo	варожы	[va'rɔʒɨ]
estratégia (f)	стратэгія (ж)	[stra'tɛɦiˡa]
tática (f)	тактыка (ж)	['taktika]
ordem (f)	загад (м)	[za'ɦat]
comando (m)	каманда (ж)	[ka'manda]
ordenar (vt)	загадваць	[za'ɦadvatsʲ]
missão (f)	заданне (н)	[za'danne]
secreto	сакрэтны	[sak'rɛtnɨ]
batalha (f)	бітва (ж)	['bitva]
combate (m)	бой (м)	['bɔj]
ataque (m)	атака (ж)	[a'taka]
assalto (m)	штурм (м)	['ʃturm]
assaltar (vt)	штурмаваць	[ʃturma'vatsʲ]
assédio, sítio (m)	аблога (ж)	[ab'lɔɦa]
ofensiva (f)	наступ (м)	['nastup]
passar à ofensiva	наступаць	[nastu'patsʲ]
retirada (f)	адступленне (н)	[atstup'lenne]
retirar-se (vr)	адступаць	[atstu'patsʲ]
cerco (m)	акружэнне (н)	[akru'ʒɛnne]
cercar (vt)	акружаць	[akru'ʒatsʲ]
bombardeio (m)	бамбёжка (ж)	[bam'bʲɔʃka]
lançar uma bomba	скінуць бомбу	['skinutsʲ 'bɔmbu]
bombardear (vt)	бамбіць	[bam'bitsʲ]
explosão (f)	выбух (м)	['vɨbuh]
tiro (m)	стрэл (м)	['strɛl]

| disparar um tiro | стрэліць | ['strɛlitsʲ] |
| tiroteio (m) | стральба (ж) | [stralʲ'ba] |

apontar para ...	цэліцца	['tsɛlitsa]
apontar (vt)	навесці	[na'vesʲtsi]
acertar (vt)	трапіць	['trapitsʲ]

afundar (um navio)	патапіць	[pata'pitsʲ]
brecha (f)	прабоіна (ж)	[pra'bɔina]
afundar-se (vr)	ісці на дно	[is'tsi na 'dnɔ]

frente (m)	фронт (м)	['frɔnt]
evacuação (f)	эвакуацыя (ж)	[ɛvaku'atsʲia]
evacuar (vt)	эвакуіраваць	[ɛvaku'iravatsʲ]

trincheira (f)	акоп (м), траншэя (ж)	[a'kɔp], [tran'ʃɛʲa]
arame (m) farpado	калючы дрот (м)	[ka'lʉʧɨ 'drɔt]
obstáculo (m) anticarro	загарода (ж)	[zaɦa'rɔda]
torre (f) de vigia	вышка (ж)	['viʃka]

hospital (m)	шпіталь (м)	[ʃpi'talʲ]
ferir (vt)	раніць	['ranitsʲ]
ferida (f)	рана (ж)	['rana]
ferido (m)	паранены (м)	[pa'raneni]
ficar ferido	атрымаць раненне	[atrɨ'matsʲ ra'nenne]
grave (ferida ~)	цяжкі	['tsʲaʃki]

185. Guerra. Ações militares. Parte 2

cativeiro (m)	палон (м)	[pa'lɔn]
capturar (vt)	узяць у палон	[u'zʲatsʲ u pa'lɔn]
estar em cativeiro	быць у палоне	['bɨtsʲ u pa'lɔne]
ser aprisionado	трапіць у палон	['trapitsʲ u pa'lɔn]

campo (m) de concentração	канцлагер (м)	[kants'laɦer]
prisioneiro (m) de guerra	палонны (м)	[pa'lɔnni]
escapar (vi)	уцячы	[utsʲa'ʧɨ]

trair (vt)	здрадзіць	['zdradzitsʲ]
traidor (m)	здраднік (м)	['zdradnik]
traição (f)	здрада (ж)	['zdrada]

| fuzilar, executar (vt) | расстраляць | [rastra'lʲatsʲ] |
| fuzilamento (m) | расстрэл (м) | [ras'trɛl] |

equipamento (m)	абмундзіраванне (н)	[abmundzira'vanne]
platina (f)	пагон (м)	[pa'ɦɔn]
máscara (f) antigás	процівагаз (м)	[prɔtsiva'ɦas]

rádio (m)	рацыя (ж)	['ratsʲia]
cifra (f), código (m)	шыфр (м)	['ʃifr]
conspiração (f)	канспірацыя (ж)	[kanspi'ratsʲia]
senha (f)	пароль (м)	[pa'rɔlʲ]
mina (f)	міна (ж)	['mina]

minar (vt)	замініраваць	[zami'niravatsʲ]
campo (m) minado	міннае поле (н)	[minnae 'pɔle]
alarme (m) aéreo	паветраная трывога (ж)	[pa'vetranaʲa tri'vɔɦa]
alarme (m)	трывога (ж)	[tri'vɔɦa]
sinal (m)	сігнал (м)	[siɦ'nal]
sinalizador (m)	сігнальная ракета (ж)	[siɦ'nalʲnaʲa ra'keta]
estado-maior (m)	штаб (м)	['ʃtap]
reconhecimento (m)	разведка (ж)	[raz'vetka]
situação (f)	становішча (н)	[sta'nɔviʃca]
relatório (m)	рапарт (м)	['rapart]
emboscada (f)	засада (ж)	[za'sada]
reforço (m)	падмацаванне (н)	[padmatsa'vanne]
alvo (m)	мішэнь (ж)	[mi'ʃɛnʲ]
campo (m) de tiro	палігон (м)	[pali'ɦɔn]
manobras (f pl)	манеўры (м мн)	[ma'newri]
pânico (m)	паніка (ж)	['panika]
devastação (f)	развал (м)	[raz'val]
ruínas (f pl)	разбурэнні (н мн)	[razbu'rɛnni]
destruir (vt)	разбураць	[razbu'ratsʲ]
sobreviver (vi)	выжыць	['viʒitsʲ]
desarmar (vt)	абяззброіць	[abʲaz'zbrɔitsʲ]
manusear (vt)	абыходзіцца	[abi'ɦɔdzitsa]
Firmes!	Смірна!	['smirna]
Descansar!	Вольна!	['vɔlʲna]
façanha (f)	подзвіг (м)	['pɔdzʲviɦ]
juramento (m)	клятва (ж)	['klʲatva]
jurar (vi)	клясціся	['klʲastsisʲa]
condecoração (f)	узнагарода (ж)	[uznaɦa'rɔda]
condecorar (vt)	узнагароджваць	[uznaɦa'rɔdʒvatsʲ]
medalha (f)	медаль (м)	[me'dalʲ]
ordem (f)	ордэн (м)	['ɔrdɛn]
vitória (f)	перамога (ж)	[pera'mɔɦa]
derrota (f)	паражэнне (н)	[para'ʒɛnne]
armistício (m)	перамір'е (н)	[pera'mirʲe]
bandeira (f)	сцяг (м)	['stsʲaɦ]
glória (f)	слава (ж)	['slava]
desfile (m) militar	парад (м)	[pa'rat]
marchar (vi)	маршыраваць	[marʃira'vatsʲ]

186. Armas

arma (f)	зброя (ж)	['zbrɔʲa]
arma (f) de fogo	агнястрэльная зброя (ж)	[aɦnʲa'strɛlʲnaʲa 'zbrɔʲa]
arma (f) branca	халодная зброя (ж)	[ha'lɔdnaʲa 'zbrɔʲa]

arma (f) química	хімічная зброя (ж)	[hiˈmitʃnaʲa ˈzbrɔʲa]
nuclear	ядзерны	[ˈʲadzerni]
arma (f) nuclear	ядзерная зброя (ж)	[ˈʲadzernaʲa ˈzbrɔʲa]

| bomba (f) | бомба (ж) | [ˈbɔmba] |
| bomba (f) atómica | атамная бомба (ж) | [atamnaʲa ˈbɔmba] |

pistola (f)	пісталет (м)	[pistaˈlet]
caçadeira (f)	стрэльба (ж)	[ˈstrɛlʲba]
pistola-metralhadora (f)	аўтамат (м)	[awtaˈmat]
metralhadora (f)	кулямёт (м)	[kulʲaˈmʲot]

boca (f)	руля (ж)	[ˈrulʲa]
cano (m)	ствол (м)	[ˈstvɔl]
calibre (m)	калібр (м)	[kaˈlibr]

gatilho (m)	курок (м)	[kuˈrɔk]
mira (f)	прыцэл (м)	[priˈtsɛl]
carregador (m)	магазін (м)	[mahaˈzin]
coronha (f)	прыклад (м)	[prikˈlat]

| granada (f) de mão | граната (ж) | [ɦraˈnata] |
| explosivo (m) | узрыўчатка (ж) | [uzriwˈtʃatka] |

bala (f)	куля (ж)	[ˈkulʲa]
cartucho (m)	патрон (м)	[patˈrɔn]
carga (f)	зарад (м)	[zaˈrat]
munições (f pl)	боепрыпасы (мн)	[bɔepriˈpasi]

bombardeiro (m)	бамбардзіроўшчык (м)	[bambardziˈrowʃɕik]
avião (m) de caça	знішчальнік (м)	[zʲniˈʃɕalʲnik]
helicóptero (m)	верталёт (м)	[vertaˈlʲot]

canhão (m) antiaéreo	зенітка (ж)	[zeˈnitka]
tanque (m)	танк (м)	[ˈtank]
canhão (de um tanque)	пушка (ж)	[ˈpuʃka]

artilharia (f)	артылерыя (ж)	[artiˈlerʲʲa]
canhão (m)	гармата (ж)	[ɦarˈmata]
fazer a pontaria	навесці	[naˈvesʲtsi]

obus (m)	снарад (м)	[snaˈrat]
granada (f) de morteiro	міна (ж)	[ˈmina]
morteiro (m)	мінамёт (м)	[minaˈmʲot]
estilhaço (m)	асколак (м)	[asˈkɔlak]

submarino (m)	падводная лодка (ж)	[padˈvɔdnaʲa ˈlɔtka]
torpedo (m)	тарпеда (ж)	[tarˈpeda]
míssil (m)	ракета (ж)	[raˈketa]

carregar (uma arma)	зараджаць	[zaraˈdʒatsʲ]
atirar, disparar (vi)	страляць	[straˈlʲatsʲ]
apontar para ...	цэліцца	[ˈtsɛlitsa]
baioneta (f)	штык (м)	[ˈʃtik]
espada (f)	шпага (ж)	[ˈʃpaɦa]
sabre (m)	шабля (ж)	[ˈʃablʲa]

lança (f)	дзіда (ж)	['dzida]
arco (m)	лук (м)	['luk]
flecha (f)	страла (ж)	[stra'la]
mosquete (m)	мушкет (м)	[muʃ'ket]
besta (f)	арбалет (м)	[arba'let]

187. Povos da antiguidade

primitivo	першабытны	[perʃa'bitnʲi]
pré-histórico	дагістарычны	[daɦista'ritʃnʲi]
antigo	старажытны	[stara'ʒitnʲi]

Idade (f) da Pedra	Каменны век (м)	[ka'mennɨ 'vek]
Idade (f) do Bronze	Бронзавы век (м)	[brɔnzavɨ 'vek]
período (m) glacial	ледавікоы перыяд (м)	[ledavi'kɔvɨ pe'rʲiʲat]

tribo (f)	племя (н)	['plemʲa]
canibal (m)	людаед (м)	[lʉda'et]
caçador (m)	паляўнічы (м)	[palʲaw'nitʃʲi]
caçar (vi)	паляваць	[palʲa'vatsʲ]
mamute (m)	мамант (м)	['mamant]

caverna (f)	пячора (ж)	[pʲa'tʃɔra]
fogo (m)	агонь (м)	[a'ɦɔnʲ]
fogueira (f)	вогнішча (н)	['vɔɦniʃca]
pintura (f) rupestre	наскальны малюнак (м)	[na'skalʲnɨ ma'lʉnak]

ferramenta (f)	прылада (ж) працы	[pri'lada 'pratsɨ]
lança (f)	дзіда (ж)	['dzida]
machado (m) de pedra	каменная сякера (ж)	[ka'mennaʲa sʲa'kera]

| guerrear (vt) | ваяваць | [vaʲa'vatsʲ] |
| domesticar (vt) | прыручаць | [priru'tʃatsʲ] |

| ídolo (m) | ідал (м) | ['idal] |
| adorar, venerar (vt) | пакланяцца | [pakla'nʲatsa] |

| superstição (f) | забабоны (мн) | [zaba'bɔnɨ] |
| ritual (m) | абрад, рытуал (м) | [ab'rat], [ritu'al] |

| evolução (f) | эвалюцыя (ж) | [ɛva'lʉtsʲia] |
| desenvolvimento (m) | развіццё (н) | [razʲvi'tsʲɔ] |

| desaparecimento (m) | знікненне (н) | [zʲnik'nenne] |
| adaptar-se (vr) | прыстасоўвацца | [prista'sɔwvatsa] |

arqueologia (f)	археалогія (ж)	[arhea'lɔɦiʲa]
arqueólogo (m)	археолаг (м)	[arhe'ɔlaɦ]
arqueológico	археалагічны	[arheala'ɦitʃnʲi]

local (m) das escavações	раскопкі (ж мн)	[ras'kɔpki]
escavações (f pl)	раскопкі (ж мн)	[ras'kɔpki]
achado (m)	знаходка (ж)	[zna'hɔtka]
fragmento (m)	фрагмент (м)	[fraɦ'ment]

188. Idade média

povo (m)	народ (м)	[na'rɔt]
povos (m pl)	народы (м мн)	[na'rɔdɨ]
tribo (f)	племя (н)	['plemʲa]
tribos (f pl)	плямёны (н мн)	[plʲa'mʲonɨ]
bárbaros (m pl)	варвары (м мн)	['varvarɨ]
gauleses (m pl)	галы (м мн)	['halɨ]
godos (m pl)	готы (м мн)	['hɔtɨ]
eslavos (m pl)	славяне (м мн)	[sla'vʲane]
víquingues (m pl)	вікінгі (м мн)	['vikinhi]
romanos (m pl)	рымляне (м мн)	['rimlʲane]
romano	рымскі	['rimski]
bizantinos (m pl)	візантыйцы (м мн)	[vizan'tijtsɨ]
Bizâncio	Візантыя (ж)	[vizan'tɨʲa]
bizantino	візантыйскі	[vizan'tɨjski]
imperador (m)	імператар (м)	[impe'ratar]
líder (m)	правадыр (м)	[prava'dɨr]
poderoso	магутны	[ma'hutnɨ]
rei (m)	кароль (м)	[ka'rɔlʲ]
governante (m)	кіраўнік (м)	[kiraw'nik]
cavaleiro (m)	рыцар (м)	['ritsar]
senhor feudal (m)	феадал (м)	[fea'dal]
feudal	феадальны	[fea'dalʲnɨ]
vassalo (m)	васал (м)	[va'sal]
duque (m)	герцаг (м)	['hertsah]
conde (m)	граф (м)	['hraf]
barão (m)	барон (м)	[ba'rɔn]
bispo (m)	епіскап (м)	[e'piskap]
armadura (f)	даспехі (м мн)	[das'pehi]
escudo (m)	шчыт (м)	['ʃɕit]
espada (f)	меч (м)	['metʃ]
viseira (f)	забрала (н)	[za'brala]
cota (f) de malha	кальчуга (ж)	[kalʲ'tʃuha]
cruzada (f)	крыжовы паход (м)	[kri'ʒɔvɨ pa'hɔt]
cruzado (m)	крыжак (м)	[kri'ʒak]
território (m)	тэрыторыя (ж)	[tɛri'tɔrɨʲa]
atacar (vt)	нападаць	[napa'datsʲ]
conquistar (vt)	заваяваць	[zavaʲa'vatsʲ]
ocupar, invadir (vt)	захапіць	[zaha'pitsʲ]
assédio, sítio (m)	аблога (ж)	[ab'lɔha]
sitiado	абложаны	[ab'lɔʒanɨ]
assediar, sitiar (vt)	абложваць	[ab'lɔʒvatsʲ]
inquisição (f)	інквізіцыя (ж)	[inkvi'zitsɨʲa]
inquisidor (m)	інквізітар (м)	[inkvi'zitar]

tortura (f)	катаванне (н)	[kata'vannɛ]
cruel	жорсткі	[ˈʒɔrstki]
herege (m)	ерэтык (м)	[ɛrɛ'tik]
heresia (f)	ерась (ж)	[ˈerasʲ]

navegação (f) marítima	мараплаўства (н)	[mara'plawstva]
pirata (m)	пірат (м)	[pi'rat]
pirataria (f)	пірацтва (н)	[pi'ratstva]
abordagem (f)	абардаж (м)	[abar'daʃ]
presa (f), butim (m)	здабыча (ж)	[zda'bitʃa]
tesouros (m pl)	скарбы (м мн)	[ˈskarbɨ]

descobrimento (m)	адкрыццё (н)	[atkrɨ'tsʲo]
descobrir (novas terras)	адкрыць	[atk'rɨtsʲ]
expedição (f)	экспедыцыя (ж)	[ɛkspɛ'dɨtsɨʲa]

mosqueteiro (m)	мушкецёр (м)	[muʃkɛ'tsʲor]
cardeal (m)	кардынал (м)	[kardɨ'nal]
heráldica (f)	геральдыка (ж)	[ɦɛ'ralʲdɨka]
heráldico	геральдычны	[ɦɛralʲ'dɨtʃnɨ]

189. Líder. Chefe. Autoridades

rei (m)	кароль (м)	[ka'rɔlʲ]
rainha (f)	каралева (ж)	[kara'leva]
real	каралеўскі	[kara'lewski]
reino (m)	каралеўства (н)	[kara'lewstva]

príncipe (m)	прынц (м)	[ˈprints]
princesa (f)	прынцэса (ж)	[prin'tsɛsa]

presidente (m)	прэзідэнт (м)	[prɛzi'dɛnt]
vice-presidente (m)	віцэ-прэзідэнт (м)	[ˈvitsɛ prɛzi'dɛnt]
senador (m)	сенатар (м)	[sɛ'natar]

monarca (m)	манарх (м)	[ma'narh]
governante (m)	кіраўнік (м)	[kiraw'nik]
ditador (m)	дыктатар (м)	[dɨk'tatar]
tirano (m)	тыран (м)	[tɨ'ran]
magnata (m)	магнат (м)	[maɦ'nat]

diretor (m)	дырэктар (м)	[dɨ'rɛktar]
chefe (m)	шэф (м)	[ˈʃɛf]
dirigente (m)	загадчык (м)	[za'ɦatʃɨk]
patrão (m)	бос (м)	[ˈbɔs]
dono (m)	гаспадар (м)	[ɦaspa'dar]

líder, chefe (m)	правадыр, лідэр (м)	[prava'dɨr], [ˈlidɛr]
chefe (~ de delegação)	галава (ж)	[ɦala'va]
autoridades (f pl)	улады (ж мн)	[u'ladɨ]
superiores (m pl)	начальства (н)	[na'tʃalʲstva]

governador (m)	губернатар (м)	[ɦubɛr'natar]
cônsul (m)	консул (м)	[ˈkɔnsul]

diplomata (m)	дыпламат (м)	[dipla'mat]
Presidente (m) da Câmara	мэр (м)	['mɛr]
xerife (m)	шэрыф (м)	[ʃɛ'rif]
imperador (m)	імператар (м)	[impe'ratar]
czar (m)	цар (м)	['tsar]
faraó (m)	фараон (м)	[fara'ɔn]
cã (m)	хан (м)	['han]

190. Estrada. Caminho. Direções

estrada (f)	дарога (ж)	[da'rɔɦa]
caminho (m)	шлях (м)	['ʃlʲah]
rodovia (f)	шаша (ж)	[ʃa'ʃa]
autoestrada (f)	аўтамагістраль (ж)	[awtamaɦi'stralʲ]
estrada (f) nacional	нацыянальная дарога (ж)	[natsʲa'nalʲnaʲa da'rɔɦa]
estrada (f) principal	галоўная дарога (ж)	[ɦa'lɔwnaʲa da'rɔɦa]
caminho (m) de terra batida	прасёлкавая дарога (ж)	[pra'sʲɔlkavaʲa da'rɔɦa]
trilha (f)	сцежка (ж)	['stsɛʃka]
vereda (f)	сцяжынка (ж)	[stsʲa'ʒɨnka]
Onde?	Дзе?	['dzɛ]
Para onde?	Куды?	[ku'dɨ]
De onde?	Адкуль?	[at'kulʲ]
direção (f)	кірунак (м)	[ki'runak]
indicar (orientar)	паказаць	[paka'zatsʲ]
para esquerda	налева	[na'lɛva]
para direita	направа	[na'prava]
em frente	наўпрост	[naw'prɔst]
para trás	назад	[na'zat]
curva (f)	паварот (м)	[pava'rɔt]
virar (ex. ~ à direita)	паварочваць	[pava'rɔtʃvatsʲ]
dar retorno	разварочвацца	[razva'rɔtʃvatsa]
estar visível	віднецца	[vid'nɛtsa]
aparecer (vi)	паказацца	[paka'zatsa]
paragem (pausa)	спыненне (н)	[spɨ'nɛnnɛ]
descansar (vi)	адпачыць	[atpa'tʃɨtsʲ]
descanso (m)	адпачынак (м)	[atpa'tʃɨnak]
perder-se (vr)	заблудзіць	[zablu'dzitsʲ]
conduzir (caminho)	весці да …	['vɛsʲtsi da …]
chegar a …	выйсці да …	['vɨjsʲtsi da …]
trecho (m)	адрэзак (м)	[at'rɛzak]
asfalto (m)	асфальт (м)	[as'falʲt]
lancil (m)	бардзюр (м)	[bar'dzʉr]

valeta (f)	канава (ж)	[ka'nava]
tampa (f) de esgoto	люк (м)	['lʉk]
berma (f) da estrada	узбочына (ж)	[uz'botʃina]
buraco (m)	яма (ж)	[ˈjama]
ir (a pé)	ісці	[is'tsi]
ultrapassar (vt)	абагнаць	[abaɦ'natsʲ]
passo (m)	крок (м)	['krɔk]
a pé	пешшу	['peʃu]
bloquear (vt)	перагарадзіць	[peraɦara'dzitsʲ]
cancela (f)	шлагбаум (м)	[ʃlaɦ'baum]
beco (m) sem saída	тупік (м)	[tu'pik]

191. Viloação da lei. Criminosos. Parte 1

bandido (m)	бандыт (м)	[ban'dit]
crime (m)	злачынства (н)	[zla'tʃinstva]
criminoso (m)	злачынец (м)	[zla'tʃinets]
ladrão (m)	злодзей (м)	['zlɔdzej]
roubar (vt)	красці	['krasʲtsi]
furto, roubo (m)	крадзеж (м)	[kra'dzeʃ]
raptar (ex. ~ uma criança)	выкрасці	['vikrasʲtsi]
rapto (m)	выкраданне (н)	[vikra'danne]
raptor (m)	выкрадальнік (м)	[vikra'dalʲnik]
resgate (m)	выкуп (м)	['vikup]
pedir resgate	патрабаваць выкуп	[patraba'vatsʲ 'vikup]
roubar (vt)	рабаваць	[raba'vatsʲ]
assalto, roubo (m)	абрабаванне (н)	[abraba'vanne]
assaltante (m)	рабаўнік (м)	[rabaw'nik]
extorquir (vt)	вымагаць	[vima'ɦatsʲ]
extorsionário (m)	вымагальнік (м)	[vima'ɦalʲnik]
extorsão (f)	вымагальніцтва (н)	[vima'ɦalʲnitstva]
matar, assassinar (vt)	забіць	[za'bitsʲ]
homicídio (m)	забойства (н)	[za'bɔjstva]
homicida, assassino (m)	забойца (м)	[za'bɔjtsa]
tiro (m)	стрэл (м)	['strɛl]
dar um tiro	стрэліць	['strɛlitsʲ]
matar a tiro	застрэліць	[za'strɛlitsʲ]
atirar, disparar (vi)	страляць	[stra'lʲatsʲ]
tiroteio (m)	стральба (ж)	[stralʲˈba]
incidente (m)	здарэнне (н)	[zda'rɛnne]
briga (~ de rua)	бойка (ж)	['bɔjka]
Socorro!	Дапамажыце! Ратуйце!	[dapama'ʒitse!], [ra'tujtse!]
vítima (f)	ахвяра (ж)	[ah'vʲara]

danificar (vt)	пашкодзіць	[paʃˈkɔdzitsʲ]
dano (m)	шкода (ж)	[ˈʃkɔda]
cadáver (m)	труп (м)	[ˈtrup]
grave	цяжкі	[ˈtsʲaʃki]
atacar (vt)	нападаць	[napaˈdatsʲ]
bater (espancar)	біць	[ˈbitsʲ]
espancar (vt)	збіць	[ˈzʲbitsʲ]
tirar, roubar (dinheiro)	адабраць	[adaˈbratsʲ]
esfaquear (vt)	зарэзаць	[zaˈrɛzatsʲ]
mutilar (vt)	знявечыць	[znʲaˈvetʃitsʲ]
ferir (vt)	раніць	[ˈranitsʲ]
chantagem (f)	шантаж (м)	[ʃanˈtaʃ]
chantagear (vt)	шантажыраваць	[ʃantaˈʒiravatsʲ]
chantagista (m)	шантажыст (м)	[ʃantaˈʒist]
extorsão (em troca de proteção)	рэкет (м)	[ˈrɛket]
extorsionário (m)	рэкецір (м)	[rɛkeˈtsir]
gângster (m)	гангстэр (м)	[ˈɦanɦstɛr]
máfia (f)	мафія (ж)	[ˈmafiʲa]
carteirista (m)	кішэнны зладзіожка (м)	[kiˈʃɛnnɨ zlaˈdzʉʃka]
assaltante, ladrão (m)	узломшчык (м)	[uzˈlɔmʃɕik]
contrabando (m)	кантрабанда (ж)	[kantraˈbanda]
contrabandista (m)	кантрабандыст (м)	[kantrabanˈdist]
falsificação (f)	падробка (ж)	[padˈrɔpka]
falsificar (vt)	падрабляць	[padrabˈlʲatsʲ]
falsificado	фальшывы	[falʲˈʃivɨ]

192. Viloação da lei. Criminosos. Parte 2

violação (f)	згвалтаванне (н)	[zɦvaltaˈvanne]
violar (vt)	згвалтаваць	[zɦvaltaˈvatsʲ]
violador (m)	гвалтаўнік (м)	[ɦvaltawˈnik]
maníaco (m)	маньяк (м)	[maˈnʲak]
prostituta (f)	прастытутка (ж)	[prastiˈtutka]
prostituição (f)	прастытуцыя (ж)	[prastiˈtutsʲʲa]
chulo (m)	сутэнёр (м)	[sutɛˈnʲor]
toxicodependente (m)	наркаман (м)	[narkaˈman]
traficante (m)	наркагандляр (м)	[narkaɦandˈlʲar]
explodir (vt)	узарваць	[uzarˈvatsʲ]
explosão (f)	выбух (м)	[ˈvibuh]
incendiar (vt)	падпаліць	[patpaˈlitsʲ]
incendiário (m)	падпальшчык (м)	[patˈpalʲʃɕik]
terrorismo (m)	тэрарызм (м)	[tɛraˈrizm]
terrorista (m)	тэрарыст (м)	[tɛraˈrist]
refém (m)	заложнік (м)	[zaˈlɔʒnik]

enganar (vt)	падмануць	[padma'nutsʲ]
engano (m)	падман (м)	[pad'man]
vigarista (m)	махляр (м)	[mah'lʲar]
subornar (vt)	падкупіць	[patku'pitsʲ]
suborno (atividade)	подкуп (м)	['potkup]
suborno (dinheiro)	хабар (м)	['habar]
veneno (m)	яд (м)	[ʲat]
envenenar (vt)	атруціць	[atru'tsitsʲ]
envenenar-se (vr)	атруцíцца	[atru'tsitsa]
suicídio (m)	самазабойства (н)	[samaza'bojstva]
suicida (m)	самазабойца (м)	[samaza'bojtsa]
ameaçar (vt)	пагражаць	[paɦra'ʒatsʲ]
ameaça (f)	пагроза (ж)	[pa'ɦrɔza]
atentar contra a vida de ...	замахвацца	[za'mahvatsa]
atentado (m)	замах (м)	[za'mah]
roubar (o carro)	скрасці	['skrasʲtsi]
desviar (o avião)	выкрасці	['vikrasʲtsi]
vingança (f)	помста (ж)	['pɔmsta]
vingar (vt)	помсціць	['pɔmsʲtsitsʲ]
torturar (vt)	катаваць	[kata'vatsʲ]
tortura (f)	катаванне (н)	[kata'vanne]
atormentar (vt)	мучыць	['mutʃitsʲ]
pirata (m)	пірат (м)	[pi'rat]
desordeiro (m)	хуліган (м)	[huli'ɦan]
armado	узброены	[uzb'rɔeni]
violência (f)	гвалт (м)	['ɦvalt]
ilegal	нелегальны	[nele'ɦalni]
espionagem (f)	шпіянаж (м)	[ʃpiʲa'naʃ]
espionar (vi)	шпіёніць	['ʃpiʲonitsʲ]

193. Polícia. Lei. Parte 1

justiça (f)	правасуддзе (н)	[prava'sudze]
tribunal (m)	суд (м)	['sut]
juiz (m)	суддзя (м)	[su'dzʲa]
jurados (m pl)	прысяжныя (м мн)	[priˈsʲaʒnʲʲa]
tribunal (m) do júri	суд (м) прысяжных	['sut priˈsʲaʒnih]
julgar (vt)	судзіць	[su'dzitsʲ]
advogado (m)	адвакат (м)	[adva'kat]
réu (m)	падсудны (м)	[pa'tsudni]
banco (m) dos réus	лава (ж) падсудных	['lava pa'tsudnih]
acusação (f)	абвінавачванне (н)	[abvina'vatʃvanne]
acusado (m)	абвінавачваны (м)	[abvina'vatʃvani]

sentença (f)	прысуд (м)	[pri'sut]
sentenciar (vt)	прысудзіць	[prisu'dzitsʲ]
culpado (m)	віноўнік (м)	[wi'nɔwnik]
punir (vt)	пакараць	[paka'ratsʲ]
punição (f)	пакаранне (н)	[paka'ranne]
multa (f)	штраф (м)	['ʃtraf]
prisão (f) perpétua	пажыццёвае зняволенне (н)	[paʒi'tsʲovae znʲa'vɔlenne]
pena (f) de morte	смяротная кара (ж)	[smʲa'rɔtnaʲa 'kara]
cadeira (f) elétrica	электрычнае крэсла (н)	[ɛlɛkt'ritʃnae 'krɛsla]
forca (f)	шыбеніца (ж)	['ʃibenitsa]
executar (vt)	караць смерцю	[ka'ratsʲ 'smertsʉ]
execução (f)	смяротная кара (ж)	[smʲa'rɔtnaʲa 'kara]
prisão (f)	турма (ж)	[tur'ma]
cela (f) de prisão	камера (ж)	['kamera]
escolta (f)	канвой (м)	[kan'vɔj]
guarda (m) prisional	наглядчык (м)	[na'hlʲatʃik]
preso (m)	зняволены (м)	[znʲa'vɔleni]
algemas (f pl)	наручнікі (м мн)	[na'rutʃniki]
algemar (vt)	надзець наручнікі	[na'dzetsʲ na'rutʃniki]
fuga, evasão (f)	уцёкі (мн)	[u'tsʲoki]
fugir (vi)	уцячы	[utsʲa'tʃi]
desaparecer (vi)	прапасці	[pra'pasʲtsi]
soltar, libertar (vt)	вызваліць	['vizvalitsʲ]
amnistia (f)	амністыя (ж)	[am'nistiʲa]
polícia (instituição)	паліцыя (ж)	[pa'litsʲʲa]
polícia (m)	паліцэйскі (м)	[pali'tsɛjski]
esquadra (f) de polícia	паліцэйскі ўчастак (м)	[pali'tsɛjski w'tʃastak]
cassetete (m)	гумовая дубінка (ж)	[ɦu'mɔvaʲa du'binka]
megafone (m)	рупар (м)	['rupar]
carro (m) de patrulha	патрульная машына (ж)	[pat'rulʲnaʲa ma'ʃina]
sirene (f)	сірэна (ж)	[si'rɛna]
ligar a sirene	уключыць сірэну	[uklʉ'tʃitsʲ si'rɛnu]
toque (m) da sirene	выццё (н) (сірэны)	[vi'tsʲo si'rɛni]
cena (f) do crime	месца (н) здарэння	['mesʲtsa zda'rɛnnʲa]
testemunha (f)	сведка (м)	['svetka]
liberdade (f)	воля (ж)	['vɔlʲa]
cúmplice (m)	супольнік (м)	[su'pɔlʲnik]
escapar (vi)	схавацца	[sha'vatsa]
traço (não deixar ~s)	след (м)	['slet]

194. Polícia. Lei. Parte 2

procura (f)	вышук (м)	['viʃuk]
procurar (vt)	шукаць	[ʃu'katsʲ]

suspeita (f)	падазрэнне (н)	[pada'zrɛnne]
suspeito	падазроны	[pada'zrɔnɨ]
parar (vt)	спыніць	[spɨ'nitsʲ]
deter (vt)	затрымаць	[zatrɨ'matsʲ]
caso (criminal)	справа (ж)	['sprava]
investigação (f)	следства (н)	['sletstva]
detetive (m)	сышчык (м)	['sɨʃcɨk]
investigador (m)	следчы (м)	['sletʃɨ]
versão (f)	версія (ж)	['versʲia]
motivo (m)	матыў (м)	[ma'tɨw]
interrogatório (m)	допыт (м)	['dɔpɨt]
interrogar (vt)	дапытваць	[da'pɨtvatsʲ]
questionar (vt)	апытваць	[a'pɨtvatsʲ]
verificação (f)	праверка (ж)	[pra'verka]
batida (f) policial	аблава (ж)	[ab'lava]
busca (f)	вобыск (м)	['vɔbɨsk]
perseguição (f)	пагоня (ж)	[pa'ɦɔnʲa]
perseguir (vt)	пераследаваць	[peras'ledavatsʲ]
seguir (vt)	сачыць	[sa'tʃɨtsʲ]
prisão (f)	арышт (м)	[a'rɨʃt]
prender (vt)	арыштаваць	[arɨʃta'vatsʲ]
pegar, capturar (vt)	злавіць	[zla'vitsʲ]
captura (f)	злаўленне (н)	[zlaw'lenne]
documento (m)	дакумент (м)	[daku'ment]
prova (f)	доказ (м)	['dɔkas]
provar (vt)	даказваць	[da'kazvatsʲ]
pegada (f)	след (м)	['slet]
impressões (f pl) digitais	адбіткі (м мн) пальцаў	[ad'bitki 'palʲtsaw]
prova (f)	даказка (ж)	[da'kaska]
álibi (m)	алібі (н)	['alibi]
inocente	невінаваты	[nevina'vatɨ]
injustiça (f)	несправядлівасць (ж)	[nespravʲad'livastsʲ]
injusto	несправядлівы	[nespravʲad'livɨ]
criminal	крымінальны	[krimi'nalʲnɨ]
confiscar (vt)	канфіскаваць	[kanfiska'vatsʲ]
droga (f)	наркотык (м)	[nar'kɔtɨk]
arma (f)	зброя (ж)	['zbrɔʲa]
desarmar (vt)	абяззброіць	[abʲaz'zbrɔitsʲ]
ordenar (vt)	загадваць	[za'ɦadvatsʲ]
desaparecer (vi)	знікнуць	['zʲniknutsʲ]
lei (f)	закон (м)	[za'kɔn]
legal	законны	[za'kɔnnɨ]
ilegal	незаконны	[neza'kɔnnɨ]
responsabilidade (f)	адказнасць (ж)	[at'kaznastsʲ]
responsável	адказны	[at'kaznɨ]

NATUREZA

A Terra. Parte 1

195. Espaço sideral

cosmos (m)	космас (м)	['kɔsmas]
cósmico	касмічны	[kas'mitʃnɨ]
espaço (m) cósmico	касмічная прастора (ж)	[kas'mitʃnaʲa pras'tɔra]

mundo (m)	свет (м)	['svet]
universo (m)	сусвет (м)	[sus'vet]
galáxia (f)	галактыка (ж)	[ɦa'laktika]

estrela (f)	зорка (ж)	['zɔrka]
constelação (f)	сузор'е (н)	[su'zɔrʲe]
planeta (m)	планета (ж)	[pla'neta]
satélite (m)	спадарожнік (м)	[spada'rɔʒnik]

meteorito (m)	метэарыт (м)	[metɛa'rɨt]
cometa (m)	камета (ж)	[ka'meta]
asteroide (m)	астэроід (м)	[astɛ'rɔit]

órbita (f)	арбіта (ж)	[ar'bita]
girar (vi)	круціцца	[kru'tsitsa]
atmosfera (f)	атмасфера (ж)	[atma'sfera]

Sol (m)	Сонца (н)	['sɔntsa]
Sistema (m) Solar	Сонечная сістэма (ж)	['sɔnetʃnaʲa sis'tɛma]
eclipse (m) solar	сонечнае зацьменне (н)	['sɔnetʃnae zatsʲ'menne]

Terra (f)	Зямля (ж)	[zʲam'lʲa]
Lua (f)	Месяц (м)	['mesʲats]

Marte (m)	Марс (м)	['mars]
Vénus (f)	Венера (ж)	[ve'nera]
Júpiter (m)	Юпітэр (м)	[ʉ'pitɛr]
Saturno (m)	Сатурн (м)	[sa'turn]

Mercúrio (m)	Меркурый (м)	[mer'kurij]
Urano (m)	Уран (м)	[u'ran]
Neptuno (m)	Нептун (м)	[nep'tun]
Plutão (m)	Плутон (м)	[plu'tɔn]

Via Láctea (f)	Млечны Шлях (м)	['mletʃni ʃ'lʲah]
Ursa Maior (f)	Вялікая Мядзведзіца (ж)	[vʲa'likaʲa mʲadzʲ'vedzitsa]
Estrela Polar (f)	Палярная зорка (ж)	[pa'lʲarnaʲa 'zɔrka]
marciano (m)	марсіянін (м)	[marsiʲanin]
extraterrestre (m)	іншапланецянін (м)	[inʃaplane'tsʲanin]

alienígena (m)	прышэлец (м)	[priˈʃɛlets]
disco (m) voador	лятаючая талерка (ж)	[lʲaˈtautʃaʲa taˈlerka]
nave (f) espacial	касмічны карабель (м)	[kasˈmitʃnɨ karaˈbelʲ]
estação (f) orbital	арбітальная станцыя (ж)	[arbiˈtalʲnaʲa ˈstantsʲɨʲa]
lançamento (m)	старт (м)	[ˈstart]
motor (m)	рухавік (м)	[ruhaˈvik]
bocal (m)	сапло (н)	[sapˈlɔ]
combustível (m)	паліва (н)	[ˈpaliva]
cabine (f)	кабіна (ж)	[kaˈbina]
antena (f)	антэна (ж)	[anˈtɛna]
vigia (f)	ілюмінатар (м)	[ilʉmiˈnatar]
bateria (f) solar	сонечная батарэя (ж)	[ˈsɔnetʃnaʲa bataˈrɛʲa]
traje (m) espacial	скафандр (м)	[skaˈfandr]
imponderabilidade (f)	бязважкасць (ж)	[bʲazˈvaʃkastsʲ]
oxigénio (m)	кісларод (м)	[kislaˈrɔt]
acoplagem (f)	стыкоўка (ж)	[stiˈkɔwka]
fazer uma acoplagem	выконваць стыкоўку	[viˈkɔnvatsʲ stiˈkɔwku]
observatório (m)	абсерваторыя (ж)	[apservaˈtɔriʲa]
telescópio (m)	тэлескоп (м)	[tɛleˈskɔp]
observar (vt)	назіраць	[naziˈratsʲ]
explorar (vt)	даследаваць	[daˈsledavatsʲ]

196. A Terra

Terra (f)	Зямля (ж)	[zʲamˈlʲa]
globo terrestre (Terra)	зямны шар (м)	[zʲamˈnɨ ˈʃar]
planeta (m)	планета (ж)	[plaˈneta]
atmosfera (f)	атмасфера (ж)	[atmaˈsfera]
geografia (f)	геаграфія (ж)	[heaˈɦrafiʲa]
natureza (f)	прырода (ж)	[priˈrɔda]
globo (mapa esférico)	глобус (м)	[ˈɦlɔbus]
mapa (m)	карта (ж)	[ˈkarta]
atlas (m)	атлас (м)	[atˈlas]
Europa (f)	Еўропа	[ewˈrɔpa]
Ásia (f)	Азія	[ˈaziʲa]
África (f)	Афрыка	[ˈafrika]
Austrália (f)	Аўстралія	[awˈstraliʲa]
América (f)	Амерыка	[aˈmerika]
América (f) do Norte	Паўночная Амерыка	[pawˈnɔtʃnaʲa aˈmerika]
América (f) do Sul	Паўднёвая Амерыка	[pawˈdnʲovaʲa aˈmerika]
Antártida (f)	Антарктыда	[antarkˈtida]
Ártico (m)	Арктыка	[ˈarktika]

197. Pontos cardeais

norte (m)	поўнач (ж)	['pɔwnatʃ]
para norte	на поўнач	[na 'pɔwnatʃ]
no norte	на поўначы	[na 'pɔwnatʃi]
do norte	паўночны	[paw'nɔtʃnʲi]

sul (m)	поўдзень (м)	['pɔwdzenʲ]
para sul	на поўдзень	[na 'pɔwdzenʲ]
no sul	на поўдні	[na 'pɔwdni]
do sul	паўднёвы	[paw'dnʲovʲi]

oeste, ocidente (m)	захад (м)	['zahat]
para oeste	на захад	[na 'zahat]
no oeste	на захадзе	[na 'zahadze]
ocidental	заходні	[za'hɔdni]

leste, oriente (m)	усход (м)	[w'shɔt]
para leste	на ўсход	[na w'shɔt]
no leste	на ўсходзе	[na w'shɔdze]
oriental	усходні	[us'hɔdni]

198. Mar. Oceano

mar (m)	мора (н)	['mɔra]
oceano (m)	акіян (м)	[akiˈlʲan]
golfo (m)	заліў (м)	[za'liw]
estreito (m)	праліў (м)	[pra'liw]

terra (f) firme	зямля, суша (ж)	[zʲam'lʲʲa], ['suʃa]
continente (m)	мацярык (м)	[matsʲa'rik]
ilha (f)	востраў (м)	['vɔstraw]
península (f)	паўвостраў (м)	[paw'vɔstraw]
arquipélago (m)	архіпелаг (м)	[arhipe'laɦ]

baía (f)	бухта (ж)	['buhta]
porto (m)	гавань (ж)	['ɦavanʲ]
lagoa (f)	лагуна (ж)	[la'ɦuna]
cabo (m)	мыс (м)	['mis]

atol (m)	атол (м)	[a'tɔl]
recife (m)	рыф (м)	['rif]
coral (m)	карал (м)	[ka'ral]
recife (m) de coral	каралавы рыф (м)	[ka'ralavɨ 'rif]

profundo	глыбокі	[ɦlɨ'bɔki]
profundidade (f)	глыбіня (ж)	[ɦlʲibi'nʲa]
abismo (m)	бездань (ж)	['bezdanʲ]
fossa (f) oceânica	упадзіна (ж)	[u'padzina]

corrente (f)	плынь (ж)	['plinʲ]
banhar (vt)	абмываць	[abmɨ'vatsʲ]
litoral (m)	бераг (м)	['beraɦ]

costa (f)	узбярэжжа (н)	[uzbʲaˈrɛʐa]
maré (f) alta	прылiў (м)	[priˈliw]
refluxo (m), maré (f) baixa	адлiў (м)	[adˈliw]
restinga (f)	водмель (ж)	[ˈvɔdmelʲ]
fundo (m)	дно (н)	[ˈdnɔ]
onda (f)	хваля (ж)	[ˈhvalʲa]
crista (f) da onda	грэбень (м) хвалi	[ɦrɛbenʲ ˈhvali]
espuma (f)	пена (ж)	[ˈpena]
tempestade (f)	бура (ж)	[ˈbura]
furacão (m)	ураган (м)	[uraˈɦan]
tsunami (m)	цунамi (н)	[tsuˈnami]
calmaria (f)	штыль (м)	[ˈʃtilʲ]
calmo	спакойны	[spaˈkɔjni]
polo (m)	полюс (м)	[ˈpɔlʉs]
polar	палярны	[paˈlʲarni]
latitude (f)	шырата (ж)	[ʃiraˈta]
longitude (f)	даўгата (ж)	[dawɦaˈta]
paralela (f)	паралель (ж)	[paraˈlelʲ]
equador (m)	экватар (м)	[ɛkˈvatar]
céu (m)	неба (н)	[ˈneba]
horizonte (m)	гарызонт (м)	[ɦariˈzɔnt]
ar (m)	паветра (н)	[paˈvetra]
farol (m)	маяк (м)	[maˈʲak]
mergulhar (vi)	нырaць	[niˈratsʲ]
afundar-se (vr)	затануць	[zataˈnutsʲ]
tesouros (m pl)	скарбы (м мн)	[ˈskarbi]

199. Nomes de Mares e Oceanos

Oceano (m) Atlântico	Атлантычны акiян (м)	[atlanˈtitʃnɨ akiˈʲan]
Oceano (m) Índico	Iндыйскi акiян (м)	[inˈdijski akiˈʲan]
Oceano (m) Pacífico	Цixi акiян (м)	[ˈtsihi akiˈʲan]
Oceano (m) Ártico	Паўночны Ледавiты акiян (м)	[pawˈnɔtʃnɨ ledaˈwiti akiˈʲan]
Mar (m) Negro	Чорнае мора (н)	[ˈtʃɔrnae ˈmɔra]
Mar (m) Vermelho	Чырвонае мора (н)	[tʃirˈvɔnae ˈmɔra]
Mar (m) Amarelo	Жоўтае мора (н)	[ˈʒɔwtae ˈmɔra]
Mar (m) Branco	Белае мора (н)	[ˈbelae ˈmɔra]
Mar (m) Cáspio	Каспiйскае мора (н)	[kasˈpijskae ˈmɔra]
Mar (m) Morto	Мёртвае мора (н)	[ˈmʲortvae ˈmɔra]
Mar (m) Mediterrâneo	Мiжземнае мора (н)	[miʒˈzemnae ˈmɔra]
Mar (m) Egeu	Эгейскае мора (н)	[ɛˈhejskae ˈmɔra]
Mar (m) Adriático	Адрыятычнае мора (н)	[adrʲiaˈtitʃnae ˈmɔra]
Mar (m) Arábico	Аравiйскае мора (н)	[araˈvijskae ˈmɔra]
Mar (m) do Japão	Японскае мора (н)	[ʲaˈpɔnskae ˈmɔra]

Mar (m) de Bering	Берынгава мора (н)	['berinɦava 'mɔra]
Mar (m) da China Meridional	Паўднёва-Кітайскае мора (н)	[paw'dnʲova ki'tajskae 'mɔra]
Mar (m) de Coral	Каралавае мора (н)	[ka'ralavae 'mɔra]
Mar (m) de Tasman	Тасманава мора (н)	[tas'manava 'mɔra]
Mar (m) do Caribe	Карыбскае мора (н)	[ka'ripskae 'mɔra]
Mar (m) de Barents	Баранцава мора (н)	['barantsava 'mɔra]
Mar (m) de Kara	Карскае мора (н)	['karskae 'mɔra]
Mar (m) do Norte	Паўночнае мора (н)	[paw'nɔtʃnae 'mɔra]
Mar (m) Báltico	Балтыйскае мора (н)	[bal'tijskae 'mɔra]
Mar (m) da Noruega	Нарвежскае мора (н)	[nar'veʃskae 'mɔra]

200. Montanhas

montanha (f)	гара (ж)	[ɦa'ra]
cordilheira (f)	горны ланцуг (м)	['ɦornɨ lan'tsuɦ]
serra (f)	горны хрыбет (м)	['ɦornɨ hri'bet]

cume (m)	вяршыня (ж)	[vʲar'ʃinʲa]
pico (m)	пік (м)	['pik]
sopé (m)	падножжа (н)	[pad'nɔʐa]
declive (m)	схіл (м)	['shil]

vulcão (m)	вулкан (м)	[vul'kan]
vulcão (m) ativo	дзеючы вулкан (м)	['dzeutʃɨ vul'kan]
vulcão (m) extinto	патухлы вулкан (м)	[pa'tuhlɨ vul'kan]

erupção (f)	вывяржэнне (н)	[vivʲar'ʒɛnne]
cratera (f)	кратэр (м)	['kratɛr]
magma (m)	магма (ж)	['maɦma]
lava (f)	лава (ж)	['lava]
fundido (lava ~a)	распалены	[ras'palenɨ]

desfiladeiro (m)	каньён (м)	[ka'njɔn]
garganta (f)	цясніна (ж)	[tsʲas'nina]
fenda (f)	цясніна (ж)	[tsʲas'nina]
precipício (m)	прорва (ж), абрыў (м)	['prorva], [ab'rɨw]

passo, colo (m)	перавал (м)	[pera'val]
planalto (m)	плато (н)	[pla'tɔ]
falésia (f)	скала (ж)	[ska'la]
colina (f)	узгорак (м)	[uz'ɦɔrak]

glaciar (m)	ледавік (м)	[leda'vik]
queda (f) d'água	вадаспад (м)	[vada'spat]
géiser (m)	гейзер (м)	['ɦejzer]
lago (m)	возера (н)	['vɔzera]

planície (f)	раўніна (ж)	[raw'nina]
paisagem (f)	краявід (м)	[kraʲa'vit]
eco (m)	рэха (н)	['rɛha]

alpinista (m)	альпініст (м)	[alʲpiˈnist]
escalador (m)	скалалаз (м)	[skalaˈlas]
conquistar (vt)	авалодваць	[avaˈlɔdvatsʲ]
subida, escalada (f)	узыходжанне (н)	[uziˈhodʒanne]

201. Nomes de montanhas

Alpes (m pl)	Альпы (мн)	[ˈalʲpi]
monte Branco (m)	Манблан (м)	[manˈblan]
Pirineus (m pl)	Пірэнеі (мн)	[pirɛˈnei]
Cárpatos (m pl)	Карпаты (мн)	[karˈpati]
montes (m pl) Urais	Уральскія горы (мн)	[uˈralʲskiʲa ˈhori]
Cáucaso (m)	Каўказ (м)	[kawˈkas]
Elbrus (m)	Эльбрус (м)	[ɛlʲˈbrus]
Altai (m)	Алтай (м)	[alˈtaj]
Tian Shan (m)	Цянь-Шань (м)	[tsʲanjˈʃanʲ]
Pamir (m)	Памір (м)	[paˈmir]
Himalaias (m pl)	Гімалаі (мн)	[himaˈlai]
monte (m) Everest	Эверэст (м)	[ɛveˈrɛst]
Cordilheira (f) dos Andes	Анды (мн)	[ˈandi]
Kilimanjaro (m)	Кіліманджара (н)	[kilimanˈdʒara]

202. Rios

rio (m)	рака (ж)	[raˈka]
fonte, nascente (f)	крыніца (ж)	[kriˈnitsa]
leito (m) do rio	рэчышча (н)	[ˈrɛtʃiʃɕa]
bacia (f)	басейн (м)	[baˈsejn]
desaguar no ...	упадаць у ...	[upaˈdatsʲ u ...]
afluente (m)	прыток (м)	[priˈtɔk]
margem (do rio)	бераг (м)	[ˈberah]
corrente (f)	плынь (ж)	[ˈplinʲ]
rio abaixo	уніз па цячэнню	[uˈnis pa tsʲaˈtʃɛnnʉ]
rio acima	уверх па цячэнню	[uˈvɛrh pa tsʲaˈtʃɛnnʉ]
inundação (f)	паводка (ж)	[paˈvɔtka]
cheia (f)	разводдзе (н)	[razˈvɔdze]
transbordar (vi)	разлівацца	[razlʲiˈvatsa]
inundar (vt)	затапляць	[zataˈplʲatsʲ]
banco (m) de areia	мель (ж)	[ˈmelʲ]
rápidos (m pl)	парог (м)	[paˈrɔh]
barragem (f)	плаціна (ж)	[plaˈtsina]
canal (m)	канал (м)	[kaˈnal]
reservatório (m) de água	вадасховішча (н)	[vadasˈhɔviʃɕa]
eclusa (f)	шлюз (м)	[ˈʃlʉs]

corpo (m) de água	вадаём (м)	[vada'ʲom]
pântano (m)	балота (н)	[ba'lɔta]
tremedal (m)	багна (ж)	['baɦna]
remoinho (m)	вір (м)	['vir]
arroio, regato (m)	ручай (м)	[ru'ʧaj]
potável	пітны	[pit'nʲi]
doce (água)	прэсны	['prɛsnʲi]
gelo (m)	лёд (м)	['lʲot]
congelar-se (vr)	замерзнуць	[za'merznutsʲ]

203. Nomes de rios

rio Sena (m)	Сена (ж)	['sena]
rio Loire (m)	Луара (ж)	[lu'ara]
rio Tamisa (m)	Тэмза (ж)	['tɛmza]
rio Reno (m)	Рэйн (м)	['rɛjn]
rio Danúbio (m)	Дунай (м)	[du'naj]
rio Volga (m)	Волга (ж)	['vɔlɦa]
rio Don (m)	Дон (м)	['dɔn]
rio Lena (m)	Лена (ж)	['lena]
rio Amarelo (m)	Хуанхэ (н)	[huan'hɛ]
rio Yangtzé (m)	Янцзы (н)	[ʲan'dʑi]
rio Mekong (m)	Меконг (м)	[me'kɔnɦ]
rio Ganges (m)	Ганг (м)	['ɦanɦ]
rio Nilo (m)	Ніл (м)	['nil]
rio Congo (m)	Конга (н)	['kɔnɦa]
rio Cubango (m)	Акаванга (ж)	[aka'vanɦa]
rio Zambeze (m)	Замбезі (ж)	[zam'bezi]
rio Limpopo (m)	Лімпапо (ж)	[limpa'pɔ]
rio Mississípi (m)	Місісіпі (ж)	[misi'sipi]

204. Floresta

floresta (f), bosque (m)	лес (м)	['les]
florestal	лясны	[lʲas'nʲi]
mata (f) cerrada	гушчар (м)	[ɦu'ʧ͡ɕar]
arvoredo (m)	гай (м)	['ɦaj]
clareira (f)	паляна (ж)	[pa'lʲana]
matagal (m)	зараснікі (м мн)	['zarasniki]
mato (m)	хмызняк (м)	[hmɨz'nʲak]
vereda (f)	сцяжынка (ж)	[stsʲa'ʒɨnka]
ravina (f)	яр (м)	[ʲar]
árvore (f)	дрэва (н)	['drɛva]

folha (f)	ліст (м)	['list]
folhagem (f)	лістота (ж)	[lis'tɔta]
queda (f) das folhas	лістапад (м)	[lista'pat]
cair (vi)	ападаць	[apa'datsʲ]
topo (m)	верхавіна (ж)	[verha'vina]
ramo (m)	галіна (ж)	[ɦali'na]
galho (m)	сук (м)	['suk]
botão, rebento (m)	пупышка (ж)	[pu'piʃka]
agulha (f)	шыпулька (ж)	[ʃiˈpulʲka]
pinha (f)	шышка (ж)	['ʃiʃka]
buraco (m) de árvore	дупло (н)	[dup'lɔ]
ninho (m)	гняздо (н)	[ɦnʲaz'dɔ]
toca (f)	нара (ж)	[na'ra]
tronco (m)	ствол (м)	['stvɔl]
raiz (f)	корань (м)	['kɔranʲ]
casca (f) de árvore	кара (ж)	[ka'ra]
musgo (m)	мох (м)	['mɔh]
arrancar pela raiz	карчаваць	[kartʃa'vatsʲ]
cortar (vt)	сячы	[sʲa'tʃi]
desflorestar (vt)	высякаць	[visʲa'katsʲ]
toco, cepo (m)	пень (м)	['penʲ]
fogueira (f)	вогнішча (н)	['vɔɦniʃca]
incêndio (m) florestal	пажар (м)	[pa'ʒar]
apagar (vt)	тушыць	[tu'ʃitsʲ]
guarda-florestal (m)	ляснік (м)	[lʲas'nik]
proteção (f)	ахова (ж)	[a'hɔva]
proteger (a natureza)	ахоўваць	[a'hɔwvatsʲ]
caçador (m) furtivo	бракань́ер (м)	[braka'njer]
armadilha (f)	пастка (ж)	['pastka]
colher (cogumelos, bagas)	збіраць	[zʲbi'ratsʲ]
perder-se (vr)	заблудзіць	[zablu'dzitsʲ]

205. Recursos naturais

recursos (m pl) naturais	прыродныя рэсурсы (м мн)	[pri'rɔdnʲʲa rɛ'sursi]
minerais (m pl)	карысныя выкапні (м мн)	[ka'risnʲʲa 'vikapni]
depósitos (m pl)	паклады (м мн)	[pa'kladi]
jazida (f)	радовішча (н)	[ra'dɔviʃca]
extrair (vt)	здабываць	[zdabiˈvatsʲ]
extração (f)	здабыча (ж)	[zda'bitʃa]
minério (m)	руда (ж)	[ru'da]
mina (f)	руднік (м)	[rud'nik]
poço (m) de mina	шахта (ж)	['ʃahta]
mineiro (m)	шахцёр (м)	[ʃah'tsʲor]
gás (m)	газ (м)	['ɦas]

gasoduto (m)	газаправод (м)	[ɦazapra'vɔt]
petróleo (m)	нафта (ж)	['nafta]
oleoduto (m)	нафтаправод (м)	[naftapra'vɔt]
poço (m) de petróleo	нафтавая вышка (ж)	['naftavaʲa 'viʃka]
torre (f) petrolífera	буравая вышка (ж)	[bura'vaʲa 'viʃka]
petroleiro (m)	танкер (м)	['tanker]
areia (f)	пясок (м)	[pʲa'sɔk]
calcário (m)	вапняк (м)	[vap'nʲak]
cascalho (m)	жвір (м)	['ʒvir]
turfa (f)	торф (м)	['tɔrf]
argila (f)	гліна (ж)	['ɦlina]
carvão (m)	вугаль (м)	['vuɦalʲ]
ferro (m)	жалеза (н)	[ʒa'leza]
ouro (m)	золата (н)	['zɔlata]
prata (f)	срэбра (н)	['srɛbra]
níquel (m)	нікель (м)	['nikelʲ]
cobre (m)	медзь (ж)	['metsʲ]
zinco (m)	цынк (м)	['tsink]
manganês (m)	марганец (м)	['marɦanets]
mercúrio (m)	ртуць (ж)	['rtutsʲ]
chumbo (m)	свінец (м)	[svi'nets]
mineral (m)	мінерал (м)	[mine'ral]
cristal (m)	крышталь (м)	[kriʃ'talʲ]
mármore (m)	мармур (м)	['marmur]
urânio (m)	уран (м)	[u'ran]

A Terra. Parte 2

206. Tempo

tempo (m)	надвор'е (н)	[na'dvɔrʲe]
previsão (f) do tempo	прагноз (м) надвор'я	[prah'nɔs nad'vɔrʲa]
temperatura (f)	тэмпература (ж)	[tɛmpera'tura]
termómetro (m)	тэрмометр (м)	[tɛr'mɔmetr]
barómetro (m)	барометр (м)	[ba'rɔmetr]
húmido	вільготны	[vilʲ'hɔtni]
humidade (f)	вільготнасць (ж)	[vilʲ'hɔtnastsʲ]
calor (m)	гарачыня (ж)	[haratʃiʲnʲa]
cálido	гарачы	[ha'ratʃi]
está muito calor	горача	['hɔratʃa]
está calor	цёпла	['tsʲɔpla]
quente	цёплы	['tsʲɔplɨ]
está frio	холадна	['hɔladna]
frio	халодны	[ha'lɔdnɨ]
sol (m)	сонца (н)	['sɔntsa]
brilhar (vi)	свяціць	[svʲa'tsitsʲ]
de sol, ensolarado	сонечны	['sɔnetʃni]
nascer (vi)	узысці	[uzis'tsi]
pôr-se (vr)	сесці	['sesʲtsi]
nuvem (f)	воблака (н)	['vɔblaka]
nublado	воблачны	['vɔblatʃni]
nuvem (f) preta	хмара (ж)	['hmara]
escuro, cinzento	пахмурны	[pah'murnɨ]
chuva (f)	дождж (м)	['dɔʃʨ]
está a chover	ідзе дождж	[i'dze 'dɔʃʨ]
chuvoso	дажджлівы	[daʒdʒ'livɨ]
chuviscar (vi)	імжыць	[im'ʒɨtsʲ]
chuva (f) torrencial	праліўны дождж (м)	[praliw'nɨ 'dɔʃʨ]
chuvada (f)	лівень (м)	['livenʲ]
forte (chuva)	моцны	['mɔtsni]
poça (f)	лужына (ж)	['luʒina]
molhar-se (vr)	мокнуць	['mɔknutsʲ]
nevoeiro (m)	туман (м)	[tu'man]
de nevoeiro	туманны	[tu'mannɨ]
neve (f)	снег (м)	['sneh]
está a nevar	ідзе снег	[i'dze 'sneh]

207. Tempo extremo. Catástrofes naturais

trovoada (f)	навальніца (ж)	[navalʲˈnitsa]
relâmpago (m)	маланка (ж)	[maˈlanka]
relampejar (vi)	бліскаць	[ˈbliskatsʲ]

trovão (m)	гром (м)	[ˈɦrɔm]
trovejar (vi)	грымець	[ɦriˈmetsʲ]
está a trovejar	грыміць гром	[ɦriˈmitsʲ ˈɦrɔm]

granizo (m)	град (м)	[ˈɦrat]
está a cair granizo	ідзе град	[iˈdze ˈɦrat]

inundar (vt)	затапіць	[zataˈpitsʲ]
inundação (f)	паводка (ж)	[paˈvɔtka]

terremoto (m)	землятрус (м)	[zemlʲaˈtrus]
abalo, tremor (m)	штуршок (м)	[ʃturˈʃɔk]
epicentro (m)	эпіцэнтр (м)	[ɛpiˈtsɛntr]

erupção (f)	вывяржэнне (н)	[vivʲarˈʒɛnne]
lava (f)	лава (ж)	[ˈlava]

turbilhão (m)	смерч (м)	[ˈsmertʃ]
tornado (m)	тарнада (м)	[tarˈnada]
tufão (m)	тайфун (м)	[tajˈfun]

furacão (m)	ураган (м)	[uraˈɦan]
tempestade (f)	бура (ж)	[ˈbura]
tsunami (m)	цунамі (н)	[tsuˈnami]

ciclone (m)	цыклон (м)	[tsikˈlɔn]
mau tempo (m)	непагадзь (ж)	[ˈnepaɦatsʲ]
incêndio (m)	пажар (м)	[paˈʒar]
catástrofe (f)	катастрофа (ж)	[kataˈstrɔfa]
meteorito (m)	метэарыт (м)	[metɛaˈrit]

avalanche (f)	лавіна (ж)	[laˈvina]
deslizamento (m) de neve	абвал (м)	[abˈval]
nevasca (f)	мяцеліца (ж)	[mʲaˈtselitsa]
tempestade (f) de neve	завіруха (ж)	[zaviˈruha]

208. Ruídos. Sons

silêncio (m)	цішыня (ж)	[tsiʃiˈnʲa]
som (m)	гук (м)	[ˈɦuk]
ruído, barulho (m)	шум (м)	[ˈʃum]
fazer barulho	шумець	[ʃuˈmetsʲ]
ruidoso, barulhento	шумны	[ˈʃumni]

alto (adv)	гучна	[ˈɦutʃna]
alto (adj)	гучны	[ˈɦutʃni]
constante (ruído, etc.)	заўсёдны	[zawˈsʲodni]

grito (m)	крык (м)	['krik]
gritar (vi)	крычаць	[kri'tɕatsʲ]
sussurro (m)	шэпт (м)	['ʃɛpt]
sussurrar (vt)	шаптаць	[ʃap'tatsʲ]
latido (m)	брэх (м)	['brɛh]
latir (vi)	брахаць	[bra'hatsʲ]
gemido (m)	стогн (м)	['stɔɦn]
gemer (vi)	стагнаць	[staɦ'natsʲ]
tosse (f)	кашаль (м)	['kaʃalʲ]
tossir (vi)	кашляць	['kaʃlʲatsʲ]
assobio (m)	свіст (м)	['svist]
assobiar (vi)	свістаць	[svis'tatsʲ]
batida (f)	стук (м)	['stuk]
bater (vi)	стукаць	['stukatsʲ]
estalar (vi)	трашчаць	[tra'ʃɕatsʲ]
estalido (m)	трэск (м)	['trɛsk]
sirene (f)	сірэна (ж)	[si'rɛna]
apito (m)	гудок (м)	[ɦu'dɔk]
apitar (vi)	гудзець	[ɦu'dzetsʲ]
buzina (f)	сігнал (м)	[siɦ'nal]
buzinar (vi)	сігналіць	[siɦ'nalitsʲ]

209. Inverno

inverno (m)	зіма (ж)	[zi'ma]
de inverno	зімовы	[zi'mɔvɨ]
no inverno	узімку	[u'zimku]
neve (f)	снег (м)	['sneɦ]
está a nevar	ідзе снег	[i'dze 'sneɦ]
queda (f) de neve	снегапад (м)	[sneɦa'pat]
amontoado (m) de neve	сумёт (м)	[su'mʲot]
floco (m) de neve	сняжынка (ж)	[snʲa'ʒɨnka]
bola (f) de neve	сняжок (м)	[snʲa'ʒɔk]
boneco (m) de neve	снегавік (м)	[sneɦa'vik]
sincelo (m)	лядзяш (м)	[lʲa'dzʲaʃ]
dezembro (m)	снежань (м)	['sneʒanʲ]
janeiro (m)	студзень (м)	['studzenʲ]
fevereiro (m)	люты (м)	['lʉti]
gelo (m)	мароз (м)	[ma'rɔs]
gelado, glacial	марозны	[ma'rɔzni]
abaixo de zero	ніжэй за нуль	[ni'ʒɛj za 'nulʲ]
geada (f)	замаразкі (м мн)	['zamaraski]
geada (f) branca	шэрань (ж)	['ʃɛranʲ]
frio (m)	холад (м)	['hɔlat]

está frio	халадна	['hɔladna]
casaco (m) de peles	футра (н)	['futra]
mitenes (f pl)	рукавіцы (ж мн)	[ruka'vitsʲi]
adoecer (vi)	захварэць	[zahva'rɛtsʲ]
constipação (f)	прастуда (ж)	[pra'studa]
constipar-se (vr)	прастудзіцца	[prastu'dzitsa]
gelo (m)	лёд (м)	['lʲot]
gelo (m) na estrada	галалёдзіца (ж)	[ɦala'lʲodzitsa]
congelar-se (vr)	замерзнуць	[za'merznutsʲ]
bloco (m) de gelo	крыга (ж)	['kriɦa]
esqui (m)	лыжы (ж мн)	['lɨʒɨ]
esquiador (m)	лыжнік (м)	['lɨʒnik]
esquiar (vi)	катацца на лыжах	[ka'tatsa na 'lɨʒah]
patinar (vi)	катацца на каньках	[ka'tatsa na kanj'kah]

Fauna

210. Mamíferos. Predadores

predador (m)	драпежнік (м)	[dra'peʒnik]
tigre (m)	тыгр (м)	['tiɦr]
leão (m)	леў (м)	['lew]
lobo (m)	воўк (м)	['vɔwk]
raposa (f)	ліса (ж)	['lisa]
jaguar (m)	ягуар (м)	[ʲaɦu'ar]
leopardo (m)	леапард (м)	[lea'part]
chita (f)	гепард (м)	[ɦe'part]
pantera (f)	пантэра (ж)	[pan'tɛra]
puma (m)	пума (ж)	['puma]
leopardo-das-neves (m)	снежны барс (м)	['sneʒnɨ 'bars]
lince (m)	рысь (ж)	['risʲ]
coiote (m)	каёт (м)	[kaʲot]
chacal (m)	шакал (м)	[ʃa'kal]
hiena (f)	гіена (ж)	[ɦi'ena]

211. Animais selvagens

animal (m)	жывёліна (ж)	[ʒɨ'vʲolina]
besta (f)	звер (м)	['zʲver]
esquilo (m)	вавёрка (ж)	[va'vʲorka]
ouriço (m)	вожык (м)	['vɔʒɨk]
lebre (f)	заяц (м)	['zaʲats]
coelho (m)	трус (м)	['trus]
texugo (m)	барсук (м)	[bar'suk]
guaxinim (m)	янот (м)	[ʲa'nɔt]
hamster (m)	хамяк (м)	[ha'mʲak]
marmota (f)	сурок (м)	[su'rɔk]
toupeira (f)	крот (м)	['krɔt]
rato (m)	мыш (ж)	['miʃ]
ratazana (f)	пацук (м)	[pa'tsuk]
morcego (m)	кажан (м)	[ka'ʒan]
arminho (m)	гарнастай (м)	[ɦarna'staj]
zibelina (f)	собаль (м)	['sɔbalʲ]
marta (f)	куніца (ж)	[ku'nitsa]
doninha (f)	ласка (ж)	['laska]
vison (m)	норка (ж)	['nɔrka]

castor (m)	бабёр (м)	[ba'bʲor]
lontra (f)	выдра (ж)	['vidra]

cavalo (m)	конь (м)	['kɔnʲ]
alce (m)	лось (м)	['lɔsʲ]
veado (m)	алень (м)	[a'lenʲ]
camelo (m)	вярблюд (м)	[vʲar'blʉt]

bisão (m)	бізон (м)	[bi'zɔn]
auroque (m)	зубр (м)	['zubr]
búfalo (m)	буйвал (м)	['bujval]

zebra (f)	зебра (ж)	['zebra]
antílope (m)	антылопа (ж)	[antɨ'lɔpa]
corça (f)	казуля (ж)	[ka'zulʲa]
gamo (m)	лань (ж)	['lanʲ]
camurça (f)	сарна (ж)	['sarna]
javali (m)	дзік (м)	['dzik]

baleia (f)	кіт (м)	['kit]
foca (f)	цюлень (м)	[tsʉ'lenʲ]
morsa (f)	морж (м)	['mɔrʃ]
urso-marinho (m)	коцік (м)	['kɔtsik]
golfinho (m)	дэльфін (м)	[dɛlʲ'fin]

urso (m)	мядзведзь (м)	[mʲadz'vedzʲ]
urso (m) branco	белы мядзведзь (м)	['beli mʲadz'vedzʲ]
panda (m)	панда (ж)	['panda]

macaco (em geral)	малпа (ж)	['malpa]
chimpanzé (m)	шымпанзэ (м)	[ʃimpan'zɛ]
orangotango (m)	арангутанг (м)	[aranɦu'tanɦ]
gorila (m)	гарыла (ж)	[ɦa'rɨla]
macaco (m)	макака (ж)	[ma'kaka]
gibão (m)	гібон (м)	[ɦi'bɔn]

elefante (m)	слон (м)	['slɔn]
rinoceronte (m)	насарог (м)	[nasa'rɔɦ]
girafa (f)	жырафа (ж)	[ʒɨ'rafa]
hipopótamo (m)	бегемот (м)	[beɦe'mɔt]

canguru (m)	кенгуру (м)	[kenɦu'ru]
coala (m)	каала (ж)	[ka'ala]

mangusto (m)	мангуст (м)	[man'ɦust]
chinchila (m)	шыншыла (ж)	[ʃɨn'ʃɨla]
doninha-fedorenta (f)	скунс (м)	['skuns]
porco-espinho (m)	дзікабраз (м)	[dzikab'ras]

212. Animais domésticos

gata (f)	кошка (ж)	['kɔʃka]
gato (m) macho	кот (м)	['kɔt]
cão (m)	сабака (м)	[sa'baka]

cavalo (m)	конь (м)	['konʲ]
garanhão (m)	жарабец (м)	[ʒara'bets]
égua (f)	кабыла (ж)	[ka'biła]

vaca (f)	карова (ж)	[ka'rova]
touro (m)	бык (м)	['bɨk]
boi (m)	вол (м)	['vɔl]

ovelha (f)	авечка (ж)	[a'vetʃka]
carneiro (m)	баран (м)	[ba'ran]
cabra (f)	каза (ж)	[ka'za]
bode (m)	казёл (м)	[ka'zʲol]

burro (m)	асёл (м)	[a'sʲol]
mula (f)	мул (м)	['mul]

porco (m)	свіння (ж)	[svi'nnʲa]
leitão (m)	парася (н)	[para'sʲa]
coelho (m)	трус (м)	['trus]

galinha (f)	курыца (ж)	['kurɨtsa]
galo (m)	певень (м)	['pevenʲ]

pata (f)	качка (ж)	['katʃka]
pato (macho)	качар (м)	['katʃar]
ganso (m)	гусь (ж)	['ɦusʲ]

peru (m)	індык (м)	[in'dɨk]
perua (f)	індычка (ж)	[in'dɨtʃka]

animais (m pl) domésticos	свойская жывёла (ж)	[svɔjskaʲa ʒɨ'vʲola]
domesticado	ручны	[rutʃ'nɨ]
domesticar (vt)	прыручаць	[priru'tʃatsʲ]
criar (vt)	выгадоўваць	[vɨɦa'dɔwvatsʲ]

quinta (f)	ферма (ж)	['ferma]
aves (f pl) domésticas	свойская птушка (ж)	['svɔjskaʲa 'ptuʃka]
gado (m)	жывёла (ж)	[ʒɨ'vʲola]
rebanho (m), manada (f)	статак (м)	['statak]

estábulo (m)	стайня (ж)	['stajnʲa]
pocilga (f)	свінарнік (м)	[svi'narnik]
estábulo (m)	каройнік (м)	[ka'rownik]
coelheira (f)	трусятнік (м)	[tru'sʲatnik]
galinheiro (m)	куратнік (м)	[ku'ratnik]

213. Cães. Raças de cães

cão (m)	сабака (м)	[sa'baka]
cão pastor (m)	аўчарка (ж)	[aw'tʃarka]
pastor-alemão (m)	нямецкая аўчарка (ж)	[nʲa'metskaʲa aw'tʃarka]
caniche (m)	пудзель (м)	['pudzelʲ]
teckel (m)	такса (ж)	['taksa]
buldogue (m)	бульдог (м)	[bulʲ'dɔɦ]

boxer (m)	баксёр (м)	[bak'sʲor]
mastim (m)	мастыф (м)	[mas'tif]
rottweiler (m)	ратвейлер (м)	[rat'vejler]
dobermann (m)	даберман (м)	[daber'man]
basset (m)	басэт (м)	['basɛt]
pastor inglês (m)	бабтэйл (м)	[bap'tɛjl]
dálmata (m)	далмацінец (м)	[dalma'tsinets]
cocker spaniel (m)	кокер-спаніэль (м)	['kɔker spani'ɛlʲ]
terra-nova (m)	ньюфаўндленд (м)	[njʉ'fawndlent]
são-bernardo (m)	сенбернар (м)	[senber'nar]
husky (m)	хаскі (м)	['haski]
Chow-chow (m)	чау-чау (м)	[tʃau'tʃau]
spitz alemão (m)	шпіц (м)	['ʃpits]
carlindogue (m)	мопс (м)	['mɔps]

214. Sons produzidos pelos animais

latido (m)	брэх (м)	['brɛh]
latir (vi)	брахаць	[bra'hatsʲ]
miar (vi)	мяўкаць	['mʲawkatsʲ]
ronronar (vi)	муркаць	['murkatsʲ]
mugir (vaca)	мыкаць	['mikatsʲ]
bramir (touro)	раўці	[raw'tsi]
rosnar (vi)	рыкаць	[ri'katsʲ]
uivo (m)	выццё (н)	[vi'tsʲo]
uivar (vi)	выць	['vitsʲ]
ganir (vi)	скуголіць	[sku'hɔlitsʲ]
balir (vi)	бляяць	[blæ'ʲatsʲ]
grunhir (porco)	роххаць	['rɔhkatsʲ]
guinchar (vi)	вішчаць	[vi'ɕatsʲ]
coaxar (sapo)	квакаць	['kvakatsʲ]
zumbir (inseto)	гудзець	[ɦu'dzetsʲ]
estridular, ziziar (vi)	стракатаць	[straka'tatsʲ]

215. Animais jovens

cria (f), filhote (m)	дзіцяня (н)	[dzitsʲa'nʲa]
gatinho (m)	кацяня (н)	[katsʲa'nʲa]
ratinho (m)	мышаня (н)	[miʃa'nʲa]
cãozinho (m)	шчаня (н)	[ɕa'nʲa]
filhote (m) de lobro	заўчаня (н)	[zɔjtʃa'nʲa]
coelhinho (m)	трусяня (н)	[trusʲa'nʲa]
lobinho (m)	ваўчаня (н)	[vawtʃa'nʲa]
raposinho (m)	лісяня (н)	[lisʲa'nʲa]

ursinho (m)	медзведзяня (н)	[medzʲvedzʲaʲnʲa]
leãozinho (m)	ільвяня (н)	[ilʲvʲa'nʲa]
filhote (m) de tigre	тыграня (н)	[tiɦra'nʲa]
filhote (m) de elefante	сланяня (н)	[slanʲa'nʲa]

leitão (m)	парася (н)	[para'sʲa]
bezerro (m)	цяля (н)	[tsʲa'lʲa]
cabrito (m)	казляня (н)	[kazlʲa'nʲa]
cordeiro (m)	ягня (н)	[ʲaɦ'nʲa]
cria (f) de veado	аленяня (н)	[alenʲa'nʲa]
cria (f) de camelo	верблюдзяня (н)	[verblʉdzʲa'nʲa]

| filhote (m) de serpente | змеяня (н) | [zʲmeʲa'nʲa] |
| cria (f) de rã | жабяня (н) | [ʒabʲa'nʲa] |

cria (f) de ave	птушаня (н)	[ptuʃa'nʲa]
pinto (m)	кураня (н)	[kura'nʲa]
patinho (m)	качаня (н)	[katʃa'nʲa]

216. Pássaros

pássaro (m), ave (f)	птушка (ж)	['ptuʃka]
pombo (m)	голуб (м)	['ɦɔlup]
pardal (m)	верабей (м)	[vera'bej]
chapim-real (m)	сініца (ж)	[si'nitsa]
pega-rabuda (f)	сарока (ж)	[sa'rɔka]

corvo (m)	крумкач (м)	[krum'katʃ]
gralha (f) cinzenta	варона (ж)	[va'rɔna]
gralha-de-nuca-cinzenta (f)	галка (ж)	['ɦalka]
gralha-calva (f)	грак (м)	['ɦrak]

pato (m)	качка (ж)	['katʃka]
ganso (m)	гусь (ж)	['ɦusʲ]
faisão (m)	фазан (м)	[fa'zan]

águia (f)	арол (м)	[a'rɔl]
açor (m)	ястраб (м)	[ʲastrap]
falcão (m)	сокал (м)	['sɔkal]
abutre (m)	грыф (м)	['ɦrif]
condor (m)	кондар (м)	['kɔndar]

cisne (m)	лебедзь (м)	['lebetsʲ]
grou (m)	журавель (м)	[ʒura'velʲ]
cegonha (f)	бусел (м)	['busel]

papagaio (m)	папугай (м)	[papu'ɦaj]
beija-flor (m)	калібры (м)	[ka'libri]
pavão (m)	паўлін (м)	[paw'lin]

avestruz (m)	страус (м)	['straus]
garça (f)	чапля (ж)	['tʃaplʲa]
flamingo (m)	фламінга (м)	[fla'minɦa]
pelicano (m)	пелікан (м)	[peli'kan]

rouxinol (m)	салавей (м)	[sala'vej]
andorinha (f)	ластаўка (ж)	['lastawka]
tordo-zornal (m)	дрозд (м)	['drɔst]
tordo-músico (m)	пеўчы дрозд (м)	['pewtʃɨ 'drɔst]
melro-preto (m)	чорны дрозд (м)	['tʃɔrnɨ 'drɔst]
andorinhão (m)	стрыж (м)	['strɨʃ]
cotovia (f)	жаваранак (м)	['ʒavaranak]
codorna (f)	перапёлка (ж)	[pera'pʲolka]
pica-pau (m)	дзяцел (м)	['dzʲatsel]
cuco (m)	зязюля (ж)	[zʲa'zʉlʲa]
coruja (f)	сава (ж)	[sa'va]
corujão, bufo (m)	пугач (м)	[pu'ɦatʃ]
tetraz-grande (m)	глушэц (м)	[ɦlu'ʃɛts]
tetraz-lira (m)	цецярук (м)	[tsetsʲa'ruk]
perdiz-cinzenta (f)	курапатка (ж)	[kura'patka]
estorninho (m)	шпак (м)	['ʃpak]
canário (m)	канарэйка (ж)	[kana'rɛjka]
galinha-do-mato (f)	рабчык (м)	['raptʃik]
tentilhão (m)	зяблік (м)	['zʲablik]
dom-fafe (m)	гіль (м)	['ɦilʲ]
gaivota (f)	чайка (ж)	['tʃajka]
albatroz (m)	альбатрос (м)	[alʲbat'rɔs]
pinguim (m)	пінгвін (м)	[pinɦ'vin]

217. Pássaros. Canto e sons

cantar (vi)	пець	['petsʲ]
gritar (vi)	крычаць	[kri'tʃatsʲ]
cantar (o galo)	кукарэкаць	[kuka'rɛkatsʲ]
cocorocó (m)	кукарэку	[kuka'rɛku]
cacarejar (vi)	кудахтаць	[ku'dahtatsʲ]
crocitar (vi)	каркаць	['karkatsʲ]
grasnar (vi)	кракаць	['krakatsʲ]
piar (vi)	пішчаць	[pi'ʃɕatsʲ]
chilrear, gorjear (vi)	цвыркаць	['tsvirkatsʲ]

218. Peixes. Animais marinhos

brema (f)	лешч (м)	['leʃɕ]
carpa (f)	карп (м)	['karp]
perca (f)	акунь (м)	[a'kunʲ]
siluro (m)	сом (м)	['sɔm]
lúcio (m)	шчупак (м)	[ʃɕu'pak]
salmão (m)	ласось (м)	[la'sɔsʲ]
esturjão (m)	асетр (м)	[a'setr]

arenque (m)	селядзец (м)	[selʲaˈdzeʦ]
salmão (m)	сёмга (ж)	[ˈsʲɔmɦa]
cavala, sarda (f)	скумбрыя (ж)	[ˈskumbrʲiʲa]
solha (f)	камбала (ж)	[ˈkambala]
lúcio perca (m)	судак (м)	[suˈdak]
bacalhau (m)	траска (ж)	[trasˈka]
atum (m)	тунец (м)	[tuˈneʦ]
truta (f)	стронга (ж)	[ˈstrɔnɦa]
enguia (f)	вугор (м)	[vuˈɦɔr]
raia elétrica (f)	электрычны скат (м)	[ɛlektˈritʃnɨ ˈskat]
moreia (f)	мурэна (ж)	[muˈrɛna]
piranha (f)	пірання (ж)	[piˈrannʲa]
tubarão (m)	акула (ж)	[aˈkula]
golfinho (m)	дэльфін (м)	[dɛlʲˈfin]
baleia (f)	кіт (м)	[ˈkit]
caranguejo (m)	краб (м)	[ˈkrap]
medusa, alforreca (f)	медуза (ж)	[meˈduza]
polvo (m)	васьміног (м)	[vasʲmiˈnɔɦ]
estrela-do-mar (f)	марская зорка (ж)	[marˈskaʲa ˈzɔrka]
ouriço-do-mar (m)	марскі вожык (м)	[marˈski ˈvɔʒɨk]
cavalo-marinho (m)	марскі конік (м)	[marˈski ˈkɔnik]
ostra (f)	вустрыца (ж)	[ˈvustrɨʦa]
camarão (m)	крэветка (ж)	[krɛˈvetka]
lavagante (m)	амар (м)	[aˈmar]
lagosta (f)	лангуст (м)	[lanˈɦust]

219. Amfíbios. Répteis

serpente, cobra (f)	змяя (ж)	[zmæˈʲa]
venenoso	ядавіты	[ʲadaˈvitɨ]
víbora (f)	гадзюка (ж)	[ɦaˈdzʉka]
cobra-capelo, naja (f)	кобра (ж)	[ˈkɔbra]
pitão (m)	пітон (м)	[piˈtɔn]
jiboia (f)	удаў (м)	[uˈdaw]
cobra-de-água (f)	вуж (м)	[ˈvuʃ]
cascavel (f)	грымучая змяя (ж)	[ɦrɨˈmutʃaʲa zmæˈʲa]
anaconda (f)	анаконда (ж)	[anaˈkɔnda]
lagarto (m)	яшчарка (ж)	[ˈʲaʃɕarka]
iguana (f)	ігуана (ж)	[iɦuˈana]
varano (m)	варан (м)	[vaˈran]
salamandra (f)	саламандра (ж)	[salaˈmandra]
camaleão (m)	хамелеон (м)	[hameleˈɔn]
escorpião (m)	скарпіён (м)	[skarpiʲˈɔn]
tartaruga (f)	чарапаха (ж)	[tʃaraˈpaha]
rã (f)	жаба (ж)	[ˈʒaba]

sapo (m)	рапуха (ж)	[ra'puha]
crocodilo (m)	кракадзіл (м)	[kraka'dzil]

220. Insetos

inseto (m)	насякомае (н)	[nasʲa'kɔmae]
borboleta (f)	матылёк (м)	[mati'lʲok]
formiga (f)	мурашка (ж)	[mu'raʃka]
mosca (f)	муха (ж)	['muha]
mosquito (m)	камар (м)	[ka'mar]
escaravelho (m)	жук (м)	['ʒuk]
vespa (f)	аса (ж)	[a'sa]
abelha (f)	пчала (ж)	[ptʃa'la]
mamangava (f)	чмель (м)	['tʃmelʲ]
moscardo (m)	авадзень (м)	[ava'dzenʲ]
aranha (f)	павук (м)	[pa'vuk]
teia (f) de aranha	павуціна (ж)	[pavu'tsina]
libélula (f)	страказа (ж)	[straka'za]
gafanhoto-do-campo (m)	конік (м)	['kɔnik]
traça (f)	матыль (м)	[ma'tilʲ]
barata (f)	таракан (м)	[tara'kan]
carraça (f)	клешч (м)	['kleʃɕ]
pulga (f)	блыха (ж)	[bli'ha]
borrachudo (m)	мошка (ж)	['mɔʃka]
gafanhoto (m)	саранча (ж)	[saran'tʃa]
caracol (m)	слімак (м)	[sli'mak]
grilo (m)	цвыркун (м)	[tsvir'kun]
pirilampo (m)	светлячок (м)	[svetlʲa'tʃɔk]
joaninha (f)	божая кароўка (ж)	[bɔʒaʲa ka'rɔwka]
besouro (m)	хрушч (м)	['hruʃɕ]
sanguessuga (f)	п'яўка (ж)	['pʲjawka]
lagarta (f)	вусень (м)	['vusenʲ]
minhoca (f)	чарвяк (м)	[tʃar'vʲak]
larva (f)	чарвяк (м)	[tʃar'vʲak]

221. Animais. Partes do corpo

bico (m)	дзюба (ж)	['dzuba]
asas (f pl)	крылы (н мн)	['krilɨ]
pata (f)	лапа (ж)	['lapa]
plumagem (f)	апярэнне (н)	[apʲa'rɛnne]
pena, pluma (f)	пяро (н)	[pʲa'rɔ]
crista (f)	чубок (м)	[tʃu'hɔk]
brânquias, guelras (f pl)	жабры (ж мн)	['ʒabrɨ]
ovas (f pl)	ікра (ж)	[ik'ra]

larva (f)	лічынка (ж)	[li'tʃinka]
barbatana (f)	плаўнік (м)	[plaw'nik]
escama (f)	луска (ж)	[lus'ka]
canino (m)	ікол (м)	[i'kɔl]
pata (f)	лапа (ж)	['lapa]
focinho (m)	пыса (ж)	['pisa]
boca (f)	пашча (ж)	['paʃca]
cauda (f), rabo (m)	хвост (м)	['hvɔst]
bigodes (m pl)	вусы (м мн)	['vusi]
casco (m)	капыт (м)	[ka'pit]
corno (m)	рог (м)	['rɔɦ]
carapaça (f)	панцыр (м)	['pantsir]
concha (f)	ракавінка (ж)	['rakavinka]
casca (f) de ovo	шкарлупіна (ж)	[ʃkarlu'pina]
pelo (m)	шэрсць (ж)	['ʃɛrstsʲ]
pele (f), couro (m)	шкура (ж)	['ʃkura]

222. Ações dos animais

voar (vi)	лятаць	[lʲa'tatsʲ]
dar voltas	кружыць	[kru'ʒitsʲ]
voar (para longe)	паляцець	[palʲa'tsetsʲ]
bater as asas	махаць	[ma'hatsʲ]
bicar (vi)	дзяўбці	[dzʲawp'tsi]
incubar (vt)	выседжваць яйкі	[vi'sedʒvatsʲ 'ʲajki]
sair do ovo	вылупліваацца	[vi'luplivatsa]
fazer o ninho	віць	['vitsʲ]
rastejar (vi)	поўзаць	['pɔwzatsʲ]
picar (vt)	джаліць	['dʒalitsʲ]
morder (vt)	кусаць	[ku'satsʲ]
cheirar (vt)	нюхаць	['nʉhatsʲ]
latir (vi)	брахаць	[bra'hatsʲ]
silvar (vi)	сыкаць	['sikatsʲ]
assustar (vt)	палохаць	[pa'lɔhatsʲ]
atacar (vt)	нападаць	[napa'datsʲ]
roer (vt)	грызці	['ɦrisʲtsi]
arranhar (vt)	драпаць	['drapatsʲ]
esconder-se (vr)	хавацца	[ha'vatsa]
brincar (vi)	гуляць	[ɦu'lʲatsʲ]
caçar (vi)	паляваць	[palʲa'vatsʲ]
hibernar (vi)	быць у спячцы	['bitsʲ u 'spʲatsi]
extinguir-se (vr)	вымерці	['vimertsi]

223. Animais. Habitats

hábitat	асяроддзе (н) **пражыванне**	[asʲa'rɔdze praʒɨ'vannʲa]
migração (f)	міграцыя (ж)	[miɦ'ratsɨʲa]

montanha (f)	гара (ж)	[ɦa'ra]
recife (m)	рыф (м)	['rif]
falésia (f)	скала (ж)	[ska'la]

floresta (f)	лес (м)	['les]
selva (f)	джунглі (мн)	['dʒunɦli]
savana (f)	саванна (ж)	[sa'vanna]
tundra (f)	тундра (ж)	['tundra]

estepe (f)	стэп (м)	['stɛp]
deserto (m)	пустыня (ж)	[pus'tɨnʲa]
oásis (m)	аазіс (м)	[a'azis]

mar (m)	мора (н)	['mɔra]
lago (m)	возера (н)	['vɔzera]
oceano (m)	акіян (м)	[aki'ʲan]

pântano (m)	балота (н)	[ba'lɔta]
de água doce	прэснаводны	[prɛsna'vɔdnɨ]
lagoa (f)	сажалка (ж)	['saʒalka]
rio (m)	рака (ж)	[ra'ka]

toca (f) do urso	бярлог (м)	[bʲar'lɔɦ]
ninho (m)	гняздо (н)	[ɦnʲaz'dɔ]
buraco (м) de árvore	дупло (н)	[dup'lɔ]
toca (f)	нара (ж)	[na'ra]
formigueiro (m)	мурашнік (м)	[mu'raʃnik]

224. Cuidados com os animais

jardim (m) zoológico	заапарк (м)	[zaa'park]
reserva (f) natural	запаведнік (м)	[zapa'vednik]

viveiro (m)	гадавальнік (м)	[ɦada'valʲnik]
jaula (f) de ar livre	вальера (ж)	[va'lʲera]
jaula, gaiola (f)	клетка (ж)	['kletka]
casinha (f) de cão	будка (ж)	['butka]

pombal (m)	галубятня (ж)	[ɦalu'bʲatnʲa]
aquário (m)	акварыум (м)	[ak'varium]
delfinário (m)	дэльфінарый (м)	[dɛlʲfi'narɨj]

criar (vt)	разгадоўваць	[razɦa'dɔwvatsʲ]
ninhada (f)	патомства (н)	[pa'tɔmstva]
domesticar (vt)	прыручаць	[prɨru'tʃatsʲ]
adestrar (vt)	дрэсіраваць	[drɛsira'vatsʲ]
ração (f)	корм (м)	['kɔrm]
alimentar (vt)	карміць	[kar'mitsʲ]

loja (f) de animais	заакрама (ж)	[zaak'rama]
açaime (m)	намордні́к (м)	[na'mɔrdnik]
coleira (f)	ашы́йнік (м)	[a'ʃijnik]
nome (m)	мяну́шка (ж)	[mʲa'nuʃka]
pedigree (m)	радаслоўная (ж)	[rada'slɔwnaʲa]

225. Animais. Diversos

alcateia (f)	згра́я (ж)	[zɦ'raʲa]
bando (pássaros)	чарада́ (ж)	[tʃara'da]
cardume (peixes)	чарада́ (ж)	[tʃara'da]
manada (cavalos)	табу́н (м)	[ta'bun]
macho (m)	саме́ц (м)	[sa'mets]
fêmea (f)	са́мка (ж)	['samka]
faminto	гало́дны	[ɦa'lɔdnʲi]
selvagem	дзі́кі	['dzʲiki]
perigoso	небяспе́чны	[nebʲas'petʃnʲi]

226. Cavalos

cavalo (m)	конь (м)	['kɔnʲ]
raça (f)	паро́да (ж)	[pa'rɔda]
potro (m)	жараб́я (н)	[ʒara'bʲa]
égua (f)	кабы́ла (ж)	[ka'bɨla]
mustangue (m)	муста́нг (м)	[mus'tanɦ]
pónei (m)	по́ні (м)	['pɔni]
cavalo (m) de tiro	цяжкаво́з (м)	[tsʲaʃka'vɔs]
crina (f)	гры́ва (ж)	['ɦrɨva]
cauda (f)	хвост (м)	['hvɔst]
casco (m)	капы́т (м)	[ka'pɨt]
ferradura (f)	падко́ва (ж)	[pat'kɔva]
ferrar (vt)	падкава́ць	[patka'vatsʲ]
ferreiro (m)	кава́ль (м)	[ka'valʲ]
sela (f)	сядло́ (н)	[sʲad'lɔ]
estribo (m)	стрэ́мя (н)	['strɛmʲa]
brida (f)	а́броць (ж)	[ab'rɔtsʲ]
rédeas (f pl)	ле́йцы (мн)	['lejtsɨ]
chicote (m)	нага́йка (ж)	[na'ɦajka]
cavaleiro (m)	ко́ннік (м)	['kɔnnik]
colocar sela	асядла́ць	[asʲad'latsʲ]
montar no cavalo	се́сці ў сядло́	['sʲestsi w sʲad'lɔ]
galope (m)	гало́п (м)	[ɦa'lɔp]
galopar (vi)	скака́ць гало́пам	[ska'katsʲ ɦa'lɔpam]

trote (m)	рысь (ж)	['risʲ]
a trote	рыссю	['rissʉ]
ir a trote	скакаць рыссю	[ska'katsʲ 'rissʉ]
cavalo (m) de corrida	скакавы конь (м)	[skaka'vɨ 'konʲ]
corridas (f pl)	скачкі (ж мн)	['skatʃki]
estábulo (m)	стайня (ж)	['stajnʲa]
alimentar (vt)	карміць	[kar'mitsʲ]
feno (m)	сена (н)	['sena]
dar água	паіць	[pa'itsʲ]
limpar (vt)	чысціць	['tʃisʲtsitsʲ]
carroça (f)	воз (м), павозка (ж)	['voz], [pa'vozka]
pastar (vi)	пасвіцца	['pasvitsa]
relinchar (vi)	іржаць	[ir'ʒatsʲ]
dar um coice	брыкнуць	[brik'nutsʲ]

Flora

227. Árvores

árvore (f)	дрэва (н)	['drɛva]
decídua	лiставое	[lista'vɔe]
conífera	хвойнае	['hvɔjnae]
perene	вечназялёнае	[vetʃnazʲa'lʲonae]

macieira (f)	яблыня (ж)	[ˈʲablinʲa]
pereira (f)	груша (ж)	['ɦruʃa]
cerejeira (f)	чарэшня (ж)	[tʃa'rɛʃnʲa]
ginjeira (f)	вiшня (ж)	['viʃnʲa]
ameixeira (f)	слiва (ж)	['sliva]

bétula (f)	бяроза (ж)	[bʲa'rɔza]
carvalho (m)	дуб (м)	['dup]
tília (f)	лiпа (ж)	['lipa]
choupo-tremedor (m)	асiна (ж)	[a'sina]
bordo (m)	клён (м)	['klʲon]
espruce-europeu (m)	елка (ж)	['elka]
pinheiro (m)	сасна (ж)	[sas'na]
alerce, lariço (m)	лiстоўнiца (ж)	[lis'tɔwnitsa]
abeto (m)	пiхта (ж)	['pihta]
cedro (m)	кедр (м)	['kedr]

choupo, álamo (m)	таполя (ж)	[ta'pɔlʲa]
tramazeira (f)	рабiна (ж)	[ra'bina]
salgueiro (m)	вярба (ж)	[vʲar'ba]
amieiro (m)	вольха (ж)	['vɔlʲha]
faia (f)	бук (м)	['buk]
ulmeiro (m)	вяз (м)	['vʲas]
freixo (m)	ясень (м)	[ˈʲasenʲ]
castanheiro (m)	каштан (м)	[kaʃ'tan]

magnólia (f)	магнолiя (ж)	[maɦ'nɔliʲa]
palmeira (f)	пальма (ж)	['palʲma]
cipreste (m)	кiпарыс (м)	[kipa'ris]

mangue (m)	мангравае дрэва (н)	['manɦravae 'drɛva]
embondeiro, baobá (m)	баабаб (м)	[baa'bap]
eucalipto (m)	эўкалiпт (м)	[ɛwka'lipt]
sequoia (f)	секвоя (ж)	[sek'vɔʲa]

228. Arbustos

arbusto (m)	куст (м)	['kust]
arbusto (m), moita (f)	хмызняк (м)	[hmiz'nʲak]

videira (f)	вінаград (м)	[vina'ɦrat]
vinhedo (m)	вінаграднік (м)	[vina'ɦradnik]
framboeseira (f)	маліны (ж мн)	[ma'lini]
groselheira-preta (f)	чорная парэчка (ж)	['tʂornaʲa pa'rɛtʂka]
groselheira-vermelha (f)	чырвоная парэчка (ж)	[tʂir'vonaʲa pa'rɛtʂka]
groselheira (f) espinhosa	агрэст (м)	[aɦ'rɛst]
acácia (f)	акацыя (ж)	[a'katsʲa]
bérberis (f)	барбарыс (м)	[barba'ris]
jasmim (m)	язмін (м)	[ʲaz'min]
junípero (m)	ядловец (м)	[ʲad'lovets]
roseira (f)	ружавы куст (м)	['ruʒavɨ kust]
roseira (f) brava	шыпшына (ж)	[ʂɨp'ʂɨna]

229. Cogumelos

cogumelo (m)	грыб (м)	['ɦrip]
cogumelo (m) comestível	ядомы грыб (м)	[ʲa'domɨ 'ɦrip]
cogumelo (m) venenoso	атрутны грыб (м)	[a'trutnɨ 'ɦrip]
chapéu (m)	шапачка (ж)	['ʂapatʂka]
pé, caule (m)	ножка (ж)	['nɔʂka]
boleto (m)	баравік (м)	[bara'vik]
boleto (m) alaranjado	падасінавік (м)	[pada'sinavik]
míscaro (m) das bétulas	падбярозавік (м)	[padbʲa'rɔzavik]
cantarela (f)	лісічка (ж)	[li'sitʂka]
rússula (f)	сыраежка (ж)	[sɨra'eʂka]
morchella (f)	смаржок (м)	[smar'ʒɔk]
agário-das-moscas (m)	мухамор (м)	[muha'mɔr]
cicuta (f) verde	паганка (ж)	[pa'ɦanka]

230. Frutos. Bagas

fruta (f)	фрукт, плод (м)	['frukt], [plot]
frutas (f pl)	садавіна (ж)	[sada'vina]
maçã (f)	яблык (м)	['ʲablɨk]
pera (f)	груша (ж)	['ɦruʂa]
ameixa (f)	сліва (ж)	['sliva]
morango (m)	клубніцы (ж мн)	[klub'nitsɨ]
ginja (f)	вішня (ж)	['viʂnʲa]
cereja (f)	чарэшня (ж)	[tʂa'rɛʂnʲa]
uva (f)	вінаград (м)	[vina'ɦrat]
framboesa (f)	маліны (ж мн)	[ma'lini]
groselha (f) preta	чорныя парэчкі (ж мн)	['tʂornɨʲa pa'rɛtʂki]
groselha (f) vermelha	чырвоныя парэчкі (ж мн)	[tʂir'vonɨʲa pa'rɛtʂki]
groselha (f) espinhosa	агрэст (м)	[aɦ'rɛst]
oxicoco (m)	журавіны (ж мн)	[ʒura'vinɨ]

laranja (f)	апельсін (м)	[apelʲˈsin]
tangerina (f)	мандарын (м)	[mandaˈrin]
ananás (m)	ананас (м)	[anaˈnas]
banana (f)	банан (м)	[baˈnan]
tâmara (f)	фінік (м)	[ˈfinik]
limão (m)	лімон (м)	[liˈmɔn]
damasco (m)	абрыкос (м)	[abriˈkɔs]
pêssego (m)	персік (м)	[ˈpersik]
kiwi (m)	ківі (м)	[ˈkivi]
toranja (f)	грэйпфрут (м)	[ɦrɛjpˈfrut]
baga (f)	ягада (ж)	[ˈʲaɦada]
bagas (f pl)	ягады (ж мн)	[ˈʲaɦadʲi]
arando (m) vermelho	брусніцы (ж мн)	[brusˈnitsʲi]
morango-silvestre (m)	суніцы (ж мн)	[suˈnitsʲi]
mirtilo (m)	чарніцы (ж мн)	[tʂarˈnitsʲi]

231. Flores. Plantas

flor (f)	кветка (ж)	[ˈkvetka]
ramo (m) de flores	букет (м)	[buˈket]
rosa (f)	ружа (ж)	[ˈruʒa]
tulipa (f)	цюльпан (м)	[tsʉlʲˈpan]
cravo (m)	гваздзік (м)	[ɦvazʲˈdzik]
gladíolo (m)	гладыёлус (м)	[ɦladʲʲolus]
centáurea (f)	валошка (ж)	[vaˈlɔʃka]
campânula (f)	званочак (м)	[zvaˈnɔtʂak]
dente-de-leão (m)	дзьмухавец (м)	[tsʲmuhaˈvets]
camomila (f)	рамонак (м)	[raˈmɔnak]
aloé (m)	альяс (м)	[aˈlʲas]
cato (m)	кактус (м)	[ˈkaktus]
fícus (m)	фікус (м)	[ˈfikus]
lírio (m)	лілея (ж)	[liˈlʲeʲa]
gerânio (m)	герань (ж)	[ɦeˈranʲ]
jacinto (m)	гіяцынт (м)	[ɦiʲaˈtsint]
mimosa (f)	мімоза (ж)	[miˈmɔza]
narciso (m)	нарцыс (м)	[narˈtsis]
capuchinha (f)	настурка (ж)	[naˈsturka]
orquídea (f)	архідэя (ж)	[arhiˈdɛʲa]
peónia (f)	півоня (ж)	[piˈvɔnʲa]
violeta (f)	фіялка (ж)	[fiˈʲalka]
amor-perfeito (m)	браткі (мн)	[ˈbratki]
não-me-esqueças (m)	незабудка (ж)	[nezaˈbutka]
margarida (f)	маргарытка (ж)	[marɦaˈritka]
papoula (f)	мак (м)	[ˈmak]
cânhamo (m)	каноплі (мн)	[kaˈnɔpli]

hortelã (f)	мята (ж)	['mʲata]
lírio-do-vale (m)	ландыш (м)	['landiʃ]
campânula-branca (f)	падснежнік (м)	[pat'sneʒnik]
urtiga (f)	крапіва (ж)	[krapi'va]
azeda (f)	шчаўе (н)	['ɕawe]
nenúfar (m)	гарлачык (м)	[har'latʃik]
feto (m), samambaia (f)	папараць (ж)	['paparatsʲ]
líquen (m)	лішайнік (м)	[li'ʃajnik]
estufa (f)	аранжарэя (ж)	[aranʒa'rɛʲa]
relvado (m)	газон (м)	[ɦa'zɔn]
canteiro (m) de flores	клумба (ж)	['klumba]
planta (f)	расліна (ж)	[ras'lina]
erva (f)	трава (ж)	[tra'va]
folha (f) de erva	травінка (ж)	[tra'vinka]
folha (f)	ліст (м)	['list]
pétala (f)	пялёстак (м)	[pʲa'lʲostak]
talo (m)	сцябло (н)	[stsʲab'lɔ]
tubérculo (m)	клубень (м)	['klubenʲ]
broto, rebento (m)	расток (м)	[ras'tɔk]
espinho (m)	калючка (ж)	[ka'lʉtʃka]
florescer (vi)	цвісці	[tsʲvis'tsi]
murchar (vi)	вянуць	['vʲanutsʲ]
cheiro (m)	пах (м)	['pah]
cortar (flores)	зразаць	[zra'zatsʲ]
colher (uma flor)	сарваць	[sar'vatsʲ]

232. Cereais, grãos

grão (m)	зерне (н)	['zerne]
cereais (plantas)	зерневыя расліны (ж мн)	[zernevʲɨa ra'slinʲi]
espiga (f)	колас (м)	['kɔlas]
trigo (m)	пшаніца (ж)	[pʃa'nitsa]
centeio (m)	жыта (н)	['ʒɨta]
aveia (f)	авёс (м)	[a'vʲos]
milho-miúdo (m)	проса (н)	['prɔsa]
cevada (f)	ячмень (м)	[ʲatʃ'menʲ]
milho (m)	кукуруза (ж)	[kuku'ruza]
arroz (m)	рыс (м)	['ris]
trigo-sarraceno (m)	грэчка (ж)	['ɦrɛtʃka]
ervilha (f)	гарох (м)	[ɦa'rɔh]
feijão (m)	фасоля (ж)	[fa'sɔlʲa]
soja (f)	соя (ж)	['sɔʲa]
lentilha (f)	сачавіца (ж)	[satʃa'vitsa]
fava (f)	боб (м)	['bɔp]

233. Vegetais. Verduras

legumes (m pl)	гародніна (ж)	[ha'rɔdnina]
verduras (f pl)	зеляніна (ж)	[zelʲa'nina]

tomate (m)	памідор (м)	[pami'dɔr]
pepino (m)	агурок (м)	[ahu'rɔk]
cenoura (f)	морква (ж)	['mɔrkva]
batata (f)	бульба (ж)	['bulʲba]
cebola (f)	цыбуля (ж)	[tsʲi'bulʲa]
alho (m)	часнок (м)	[tʃas'nɔk]

couve (f)	капуста (ж)	[ka'pusta]
couve-flor (f)	квяцістая капуста (ж)	[kvʲa'tsistaʲa ka'pusta]
couve-de-bruxelas (f)	брусельская капуста (ж)	[bru'selʲskaʲa ka'pusta]
brócolos (m pl)	капуста (ж) браколі	[ka'pusta bra'kɔli]

beterraba (f)	бурак (м)	[bu'rak]
beringela (f)	баклажан (м)	[bakla'ʒan]
curgete (f)	кабачок (м)	[kaba'tʃɔk]
abóbora (f)	гарбуз (м)	[har'bus]
nabo (m)	рэпа (ж)	['rɛpa]

salsa (f)	пятрушка (ж)	[pʲat'ruʃka]
funcho, endro (m)	кроп (м)	['krɔp]
alface (f)	салата (ж)	[sa'lata]
aipo (m)	сельдэрэй (м)	[selʲdɛ'rɛj]
espargo (m)	спаржа (ж)	['sparʒa]
espinafre (m)	шпінат (м)	[ʃpi'nat]

ervilha (f)	гарох (м)	[ha'rɔh]
fava (f)	боб (м)	['bɔp]
milho (m)	кукуруза (ж)	[kuku'ruza]
feijão (m)	фасоля (ж)	[fa'sɔlʲa]

pimentão (m)	перац (м)	['perats]
rabanete (m)	радыска (ж)	[ra'diska]
alcachofra (f)	артышок (м)	[arti'ʃɔk]

GEOGRAFIA REGIONAL

Países. Nacionalidades

234. Europa Ocidental

Europa (f)	Еўропа	[ew'rɔpa]
União (f) Europeia	Еўрапейскі саюз	[ewra'pejski sa'ʉs]
europeu (m)	еўрапеец (м)	[ewra'peets]
europeu	еўрапейскі	[ewra'pejski]
Áustria (f)	Аўстрыя	['awstriʲa]
austríaco (m)	аўстрыец (м)	[aw'striets]
austríaca (f)	аўстрыйка (ж)	[aw'strijka]
austríaco	аўстрыйскі	[aw'strijski]
Grã-Bretanha (f)	Вялікабрытанія	[vʲalikabri'taniʲa]
Inglaterra (f)	Англія	['anɦliʲa]
inglês (m)	англічанін (м)	[anɦli'ʧanin]
inglesa (f)	англічанка (ж)	[anɦli'ʧanɦka]
inglês	англійскі	[anɦ'lijski]
Bélgica (f)	Бельгія	['belʲɦiʲa]
belga (m)	бельгіец (м)	[belʲ'ɦiets]
belga (f)	бельгійка (ж)	[belʲ'ɦijka]
belga	бельгійскі	[belʲ'ɦijski]
Alemanha (f)	Германія	[ɦer'maniʲa]
alemão (m)	немец (м)	['nemets]
alemã (f)	немка (ж)	['nemka]
alemão	нямецкі	[nʲa'metski]
Países (m pl) Baixos	Нідэрланды	[nidɛr'landi]
Holanda (f)	Галандыя	[ɦa'landiʲa]
holandês (m)	галандзец (м)	[ɦa'landzets]
holandesa (f)	галандка (ж)	[ɦa'lantka]
holandês	галандскі	[ɦa'lantski]
Grécia (f)	Грэцыя	['ɦrɛtsiʲa]
grego (m)	грэк (м)	['ɦrɛk]
grega (f)	грачанка (ж)	[ɦra'ʧanka]
grego	грэчаскі	['ɦrɛʧaski]
Dinamarca (f)	Данія	['daniʲa]
dinamarquês (m)	датчанін (м)	[da'ʧanin]
dinamarquesa (f)	датчанка (ж)	[da'ʧanka]
dinamarquês	дацкі	['datski]
Irlanda (f)	Ірландыя	[ir'landiʲa]
irlandês (m)	ірландзец (м)	[ir'landzets]

| irlandesa (f) | ірландка (ж) | [ir'lantka] |
| irlandês | ірландскі | [ir'lantski] |

Islândia (f)	Ісландыя	[is'landʲa]
islandês (m)	ісландзец (м)	[is'landzets]
islandesa (f)	ісландка (ж)	[is'lantka]
islandês	ісландскі	[is'lantski]

Espanha (f)	Іспанія	[is'panʲa]
espanhol (m)	іспанец (м)	[is'panets]
espanhola (f)	іспанка (ж)	[is'panka]
espanhol	іспанскі	[is'panski]

Itália (f)	Італія	[i'talʲa]
italiano (m)	італьянец (м)	[ita'lʲanets]
italiana (f)	італьянка (ж)	[ita'lʲanka]
italiano	італьянскі	[ita'lʲanski]

Chipre (m)	Кіпр	['kipr]
cipriota (m)	кіпрыёт (м)	[kipriʲot]
cipriota (f)	кіпрыётка (ж)	[kipriʲotka]
cipriota	кіпрскі	['kiprski]

Malta (f)	Мальта	['malʲta]
maltês (m)	мальтыец (м)	[malʲ'tiets]
maltesa (f)	мальтыйка (ж)	[malʲ'tijka]
maltês	мальтыйскі	[malʲ'tijski]

Noruega (f)	Нарвегія	[nar'vehʲa]
norueguês (m)	нарвежац (м)	[nar'veʒats]
norueguesa (f)	нарвежка (ж)	[nar'veʃka]
norueguês	нарвежскі	[nar'veʃski]

Portugal (m)	Партугалія	[partu'halʲa]
português (m)	партугалец (м)	[partu'halets]
portuguesa (f)	партугалка (ж)	[partu'halka]
português	партугальскі	[partu'halʲski]

Finlândia (f)	Фінляндыя	[fin'lʲandʲa]
finlandês (m)	фін (м)	['fin]
finlandesa (f)	фінка (ж)	['finka]
finlandês	фінскі	['finski]

França (f)	Францыя	['frantsʲa]
francês (m)	француз (м)	[fran'tsus]
francesa (f)	француженка (ж)	[fran'tsuʒanka]
francês	французскі	[fran'tsuski]

Suécia (f)	Швецыя	['ʃvetsʲa]
sueco (m)	швед (м)	['ʃvet]
sueca (f)	шведка (ж)	['ʃvetka]
sueco	шведскі	['ʃvetski]

Suíça (f)	Швейцарыя	[ʃvej'tsarʲa]
suíço (m)	швейцарац (м)	[ʃvej'tsarats]
suíça (f)	швейцарка (ж)	[ʃvej'tsarka]

suíço	швейцарскі	[ʃvejˈtsarski]
Escócia (f)	Шатландыя	[ʃatˈlandʲia]
escocês (m)	шатландзец (м)	[ʃatˈlandzets]
escocesa (f)	шатландка (ж)	[ʃatˈlantka]
escocês	шатландскі	[ʃatˈlantski]

Vaticano (m)	Ватыкан	[vatiˈkan]
Liechtenstein (m)	Ліхтэнштэйн	[lihtɛnˈʃtɛjn]
Luxemburgo (m)	Люксембург	[lʉksemˈburɦ]
Mónaco (m)	Манака	[maˈnaka]

235. Europa Central e de Leste

Albânia (f)	Албанія	[alˈbanʲia]
albanês (m)	албанец (м)	[alˈbanets]
albanesa (f)	албанка (ж)	[alˈbanka]
albanês	албанскі	[alˈbanski]

Bulgária (f)	Балгарыя	[balˈɦarʲia]
búlgaro (m)	балгарын (м)	[balˈɦarin]
búlgara (f)	балгарка (ж)	[balˈɦarka]
búlgaro	балгарскі	[balˈɦarski]

Hungria (f)	Венгрыя	[ˈvenɦrʲia]
húngaro (m)	венгерац (м)	[venˈɦerats]
húngara (f)	венгерка (ж)	[venˈɦerka]
húngaro	венгерскі	[venˈɦerski]

Letónia (f)	Латвія	[ˈlatvʲia]
letão (m)	латыш (м)	[laˈtiʃ]
letã (f)	латышка (ж)	[laˈtiʃka]
letão	латышскі	[laˈtiʃski]

Lituânia (f)	Літва	[litˈva]
lituano (m)	літовец (м)	[liˈtovets]
lituana (f)	літоўка (ж)	[liˈtowka]
lituano	літоўскі	[liˈtowski]

Polónia (f)	Польшча	[ˈpolʲʃca]
polaco (m)	паляк (м)	[paˈlʲak]
polaca (f)	полька (ж)	[ˈpolʲka]
polaco	польскі	[ˈpolʲski]

Roménia (f)	Румынія	[ruˈminʲia]
romeno (m)	румын (м)	[ruˈmin]
romena (f)	румынка (ж)	[ruˈminka]
romeno	румынскі	[ruˈminski]

Sérvia (f)	Сербія	[ˈserbʲia]
sérvio (m)	серб (м)	[ˈserp]
sérvia (f)	сербка (ж)	[ˈsɛrpka]
sérvio	сербскі	[ˈserpski]
Eslováquia (f)	Славакія	[slaˈvakʲia]
eslovaco (m)	славак (м)	[slaˈvak]

eslovaca (f)	славачка (ж)	[sla'vatʃka]
eslovaco	славацкі	[sla'vatski]
Croácia (f)	Харватыя	[har'vatiʲa]
croata (m)	харват (м)	[har'vat]
croata (f)	харватка (ж)	[har'vatka]
croata	харвацкі	[har'vatski]
República (f) Checa	Чэхія	['tʃchiʲa]
checo (m)	чэх (м)	['tʃɛh]
checa (f)	чэшка (ж)	['tʃɛʃka]
checo	чэшскі	['tʃɛʃski]
Estónia (f)	Эстонія	[ɛs'toniʲa]
estónio (m)	эстонец (м)	[ɛs'tonɛts]
estónia (f)	эстонка (ж)	[ɛs'tonka]
estónio	эстонскі	[ɛs'tonski]
Bósnia e Herzegovina (f)	Боснія і Герцагавіна	['bosniʲa i ɦertsaɦa'vina]
Macedónia (f)	Македонія	[make'doniʲa]
Eslovénia (f)	Славенія	[sla'veniʲa]
Montenegro (m)	Чарнагорыя	[tʃarna'ɦoriʲa]

236. Países da ex-URSS

Azerbaijão (m)	Азербайджан	[azerbaj'dʒan]
azeri (m)	азербайджанец (м)	[azerbaj'dʒanɛts]
azeri (f)	азербайджанка (ж)	[azerbaj'dʒanka]
azeri, azerbaijano	азербайджанскі	[azerbaj'dʒanski]
Arménia (f)	Арменія	[ar'meniʲa]
arménio (m)	армянін (м)	[armʲa'nin]
arménia (f)	армянка (ж)	[ar'mʲanka]
arménio	армянскі	[ar'mʲanski]
Bielorrússia (f)	Беларусь	[bela'rusʲ]
bielorrusso (m)	беларус (м)	[bela'rus]
bielorrussa (f)	беларуска (ж)	[bela'ruska]
bielorrusso	беларускі	[bela'ruski]
Geórgia (f)	Грузія	['ɦruziʲa]
georgiano (m)	грузін (м)	[ɦru'zin]
georgiana (f)	грузінка (ж)	[ɦru'zinka]
georgiano	грузінскі	[ɦru'zinski]
Cazaquistão (m)	Казахстан	[kazah'stan]
cazaque (m)	казах (м)	[ka'zah]
cazaque (f)	казашка (ж)	[ka'zaʃka]
cazaque	казахскі	[ka'zahski]
Quirguistão (m)	Кыргызстан	[kirɦi'stan]
quirguiz (m)	кіргіз (м)	[kir'ɦis]
quirguiz (f)	кіргізка (ж)	[kir'ɦiska]
quirguiz	кіргізскі	[kir'ɦiski]

Moldávia (f)	Малдова	[mal'dɔva]
moldavo (m)	малдаванін (м)	[malda'vanin]
moldava (f)	малдаванка (ж)	[malda'vanka]
moldavo	малдаўскі	[mal'dawski]

Rússia (f)	Расія	[ra'sʲiʲa]
russo (m)	рускі (м)	['ruski]
russa (f)	руская (ж)	['ruskaʲa]
russo	рускі	['ruski]

Tajiquistão (m)	Таджыкістан	[tadʒiki'stan]
tajique (m)	таджык (м)	[ta'dʒik]
tajique (f)	таджычка (ж)	[ta'dʒitʃka]
tajique	таджыкскі	[ta'dʒikski]

Turquemenistão (m)	Туркменістан	[turkmeni'stan]
turcomeno (m)	туркмен (м)	[turk'men]
turcomena (f)	туркменка (ж)	[turk'menka]
turcomeno	туркменскі	[turk'menski]

Uzbequistão (f)	Узбекістан	[uzʲbeki'stan]
uzbeque (m)	узбек (м)	[uz'bek]
uzbeque (f)	узбечка (ж)	[uz'betʃka]
uzbeque	узбекскі	[uz'bekski]

Ucrânia (f)	Украіна	[ukra'ina]
ucraniano (m)	украінец (м)	[ukra'inets]
ucraniana (f)	украінка (ж)	[ukra'inka]
ucraniano	украінскі	[ukra'inski]

237. Asia

| Ásia (f) | Азія | ['aziʲa] |
| asiático | азіяцкі | [aziʲ'atski] |

Vietname (m)	В'етнам	[vʲet'nam]
vietnamita (m)	в'етнамец (м)	[vʲet'namets]
vietnamita (f)	в'етнамка (ж)	[vʲet'namka]
vietnamita	в'етнамскі	[vʲet'namski]

Índia (f)	Індыя	['indʲʲa]
indiano (m)	індус (м)	[in'dus]
indiana (f)	індуска (ж)	[in'duska]
indiano	індыйскі	[in'dijɔki]

Israel (m)	Ізраіль	[iz'railʲ]
israelita (m)	ізраільцянін (м)	[izrailʲ'tsʲanin]
israelita (f)	ізраільцянка (ж)	[izrailʲ'tsʲanka]
israelita	ізраільскі	[iz'railʲski]

judeu (m)	яўрэй (м)	[ʲaw'rɛj]
judia (f)	яўрэйка (ж)	[ʲaw'rɛjka]
judeu	яўрэйскі	[ʲaw'rɛjski]
China (f)	Кітай	[ki'taj]

Português	Bielorrusso	Pronúncia
chinês (m)	кітаец (м)	[ki'tae̞ts]
chinesa (f)	кітаянка (ж)	[kita'ʲanka]
chinês	кітайскі	[ki'tajski]
coreano (m)	карэец (м)	[ka'rɛe̞ts]
coreana (f)	караянка (ж)	[kara'ʲanka]
coreano	карэйскі	[ka'rɛjski]
Líbano (m)	Ліван	[li'van]
libanês (m)	ліванец (м)	[li'vane̞ts]
libanesa (f)	ліванка (ж)	[li'vanka]
libanês	ліванскі	[li'vanski]
Mongólia (f)	Манголія	[man'hɔliʲa]
mongol (m)	мангол (м)	[man'hɔl]
mongol (f)	манголка (ж)	[man'hɔlka]
mongol	мангольскі	[man'hɔlʲski]
Malásia (f)	Малайзія	[ma'lajziʲa]
malaio (m)	малаец (м)	[ma'lae̞ts]
malaia (f)	малайка (ж)	[ma'lajka]
malaio	малайскі	[ma'lajski]
Paquistão (m)	Пакістан	[paki'stan]
paquistanês (m)	пакістанец (м)	[paki'stane̞ts]
paquistanesa (f)	пакістанка (ж)	[paki'stanka]
paquistanês	пакістанскі	[paki'stanski]
Arábia (f) Saudita	Саудаўская Аравія	[sa'udawskaʲa a'rawiʲa]
árabe (m)	араб (м)	[a'rap]
árabe (f)	арабка (ж)	[a'rapka]
árabe	арабскі	[a'rapski]
Tailândia (f)	Тайланд	[taj'lant]
tailandês (m)	таец (м)	['tae̞ts]
tailandesa (f)	тайка (ж)	['tajka]
tailandês	тайскі	['tajski]
Taiwan (m)	Тайвань	[taj'vanʲ]
taiwanês (m)	тайванец (м)	[taj'vane̞ts]
taiwanesa (f)	тайванька (ж)	[taj'vanʲka]
taiwanês	тайваньскі	[taj'vanʲski]
Turquia (f)	Турцыя	['turtsʲʲa]
turco (m)	турак (м)	['turak]
turca (f)	турчанка (ж)	[tur'tʃanka]
turco	турэцкі	[tu'rɛtski]
Japão (m)	Японія	[ʲa'pɔniʲa]
japonês (m)	японец (м)	[ʲa'pɔne̞ts]
japonesa (f)	японка (ж)	[ʲa'pɔnka]
japonês	японскі	[ʲa'pɔnski]
Afeganistão (m)	Афганістан	[afhani'stan]
Bangladesh (m)	Бангладэш	[banɦla'dɛʃ]
Indonésia (f)	Інданезія	[inda'neziʲa]

Jordânia (f)	Іарданія	[iar'daniʲa]
Iraque (m)	Ірак	[i'rak]
Irão (m)	Іран	[i'ran]
Camboja (f)	Камбоджа	[kam'bɔdʒa]
Kuwait (m)	Кувейт	[ku'vejt]
Laos (m)	Лаос	[la'ɔs]
Myanmar (m), Birmânia (f)	М'янма	['mʲanma]
Nepal (m)	Непал	[ne'pal]
Emirados Árabes Unidos	Аб'яднаныя Арабскія Эміраты	[abʲad'naniʲa a'rapskiʲa ɛmi'rati]
Síria (f)	Сірыя	['siriʲa]
Palestina (f)	Палесцінская аўтаномія	[pales'tsinskaʲa awta'nɔmiʲa]
Coreia do Sul (f)	Паўднёвая Карэя	[paw'dnʲovaʲa ka'rɛʲa]
Coreia do Norte (f)	Паўночная Карэя	[paw'nɔtʃnaʲa ka'rɛʲa]

238. América do Norte

Estados Unidos da América	Злучаныя Штаты Амерыкі	[zlutʃaniʲa ʃtati a'meriki]
americano (m)	амерыканец (м)	[ameri'kanets]
americana (f)	амерыканка (ж)	[ameri'kanka]
americano	амерыканскі	[ameri'kanski]
Canadá (m)	Канада	[ka'nada]
canadiano (m)	канадзец (м)	[ka'nadzets]
canadiana (f)	канадка (ж)	[ka'natka]
canadiano	канадскі	[ka'natski]
México (m)	Мексіка	['meksika]
mexicano (m)	мексіканец (м)	[meksi'kanets]
mexicana (f)	мексіканка (ж)	[meksi'kanka]
mexicano	мексіканскі	[meksi'kanski]

239. América Central do Sul

Argentina (f)	Аргенціна	[arɦen'tsina]
argentino (m)	аргенцінец (м)	[arɦen'tsinets]
argentina (f)	аргенцінка (ж)	[arɦen'tsinka]
argentino	аргенцінскі	[arɦen'tsinski]
Brasil (m)	Бразілія	[bra'ziliʲa]
brasileiro (m)	бразілец (м)	[bra'zilets]
brasileira (f)	бразільянка (ж)	[brazi'lʲanka]
brasileiro	бразільскі	[bra'zilʲski]
Colômbia (f)	Калумбія	[ka'lumbiʲa]
colombiano (m)	калумбіоц (м)	[kalum'biets]
colombiana (f)	калумбійка (ж)	[kalum'bijka]
colombiano	калумбійскі	[kalum'bijski]
Cuba (f)	Куба	['kuba]

cubano (m)	кубінец (м)	[ku'binets]
cubana (f)	кубінка (ж)	[ku'binka]
cubano	кубінскі	[ku'binski]
Chile (m)	Чылі	['tʃili]
chileno (m)	чыліец (м)	[tʃi'liets]
chilena (f)	чылійка (ж)	[tʃi'lijka]
chileno	чылійскі	[tʃi'lijski]
Bolívia (f)	Балівія	[ba'liviʲa]
Venezuela (f)	Венесуэла	[venesu'ɛla]
Paraguai (m)	Парагвай	[paraɦ'vaj]
Peru (m)	Перу	[pe'ru]
Suriname (m)	Сурынам	[suri'nam]
Uruguai (m)	Уругвай	[uruɦ'vaj]
Equador (m)	Эквадор	[ɛkva'dɔr]
Bahamas (f pl)	Багамскія астравы	[ba'ɦamskiʲa astra'vɨ]
Haiti (m)	Гаіці	[ɦa'itsi]
República (f) Dominicana	Дамініканская Рэспубліка	[damini'kanskaʲa rɛs'publika]
Panamá (m)	Панама	[pa'nama]
Jamaica (f)	Ямайка	[ʲa'majka]

240. Africa

Egito (m)	Егіпет	[e'ɦipet]
egípcio (m)	егіпцянін (м)	[eɦip'tsʲanin]
egípcia (f)	егіпцянка (ж)	[eɦip'tsʲanka]
egípcio	егіпецкі	[e'ɦipetski]
Marrocos	Марока	[ma'rɔka]
marroquino (m)	мараканец (м)	[mara'kanets]
marroquina (f)	мараканка (ж)	[mara'kanka]
marroquino	мараканскі	[mara'kanski]
Tunísia (f)	Туніс	[tu'nis]
tunisino (m)	тунісец (м)	[tu'nisets]
tunisina (f)	туніска (ж)	[tu'niska]
tunisino	туніскі	[tu'niski]
Gana (f)	Гана	['ɦana]
Zanzibar (m)	Занзібар	[zanzi'bar]
Quénia (f)	Кенія	['keniʲa]
Líbia (f)	Лівія	['liviʲa]
Madagáscar (m)	Мадагаскар	[madaɦas'kar]
Namíbia (f)	Намібія	[na'mibiʲa]
Senegal (m)	Сенегал	[sene'ɦal]
Tanzânia (f)	Танзанія	[tan'zaniʲa]
África do Sul (f)	Паўднёва-Афрыканская Рэспубліка	[paw'dnʲova afri'kanskaʲa rɛs'publika]
africano (m)	афрыканец (м)	[afri'kanets]
africana (f)	афрыканка (ж)	[afri'kanka]
africano	афрыканскі	[afri'kanski]

241. Austrália. Oceania

Austrália (f)	Аўстралія	[aw'straliʲa]
australiano (m)	аўстралiец (м)	[awstra'liets]
australiana (f)	аўстралійка (ж)	[awstra'lijka]
australiano	аўстралійскі	[awstra'lijski]
Nova Zelândia (f)	Новая Зеландыя	['nɔvaʲa ze'landiʲa]
neozelandês (m)	новазеландзец (м)	[nɔvaze'landzets]
neozelandesa (f)	новазеландка (ж)	[nɔvaze'lantka]
neozelandês	новазеландскі	[nɔvaze'lantski]
Tasmânia (f)	Тасманія	[tas'maniʲa]
Polinésia Francesa (f)	Французская Палінезія	[fran'tsuskaʲa pali'neziʲa]

242. Cidades

Amesterdão	Амстэрдам	[amstɛr'dam]
Ancara	Анкара	[anka'ra]
Atenas	Афіны	[a'fini]
Bagdade	Багдад	[baɦ'dat]
Banguecoque	Бангкок	[banɦ'kɔk]
Barcelona	Барселона	[barse'lɔna]
Beirute	Бейрут	[bej'rut]
Berlim	Берлін	[ber'lin]
Bombaim	Бамбей	[bam'bej]
Bona	Бон	['bɔn]
Bordéus	Бардо	[bar'dɔ]
Bratislava	Браціслава	[bratsi'slava]
Bruxelas	Брусель	[bru'selʲ]
Bucareste	Бухарэст	[buha'rɛst]
Budapeste	Будапешт	[buda'peʃt]
Cairo	Каір	[ka'ir]
Calcutá	Калькута	[kalʲ'kuta]
Chicago	Чыкага	[tʃi'kaɦa]
Cidade do México	Мехіка	['mehika]
Copenhaga	Капенгаген	[kape'nɦaɦen]
Dar es Salaam	Дар-эс-Салам	[darɛssa'lam]
Deli	Дэлі	['dɛli]
Dubai	Дубай	[du'baj]
Dublin, Dublim	Дублін	['dublin]
Düsseldorf	Дзюсельдорф	[dzusel'ʲdɔrf]
Estocolmo	Стакгольм	[stak'ɦolʲm]
Florença	Фларэнцыя	[fla'rɛntsiʲa]
Frankfurt	Франкфурт	['frankfurt]
Genebra	Жэнева	[ʒɛ'neva]
Haia	Гаага	[ɦa'aɦa]
Hamburgo	Гамбург	['ɦamburɦ]

Hanói	Ханой	[ha'nɔj]
Havana	Гавана	[ɦa'vana]
Helsínquia	Хельсінкі	['helʲsinki]
Hiroshima	Хірасіма	[hira'sima]
Hong Kong	Ганконг	[ɦa'nkɔnɦ]
Istambul	Стамбул	[stam'bul]
Jerusalém	Іерусалім	[ierusa'lim]
Kiev	Кіеў	['kiew]
Kuala Lumpur	Куала-Лумпур	[ku'ala lum'pur]
Lisboa	Лісабон	[lisa'bɔn]
Londres	Лондан	['lɔndan]
Los Angeles	Лос-Анжэлес	[lɔ'sanʒɛles]
Lion	Ліён	[liʲon]
Madrid	Мадрыд	[mad'rit]
Marselha	Марсэль	[mar'sɛlʲ]
Miami	Маямі	[maʲami]
Montreal	Манрэаль	[manrɛ'alʲ]
Moscovo	Масква	[mask'va]
Munique	Мюнхен	['mʉnhen]
Nairóbi	Найробі	[naj'rɔbi]
Nápoles	Неапаль	[ne'apalʲ]
Nice	Ніца	['nitsa]
Nova York	Нью-Йорк	[njʉʲork]
Oslo	Осла	['ɔsla]
Ottawa	Атава	[a'tava]
Paris	Парыж	[pa'riʃ]
Pequim	Пекін	[pe'kin]
Praga	Прага	['praɦa]
Rio de Janeiro	Рыо-дэ-Жанейра	['riɔ dɛ ʒa'nejra]
Roma	Рым	['rim]
São Petersburgo	Санкт-Пецярбург	['sankt petsʲar'burɦ]
Seul	Сеул	[se'ul]
Singapura	Сінгапур	[sinɦa'pur]
Sydney	Сіднэй	[sid'nɛj]
Taipé	Тайбэй	[taj'bɛj]
Tóquio	Токіо	['tɔkiɔ]
Toronto	Таронта	[ta'rɔnta]
Varsóvia	Варшава	[var'ʃava]
Veneza	Венецыя	[ve'netsʲa]
Viena	Вена	['vena]
Washington	Вашынгтон	[vaʃinɦ'tɔn]
Xangai	Шанхай	[ʃan'haj]

243. Política. Governo. Parte 1

política (f)	палітыка (ж)	[pa'litika]
político	палітычны	[paliˈtitʃni]

político (m)	палітык (м)	[pa'litik]
estado (m)	дзяржава (ж)	[dzʲarˈʒava]
cidadão (m)	грамадзянін (м)	[ɦramadzʲaˈnin]
cidadania (f)	грамадзянства (н)	[ɦramaˈdzʲanstva]
brasão (m) de armas	герб (м) нацыянальны	[ˈɦerp natsʲiaˈnalʲnɨ]
hino (m) nacional	дзяржаўны гімн (м)	[dzʲarˈʒawnɨ ˈɦimn]
governo (m)	урад (м)	[uˈrat]
Chefe (m) de Estado	кіраўнік (м) краіны	[kirawˈnik kraˈinɨ]
parlamento (m)	парламент (м)	[parˈlament]
partido (m)	партыя (ж)	[ˈpartɨʲa]
capitalismo (m)	капіталізм (м)	[kapitaˈlizm]
capitalista	капіталістычны	[kapitalisˈtɨt͡ʃnɨ]
socialismo (m)	сацыялізм (м)	[satsʲiaˈlizm]
socialista	сацыялістычны	[satsʲialisˈtɨt͡ʃnɨ]
comunismo (m)	камунізм (м)	[kamuˈnizm]
comunista	камуністычны	[kamunisˈtɨt͡ʃnɨ]
comunista (m)	камуніст (м)	[kamuˈnist]
democracia (f)	дэмакратыя (ж)	[dɛmaˈkratɨʲa]
democrata (m)	дэмакрат (м)	[dɛmaˈkrat]
democrático	дэмакратычны	[dɛmakraˈtɨt͡ʃnɨ]
Partido (m) Democrático	дэмакратычная партыя (ж)	[dɛmakraˈtɨt͡ʃnaʲa ˈpartɨʲa]
liberal (m)	ліберал (м)	[libeˈral]
liberal	ліберальны	[libeˈralʲnɨ]
conservador (m)	кансерватар (м)	[kanserˈvatar]
conservador	кансерватыўны	[kanservaˈtɨwnɨ]
república (f)	рэспубліка (ж)	[rɛsˈpublika]
republicano (m)	рэспубліканец (м)	[rɛspubliˈkanets]
Partido (m) Republicano	рэспубліканская партыя (ж)	[rɛspubliˈkanskaʲa ˈpartɨʲa]
eleições (f pl)	выбары (мн)	[ˈvɨbarɨ]
eleger (vt)	выбіраць	[vɨbiˈratsʲ]
eleitor (m)	выбаршчык (м)	[ˈvɨbarʃt͡ʂɨk]
campanha (f) eleitoral	выбарчая кампанія (ж)	[ˈvɨbart͡ʂaʲa kamˈpaniʲa]
votação (f)	галасаванне (н)	[ɦalasaˈvanne]
votar (vi)	галасаваць	[ɦalasaˈvatsʲ]
direito (m) de voto	права (н) голасу	[ˈprava ˈɦɔlasu]
candidato (m)	кандыдат (м)	[kandɨˈdat]
candidatar-se (vi)	балаціравацца	[balaˈtsiravatsa]
campanha (f)	кампанія (ж)	[kamˈpaniʲa]
da oposição	апазіцыйны	[apaziˈtsɨjnɨ]
oposição (f)	апазіцыя (ж)	[apaˈzitsɨʲa]
visita (f)	візіт (м)	[viˈzit]
visita (f) oficial	афіцыйны візіт (м)	[afiˈtsɨjnɨ viˈzit]

internacional	міжнародны	[miʒna'rɔdnʲ]
negociações (f pl)	перамовы (мн)	[pera'mɔvʲ]
negociar (vi)	весці перамовы	['vesʲtsi pera'mɔvʲ]

244. Política. Governo. Parte 2

sociedade (f)	грамадства (н)	[ɦra'matstva]
constituição (f)	канстытуцыя (ж)	[kanstʲ'tutsʲʲa]
poder (ir para o ~)	улада (ж)	[u'lada]
corrupção (f)	карупцыя (ж)	[ka'ruptsʲʲa]
lei (f)	закон (м)	[za'kɔn]
legal	законны	[za'kɔnnʲ]
justiça (f)	справядлівасць (ж)	[spravʲad'livastsʲ]
justo	справядлівы	[spravʲad'livʲ]
comité (m)	камітэт (м)	[kami'tɛt]
projeto-lei (m)	законапраект (м)	[zakɔnapra'ekt]
orçamento (m)	бюджэт (м)	[bʉ'dʒɛt]
política (f)	палітыка (ж)	[pa'litika]
reforma (f)	рэформа (ж)	[rɛ'fɔrma]
radical	радыкальны	[radʲ'kalʲnʲ]
força (f)	моц (ж)	['mɔts]
poderoso	магутны	[ma'ɦutnʲ]
partidário (m)	прыхільнік (м)	[prʲ'hilʲnik]
influência (f)	уплыў (м)	[up'lɨw]
regime (m)	рэжым (м)	[rɛ'ʒɨm]
conflito (m)	канфлікт (м)	[kan'flikt]
conspiração (f)	змова (ж)	['zmɔva]
provocação (f)	правакацыя (ж)	[prava'katsʲʲa]
derrubar (vt)	зрынуць	['zrinutsʲ]
derrube (m), queda (f)	звяржэнне (н)	[zvʲar'ʒɛnne]
revolução (f)	рэвалюцыя (ж)	[rɛva'lʉtsʲʲa]
golpe (m) de Estado	пераварот (м)	[perava'rɔt]
golpe (m) militar	ваенны пераварот (м)	[va'ennɨ perava'rɔt]
crise (f)	крызіс (м)	['krizis]
recessão (f) económica	эканамічны спад (м)	[ɛkana'mitʃnɨ 'spat]
manifestante (m)	дэманстрант (м)	[dɛman'strant]
manifestação (f)	дэманстрацыя (ж)	[dɛman'stratsʲʲa]
lei (f) marcial	ваеннае становішча (н)	[va'ennae sta'nɔvʲʃca]
base (f) militar	ваенная база (ж)	[va'ennaʲa 'baza]
estabilidade (f)	стабільнасць (ж)	[sta'bilʲnastsʲ]
estável	стабільны	[sta'bilʲnʲ]
exploração (f)	эксплуатацыя (ж)	[ɛksplua'tatsʲʲa]
explorar (vt)	эксплуатаваць	[ɛkspluata'vatsʲ]
racismo (m)	расізм (м)	[ra'sizm]

racista (m)	расіст (м)	[ra'sist]
fascismo (m)	фашызм (м)	[fa'ʃizm]
fascista (m)	фашыст (м)	[fa'ʃist]

245. Países. Diversos

estrangeiro (m)	замежнік (м)	[zaˈmeʒnik]
estrangeiro	замежны	[zaˈmeʒnʲi]
no estrangeiro	за мяжой	[za mʲaˈʒɔj]

emigrante (m)	эмігрант (м)	[ɛmiˈɦrant]
emigração (f)	эміграцыя (ж)	[ɛmiˈɦratsʲːa]
emigrar (vi)	эмігрываць	[ɛmiˈɦrɨravatsʲ]

Ocidente (m)	Захад	[ˈzahat]
Oriente (m)	Усход	[usˈhɔt]
Extremo Oriente (m)	Далёкі Усход	[daˈlʲoki wˈshɔt]
civilização (f)	цывілізацыя (ж)	[tsɨviliˈzatsʲːa]
humanidade (f)	чалавецтва (н)	[tʃalaˈvetstva]
mundo (m)	свет (м)	[ˈsvet]
paz (f)	мір (м)	[ˈmir]
mundial	сусветны	[susˈvetnʲi]

pátria (f)	радзіма (ж)	[raˈdzima]
povo (m)	народ (м)	[naˈrɔt]
população (f)	насельніцтва (н)	[naˈselʲnitstva]
gente (f)	людзі (мн)	[ˈlʉdzi]
nação (f)	нацыя (ж)	[ˈnatsʲːa]
geração (f)	пакаленне (н)	[pakaˈlenne]
território (m)	тэрыторыя (ж)	[tɛriˈtɔrʲːa]
região (f)	рэгіён (м)	[rɛɦiˈʲon]
estado (m)	штат (м)	[ˈʃtat]

tradição (f)	традыцыя (ж)	[traˈditsʲːa]
costume (m)	звычай (м)	[ˈzvitʃaj]
ecologia (f)	экалогія (ж)	[ɛkaˈlɔɦiʲa]

índio (m)	індзеец (м)	[inˈdzeets]
cigano (m)	цыган (м)	[tsɨˈhan]
cigana (f)	цыганка (ж)	[tsɨˈhanka]
cigano	цыганскі	[tsɨˈhanski]

império (m)	імперыя (ж)	[imˈperʲːa]
colónia (f)	калонія (ж)	[kaˈlɔnʲːa]
escravidão (f)	рабства (н)	[ˈrapstva]
invasão (f)	нашэсце (н)	[naˈʃɛstse]
fome (f)	голад (м)	[ˈɦɔlat]

246. Grupos religiosos mais importantes. Confissões

| religião (f) | рэлігія (ж) | [rɛˈliɦiʲa] |
| religioso | рэлігійны | [rɛˈliɦijnʲi] |

crença (f)	вера (ж)	['vera]
crer (vt)	верыць	['veritsʲ]
crente (m)	вернік (м)	['vernik]

ateísmo (m)	атэізм (м)	[atɛ'izm]
ateu (m)	атэіст (м)	[atɛ'ist]

cristianismo (m)	хрысціянства (н)	[hrisʲtsiʲanstva]
cristão (m)	хрысціянін (м)	[hrisʲtsiʲanin]
cristão	хрысціянскі	[hrisʲtsiʲanski]

catolicismo (m)	каталіцызм (м)	[katali'tsizm]
católico (m)	каталік (м)	[kata'lik]
católico	каталіцкі	[kata'litski]

protestantismo (m)	пратэстанцтва (н)	[pratɛs'tantstva]
Igreja (f) Protestante	пратэстанцкая царква (ж)	[pratɛs'tantskaʲa tsar'kva]
protestante (m)	пратэстант (м)	[pratɛs'tant]

ortodoxia (f)	праваслаўе (н)	[prava'slawe]
Igreja (f) Ortodoxa	праваслаўная царква (ж)	[prava'slawnaʲa tsark'va]
ortodoxo (m)	праваслаўны	[prava'slawnɨ]

presbiterianismo (m)	прэсвітэрыянства (н)	[prɛsvitɛriʲanstva]
Igreja (f) Presbiteriana	прэсвітэрыянская царква (ж)	[prɛsvitɛriʲanskaʲa tsark'va]
presbiteriano (m)	прэсвітэрыянін (м)	[prɛsvitɛriʲanin]

Igreja (f) Luterana	лютэранская царква (ж)	[lʉtɛ'ranskaʲa tsark'va]
luterano (m)	лютэранін (м)	[lʉtɛ'ranin]
Igreja (f) Batista	баптызм (м)	[bap'tizm]
batista (m)	баптыст (м)	[bap'tist]

Igreja (f) Anglicana	англіканская царква (ж)	[anɦli'kanskaʲa tsark'va]
anglicano (m)	англіканец (м)	[anɦli'kanets]

mormonismo (m)	мармонства (н)	[mar'mɔnstva]
mórmon (m)	мармон (м)	[mar'mɔn]

Judaísmo (m)	іудаізм (м)	[iuda'izm]
judeu (m)	іудзей (м)	[iu'dʑej]

budismo (m)	будызм (м)	[bu'dizm]
budista (m)	будыст (м)	[bu'dist]

hinduísmo (m)	індуізм (м)	[indu'izm]
hindu (m)	індуіст (м)	[indu'ist]

Islão (m)	іслам (м)	[is'lam]
muçulmano (m)	мусульманін (м)	[musulʲ'manin]
muçulmano	мусульманскі	[musulʲ'manski]

Xiismo (m)	шыізм (м)	[ʃi'izm]
xiita (m)	шыіт (м)	[ʃi'it]
sunismo (m)	сунізм (м)	[su'nizm]
sunita (m)	суніт (м)	[su'nit]

247. Religiões. Padres

padre (m)	святар (м)	[svʲa'tar]
Papa (m)	Папа (м) Рымскі	['papa 'rimski]

monge (m)	манах (м)	[ma'nah]
freira (f)	манашка (ж)	[ma'naʃka]
pastor (m)	пастар (м)	['pastar]

abade (m)	абат (м)	[a'bat]
vigário (m)	вікарый (м)	[vi'karij]
bispo (m)	епіскап (м)	[e'piskap]
cardeal (m)	кардынал (м)	[kardɨ'nal]

pregador (m)	прапаведнік (м)	[prapa'vednik]
sermão (m)	пропаведзь (ж)	['prɔpavetsʲ]
paroquianos (pl)	прыхаджане (м мн)	[priha'dʒane]

crente (m)	вернік (м)	['vernik]
ateu (m)	атэіст (м)	[atɛ'ist]

248. Fé. Cristianismo. Islão

Adão	Адам	[a'dam]
Eva	Ева	['eva]

Deus (m)	Бог (м)	['bɔɦ]
Senhor (m)	Госпад (м)	['ɦɔspat]
Todo Poderoso (m)	Усёмагутны (м)	[usʲoma'ɦutnʲi]

pecado (m)	грэх (м)	['ɦrɛh]
pecar (vi)	грашыць	[ɦra'ʃɨtsʲ]
pecador (m)	грэшнік (м)	['ɦrɛʃnik]
pecadora (f)	грэшніца (ж)	['ɦrɛʃnitsa]

inferno (m)	пекла (н)	['pekla]
paraíso (m)	рай (м)	['raj]

Jesus	Ісус	[i'sus]
Jesus Cristo	Ісус Хрыстос	[i'sus hris'tɔs]

Espírito (m) Santo	Святы Дух (м)	[svʲa'tɨ 'duh]
Salvador (m)	Збаўца (м)	['zbawtsa]
Virgem Maria (f)	Багародзіца (ж)	[baɦa'rɔdzitsa]

Diabo (m)	Д'ябал (м)	['dʲabal]
diabólico	д'ябальскі	['dʲabalʲski]
Satanás (m)	Сатана (м)	[sata'na]
satânico	сатанінскі	[sata'ninski]

anjo (m)	анёл (м)	[a'nʲol]
anjo (m) da guarda	анёл-ахоўнік (м)	[a'nʲol a'hɔwnik]
angélico	анёльскі	[a'nʲolʲski]

apóstolo (m)	апостал (м)	[a'pɔstal]
arcanjo (m)	архангел (м)	[ar'hanɦel]
anticristo (m)	антыхрыст (м)	[an'tihrist]
Igreja (f)	Царква (ж)	[tsark'va]
Bíblia (f)	Біблія (ж)	['biblʲia]
bíblico	біблейскі	[bib'lejski]
Velho Testamento (m)	Стары Запавет (м)	[sta'rɨ zapa'vet]
Novo Testamento (m)	Новы Запавет (м)	['nɔvɨ zapa'vet]
Evangelho (m)	Евангелле (н)	[e'vanɦelle]
Sagradas Escrituras (f pl)	Святое Пісанне (н)	[svʲa'tɔe pi'sanne]
Céu (m)	Царства (н) Нябеснае	['tsarstva nʲa'besnae]
mandamento (m)	запаведзь (ж)	['zapavetsʲ]
profeta (m)	прарок (м)	[pra'rɔk]
profecia (f)	прароцтва (н)	[pra'rɔtstva]
Alá	Алах (м)	[a'lah]
Maomé	Магамет	[maɦa'met]
Corão, Alcorão (m)	Каран (м)	[ka'ran]
mesquita (f)	мячэць (ж)	[mʲa'tʃɛtsʲ]
mulá (m)	мула (м)	[mu'la]
oração (f)	малітва (ж)	[ma'litva]
rezar, orar (vi)	маліцца	[ma'litsa]
peregrinação (f)	паломніцтва (н)	[pa'lɔmnitstva]
peregrino (m)	паломнік (м)	[pa'lɔmnik]
Meca (f)	Мека	['meka]
igreja (f)	царква (ж)	[tsark'va]
templo (m)	храм (м)	['hram]
catedral (f)	сабор (м)	[sa'bɔr]
gótico	гатычны	[ɦa'titʃni]
sinagoga (f)	сінагога (ж)	[sina'ɦɔɦa]
mesquita (f)	мячэць (ж)	[mʲa'tʃɛtsʲ]
capela (f)	капліца (ж)	[kap'litsa]
abadia (f)	абацтва (н)	[a'batstva]
convento (m)	манастыр (м)	[manas'tir]
mosteiro (m)	манастыр (м)	[manas'tir]
sino (m)	звон (м)	['zvɔn]
campanário (m)	званіца (ж)	[zva'nitsa]
repicar (vi)	званіць	[zva'nitsʲ]
cruz (f)	крыж (м)	['kriʃ]
cúpula (f)	купал (м)	['kupal]
ícone (m)	абраз (м)	[ab'ras]
alma (f)	душа (ж)	[du'ʃa]
destino (m)	лёс (м)	['lʲos]
mal (m)	зло (н)	['zlɔ]
bem (m)	дабро (н)	[da'brɔ]
vampiro (m)	вампір (м)	[vam'pir]

bruxa (f)	ведзьма (ж)	['vedzʲma]
demónio (m)	дэман (м)	['dɛman]
espírito (m)	дух (м)	['duh]
redenção (f)	адкупленне (н)	[atku'plenne]
redimir (vt)	адкупіць	[atku'pitsʲ]
missa (f)	служба (ж)	['sluʒba]
celebrar a missa	служыць	[slu'ʒitsʲ]
confissão (f)	споведзь (ж)	['spovetsʲ]
confessar-se (vr)	спавядацца	[spavʲa'datsa]
santo (m)	святы (м)	[svʲa'ti]
sagrado	свяшчэнны	[svʲa'ɕɛnni]
água (f) benta	святая вада (ж)	[svʲa'taʲa va'da]
ritual (m)	рытуал (м)	[ritu'al]
ritual	рытуальны	[ritu'alʲni]
sacrifício (m)	ахвярапрынашэнне (н)	[ahvʲaraprina'ʃɛnne]
superstição (f)	забабоны (мн)	[zaba'boni]
supersticioso	забабонны	[zaba'bonni]
vida (f) depois da morte	замагільнае жыццё (н)	[zama'hilʲnae ʒiˈtsʲo]
vida (f) eterna	вечнае жыццё (н)	['vetʃnae ʒiˈtsʲo]

TEMAS DIVERSOS

249. Várias palavras úteis

ajuda (f)	дапамога (ж)	[dapa'mɔha]
barreira (f)	перашкода (ж)	[pera'ʃkɔda]
base (f)	база (ж)	['baza]
categoria (f)	катэгорыя (ж)	[katɛ'hɔriʲa]
causa (f)	прычына (ж)	[pri'tʃina]

coincidência (f)	супадзенне (н)	[supa'dzenne]
coisa (f)	рэч (ж)	['rɛtʃ]
começo (m)	пачатак (м)	[pa'tʃatak]
cómodo (ex. poltrona ~a)	зручны	['zrutʃniʲ]
comparação (f)	параўнанне (н)	[paraw'nanne]

compensação (f)	кампенсацыя (ж)	[kampen'satsiʲa]
crescimento (m)	рост (м)	['rɔst]
desenvolvimento (m)	развіццё (н)	[razʲvi'tsʲɔ]
diferença (f)	адрозненне (н)	[ad'rɔzʲnenne]
efeito (m)	эфект (м)	[ɛ'fekt]

elemento (m)	элемент (м)	[ɛle'ment]
equilíbrio (m)	баланс (м)	[ba'lans]
erro (m)	памылка (ж)	[pa'milka]
esforço (m)	намаганне (н)	[nama'hanne]
estilo (m)	стыль (м)	['stiˡlʲ]

exemplo (m)	прыклад (м)	['priklat]
facto (m)	факт (м)	['fakt]
fim (m)	канец (м)	[ka'nets]
forma (f)	форма (ж)	['fɔrma]

frequente	часты	['tʃasti]
fundo (ex. ~ verde)	фон (м)	['fɔn]
género (tipo)	від (м)	['vit]
grau (m)	ступень (ж)	[stu'penʲ]
ideal (m)	ідэал (м)	[idɛ'al]

labirinto (m)	лабірынт (м)	[labi'rint]
modo (m)	спосаб (м)	['spɔsap]
momento (m)	момант (м)	['mɔmant]
objeto (m)	аб'ект (м)	[ab"ekt]
obstáculo (m)	перашкода (ж)	[pera'ʃkɔda]

original (m)	арыгінал (м)	[arihi'nal]
padrão	стандартны	[stan'dartni]
padrão (m)	стандарт (м)	[stan'dart]
paragem (pausa)	перапынак (м)	[pera'pinak]
parte (f)	частка (ж)	['tʃastka]

T&P Books. Vocabulário Português-Bielorrusso - 9000 palavras

partícula (f)	часцінка (ж)	[tɕasˈtsinka]
pausa (f)	паўза (ж)	[ˈpawza]
posição (f)	пазіцыя (ж)	[paˈzitsʲia]
princípio (m)	прынцып (м)	[ˈprintsip]

problema (m)	праблема (ж)	[prabˈlema]
processo (m)	працэс (м)	[praˈtsɛs]
progresso (m)	прагрэс (м)	[praɦˈrɛs]
propriedade (f)	уласцівасць (ж)	[ulasˈtsivastsʲ]

reação (f)	рэакцыя (ж)	[rɛˈaktsʲia]
risco (m)	рызыка (ж)	[ˈrizika]
ritmo (m)	тэмп (м)	[ˈtɛmp]
segredo (m)	таямніца (ж)	[taʲamˈnitsa]
série (f)	серыя (ж)	[ˈserʲia]

sistema (m)	сістэма (ж)	[sisˈtɛma]
situação (f)	сітуацыя (ж)	[situˈatsʲia]
solução (f)	рашэнне (н)	[raˈʃɛnne]
tabela (f)	табліца (ж)	[tabˈlitsa]
termo (ex. ~ técnico)	тэрмін (м)	[ˈtɛrmin]

tipo (m)	тып (м)	[ˈtip]
urgente	тэрміновы	[tɛrmiˈnovʲi]
urgentemente	тэрмінова	[tɛrmiˈnova]
utilidade (f)	карысць (ж)	[kaˈristsʲ]

variante (f)	варыянт (м)	[variˈʲlant]
variedade (f)	выбар (м)	[ˈvɨbar]
verdade (f)	ісціна (ж)	[ˈisʲtsina]
vez (f)	чарга (ж)	[tɕarˈɦa]
zona (f)	зона (ж)	[ˈzona]

250. Modificadores. Adjetivos. Parte 1

aberto	адчынены	[aˈtɕɨnenʲi]
afiado	вострыя	[ˈvɔstrʲi]
agradável	прыемны	[priˈemnʲi]
agradecido	удзячны	[uˈdzʲatɕnʲi]
alegre	вясёлы	[vʲaˈsʲolʲi]

alto (ex. voz ~a)	гучны	[ˈɦutɕnʲi]
amargo	горкі	[ˈɦorki]
amplo	прасторны	[praˈstornʲi]
antigo	старажытны	[staraˈʒɨtnʲi]
apertado (sapatos ~s)	цесны	[ˈtsesnʲi]

apropriado	прыдатны	[priˈdatnʲi]
arriscado	рызыкоўны	[riziˈkɔwnʲi]
artificial	штучны	[ˈʃtutɕnʲi]
azedo	кіслы	[ˈkislʲi]

| baixo (voz ~a) | ціхі | [ˈtsihi] |
| barato | танны | [ˈtannʲi] |

| belo | прыгожы | [pri'hɔʒi] |
| bom | добры | ['dɔbri] |

bondoso	добры	['dɔbri]
bonito	прыгожы	[pri'hɔʒi]
bronzeado	загарэлы	[zaɦa'rɛli]
burro, estúpido	дурны	[dur'ni]
calmo	спакойны	[spa'kɔjni]

cansado	стомлены	['stɔmleni]
cansativo	стомны	['stɔmni]
carinhoso	клапатлівы	[klapat'livi]
caro	дарагі	[dara'ɦi]
cego	сляпы	[sʲlʲa'pi]

central	цэнтральны	[tsɛn'tralʲni]
cerrado (ex. nevoeiro ~)	густы	[ɦus'ti]
cheio (ex. copo ~)	поўны	['pɔwni]
civil	грамадзянскі	[ɦrama'dzʲanski]

clandestino	падпольны	[pat'pɔlʲni]
claro	светлы	['svetli]
claro (explicação ~a)	зразумелы	[zrazu'meli]
compatível	сумяшчальны	[sumʲa'ʃɕalʲni]

comum, normal	звычайны	[zvi'tʃajni]
congelado	замарожаны	[zama'rɔʒani]
conjunto	сумесны	[su'mesni]
considerável	значны	['znatʃni]
contente	задаволены	[zada'vɔleni]

contínuo	працяглы	[pra'tsʲaɦli]
contrário (ex. o efeito ~)	супрацьлеглы	[supratsʲ'leɦli]
correto (resposta ~a)	правільны	['pravilʲni]
cru (não cozinhado)	сыры	[si'ri]
curto	кароткі	[ka'rɔtki]

de curta duração	кароткачасовы	[karɔtkatʃa'sɔvi]
de sol, ensolarado	сонечны	['sɔnetʃni]
de trás	задні	['zadni]
denso (fumo, etc.)	густы	[ɦus'ti]
desanuviado	бязвоблачны	[bʲaz'vɔblatʃni]

descuidado	нядбайны	[nʲad'bajni]
diferente	розны	['rɔzni]
difícil	цяжкі	['tsʲaʃki]
difícil, complexo	складаны	[skla'dani]
direito	правы	['pravi]

distante	далёкі	[da'lʲɔki]
diverso	адрозны	[ad'rɔzni]
doce (açucarado)	салодкі	[sa'lɔtki]
doce (água)	прэсны	['prɛsni]
doente	хворы	['hvɔri]
duro (material ~)	цвёрды	['tsvʲɔrdi]
educado	ветлівы	['vetlivi]

T&P Books. Vocabulário Português-Bielorrusso - 9000 palavras

encantador	мілы	['milʲi]
enigmático	загадкавы	[zaˈɦatkavʲi]

enorme	вялізны	[vʲaˈlʲiznʲi]
escuro (quarto ~)	цёмны	[ˈtsʲomnʲi]
especial	спецыяльны	[spetsɨˈjalʲnʲi]
esquerdo	левы	[ˈlevʲi]
estrangeiro	замежны	[zaˈmeʒnʲi]

estreito	вузкі	[ˈvuski]
exato	дакладны	[daˈkladnʲi]
excelente	выдатны	[vɨˈdatnʲi]
excessivo	празмерны	[prazˈmernʲi]
externo	вонкавы	[ˈvɔnkavʲi]

fácil	лёгкі	[ˈlʲoɦki]
faminto	галодны	[ɦaˈlɔdnʲi]
fechado	зачынены	[zaˈtʃɨnenʲi]
feliz	шчаслівы	[ʃɕasˈlivʲi]
fértil (terreno ~)	урадлівы	[uradˈlivʲi]

forte (pessoa ~)	моцны	[ˈmɔtsnʲi]
fraco (luz ~a)	цьмяны	[tsʲˈmʲanʲi]
frágil	ломкі	[ˈlɔmki]
fresco	халаднаваты	[ɦaladnaˈvatʲi]
fresco (pão ~)	свежы	[ˈsveʒɨ]

frio	халодны	[ɦaˈlɔdnʲi]
gordo	тлусты	[ˈtlustʲi]
gostoso	смачны	[ˈsmatʃnʲi]
grande	вялікі	[vʲaˈlʲiki]

gratuito, grátis	бясплатны	[bʲasˈplatnʲi]
grosso (camada ~a)	тоўсты	[ˈtowstʲi]
hostil	варожы	[vaˈrɔʒɨ]
húmido	вільготны	[vilʲˈɦotnʲi]

251. Modificadores. Adjetivos. Parte 2

igual	аднолькавы	[adˈnɔlʲkavʲi]
imóvel	нерухомы	[neruˈhɔmʲi]
importante	важны	[ˈvaʒnʲi]
impossível	немагчымы	[nemaɦˈtʃɨmʲi]
incompreensível	незразумелы	[nozrazuˈmelʲi]

indigente	бедны	[ˈbednʲi]
indispensável	неабходны	[neapˈhɔdnʲi]
inexperiente	нявопытны	[nʲaˈvɔpitnʲi]
infantil	дзіцячы	[dzʲiˈtsʲatʃi]

ininterrupto	бесперапынны	[bespʲeraˈpɨnnʲi]
insignificante	нязначны	[nʲaˈznatʃnʲi]
inteiro (completo)	цэлы	[ˈtsɛlʲi]
inteligente	разумны	[raˈzumnʲi]

227

interno	унутраны	[u'nutranʲi]
jovem	малады	[mala'dʲi]
largo (caminho ~)	шырокі	[ʃɨ'rɔki]
legal	законны	[za'kɔnnʲi]
leve	лёгкі	['lʲɔɦki]
limitado	абмежаваны	[abmeʒa'vanʲi]
limpo	чысты	['tʃɨsti]
líquido	вадкі	['vatki]
liso	гладкі	['ɦlatki]
liso (superfície ~a)	роўны	['rɔwnʲi]
livre	вольны	['vɔlʲnʲi]
longo (ex. cabelos ~s)	доўгі	['dɔwɦi]
maduro (ex. fruto ~)	спелы	['spelʲi]
magro	худы	[hu'dʲi]
magro (pessoa)	хударлявы	[hudar'lʲavʲi]
mais próximo	найбліжэйшы	[najbli'ʒɛjʃɨ]
mais recente	мінулы	[mi'nulʲi]
mate, baço	матавы	['matavʲi]
mau	дрэнны	['drɛnnʲi]
meticuloso	акуратны	[aku'ratnʲi]
míope	блізарукі	[bliza'ruki]
mole	мяккі	['mʲakki]
molhado	мокры	['mɔkrʲi]
moreno	смуглы	['smuɦlʲi]
morto	мёртвы	['mʲortvʲi]
não difícil	няцяжкі	[nʲa'tsʲaʃki]
não é clara	незразумелы	[nezrazu'melʲi]
não muito grande	невялікі	[nevʲa'liki]
natal (país ~)	родны	['rɔdnʲi]
necessário	патрэбны	[pa'trɛbnʲi]
negativo	адмоўны	[ad'mɔwnʲi]
nervoso	нервовы	[ner'vɔvʲi]
normal	нармальны	[nar'malʲnʲi]
novo	новы	['nɔvʲi]
o mais importante	найважнейшы	[najva'ʒnejʃɨ]
obrigatório	абавязковы	[abavʲas'kɔvʲi]
original	арыгінальны	[arɨɦi'nalʲnʲi]
passado	мінулы	[mi'nulʲi]
pequeno	маленькі, малы	[ma'lenʲki], [ma'lʲi]
perigoso	небяспечны	[neblʲas'petʃnʲi]
permanente	сталы	['stalʲi]
perto	блізкі	['bliski]
pesado	цяжкі	['tsʲaʃki]
pessoal	асабісты	[asa'bisti]
plano (ex. ecrã ~ a)	плоскі	['plɔski]
pobre	бедны	['bednʲi]
pontual	пунктуальны	[punktu'alʲnʲi]

possível	магчымы	[mahˈtʲimi]
pouco fundo	мелкі	[ˈmelki]
presente (ex. momento ~)	цяперашні	[tsʲaˈperaʃni]
prévio	папярэдні	[papʲaˈrɛdni]
primeiro (principal)	асноўны	[asˈnɔwni]
principal	галоўны	[ɦaˈlɔwni]
privado	прыватны	[priˈvatni]
provável	імаверны	[imaˈverni]
próximo	блізкі	[ˈbliski]
público	грамадскі	[ɦraˈmatski]
quente (cálido)	гарачы	[ɦaˈratʃi]
quente (morno)	цёплы	[ˈtsʲopli]
rápido	хуткі	[ˈhutki]
raro	рэдкі	[ˈrɛtki]
remoto, longínquo	далёкі	[daˈlʲoki]
reto	прамы	[praˈmi]
salgado	салёны	[saˈlʲoni]
satisfeito	задаволены	[zadaˈvɔleni]
seco	сухі	[suˈhi]
seguinte	наступны	[naˈstupni]
seguro	бяспечны	[bʲasˈpetʃni]
similar	падобны	[paˈdɔbni]
simples	просты	[ˈprɔsti]
soberbo	надзвычайны	[nadzviˈtʃajni]
sólido	трывалы	[triˈvali]
sombrio	цёмны	[ˈtsʲomni]
sujo	брудны	[ˈbrudni]
superior	найвышэйшы	[najviˈʃɛjʃi]
suplementar	дадатковы	[dadatˈkɔvi]
terno, afetuoso	пяшчотны	[pʲaˈʃɕɔtni]
tranquilo	ціхі	[ˈtsihi]
transparente	празрысты	[prazˈristi]
triste (pessoa)	сумны	[ˈsumni]
triste (um ar ~)	сумны	[ˈsumni]
último	апошні	[aˈpɔʃni]
único	унікальны	[uniˈkalʲni]
usado	ужываны	[uʒiˈvani]
vazio (meio ~)	пусты	[pusˈti]
velho	стары	[staˈri]
vizinho	суседні	[suˈsedni]

500 VERBOS PRINCIPAIS

252. Verbos A-B

aborrecer-se (vr)	сумаваць	[suma'vatsʲ]
abraçar (vt)	абдымаць	[abdiˈmatsʲ]
abrir (~ a janela)	адчыняць	[atʃiˈnʲatsʲ]
acalmar (vt)	супакойваць	[supaˈkojvatsʲ]
acariciar (vt)	гладзіць	[ˈɦladzitsʲ]
acenar (vi)	махаць	[maˈhatsʲ]
acender (~ uma fogueira)	запаліць	[zapaˈlitsʲ]
achar (vt)	лічыць	[liˈtʃitsʲ]
acompanhar (vt)	суправаджаць	[supravaˈdʒatsʲ]
aconselhar (vt)	раіць	[ˈraitsʲ]
acordar (despertar)	будзіць	[buˈdzitsʲ]
acrescentar (vt)	дадаваць	[dadaˈvatsʲ]
acusar (vt)	абвінавачваць	[abvinaˈvatʃvatsʲ]
adestrar (vt)	дрэсіраваць	[drɛsiraˈvatsʲ]
adivinhar (vt)	адгадаць	[adɦaˈdatsʲ]
admirar (vt)	захапляцца	[zahaˈplʲatsa]
advertir (vt)	папярэджваць	[papʲaˈrɛdʒvatsʲ]
afirmar (vt)	сцвярджаць	[sʲtsvʲarˈdʒatsʲ]
afogar-se (pessoa)	тануць	[taˈnutsʲ]
afugentar (vt)	прагнаць	[praɦˈnatsʲ]
agir (vi)	дзейнічаць	[ˈdzejnitʃatsʲ]
agitar, sacudir (objeto)	трэсці	[ˈtrɛsʲtsi]
agradecer (vt)	дзякаваць	[ˈdzʲakavatsʲ]
ajudar (vt)	дапамагаць	[dapamaˈɦatsʲ]
alcançar (objetivos)	дасягаць	[dasʲaˈɦatsʲ]
alimentar (dar comida)	карміць	[karˈmitsʲ]
almoçar (vi)	абедаць	[aˈbedatsʲ]
alugar (~ o barco, etc.)	наймаць	[najˈmatsʲ]
alugar (~ um apartamento)	наймаць	[najˈmatsʲ]
amar (pessoa)	кахаць	[kaˈhatsʲ]
amarrar (vt)	звязваць	[ˈzvʲazvatsʲ]
ameaçar (vt)	пагражаць	[paɦraˈʒatsʲ]
amputar (vt)	ампутаваць	[amputaˈvatsʲ]
anotar (escrever)	пазначыць	[paˈznatʃitsʲ]
anular, cancelar (vt)	скасаваць	[skasaˈvatsʲ]
apagar (com apagador, etc.)	сцерці	[ˈstsertsi]
apagar (um incêndio)	тушыць	[tuˈʃitsʲ]
apaixonar-se de ...	закахацца	[zakaˈhatsa]

aparecer (vi)	з'яўляцца	[zʲaw'lʲatsa]
aplaudir (vi)	апладзіраваць	[apla'dziravatsʲ]
apoiar (vt)	падтрымаць	[pattri'matsʲ]
apontar para ...	цэліцца	['tsɛlitsa]

apresentar (alguém a alguém)	знаёміць	[zna'ʲomitsʲ]
apresentar (Gostaria de ~)	прадстаўляць	[pratsstaw'lʲatsʲ]
apressar (vt)	прыспешваць	[pri'speʃvatsʲ]
apressar-se (vr)	спяшацца	[spʲa'ʃatsa]

aproximar-se (vr)	падыходзіць	[padi'hodzitsʲ]
aquecer (vt)	награваць	[naɦra'vatsʲ]
arrancar (vt)	адарваць	[adar'vatsʲ]
arranhar (gato, etc.)	драпаць	['drapatsʲ]

arrepender-se (vr)	шкадаваць	[ʃkada'vatsʲ]
arriscar (vt)	рызыкаваць	[rizika'vatsʲ]
arrumar, limpar (vt)	прыбіраць	[pribi'ratsʲ]
aspirar a ...	імкнуцца	[im'knutsa]
assinar (vt)	падпісваць	[pat'pisvatsʲ]

assistir (vt)	асісціраваць	[asis'tsiravatsʲ]
atacar (vt)	атакаваць	[ataka'vatsʲ]
atar (vt)	прывязваць	[pri'vʲazvatsʲ]
atirar (vi)	страляць	[stra'lʲatsʲ]

atracar (vi)	прычальваць	[pri'tʃalʲvatsʲ]
aumentar (vi)	павялічвацца	[pavʲa'litʃvatsa]
aumentar (vt)	павялічваць	[pavʲa'litʃvatsʲ]
avançar (sb. trabalhos, etc.)	прасоўвацца	[pra'sɔwvatsa]

avistar (vt)	убачыць	[u'batʃitsʲ]
baixar (guindaste)	апускаць	[apus'katsʲ]
barbear-se (vr)	галіцца	[ɦa'litsa]
basear-se em ...	грунтавацца на ...	[ɦrunta'vatsa na ...]

bastar (vi)	хапаць	[ɦa'patsʲ]
bater (espancar)	біць	['bitsʲ]
bater (vi)	стукаць	['stukatsʲ]
bater-se (vr)	біцца	['bitsa]

beber, tomar (vt)	піць	['pitsʲ]
brilhar (vi)	свяціцца	[svʲa'tsitsa]
brincar, jogar (crianças)	гуляць	[ɦu'lʲatsʲ]
buscar (vt)	шукаць	[ʃu'katsʲ]

253. Verbos C-D

caçar (vi)	паляваць	[palʲa'vatsʲ]
calar-se (parar de falar)	замоўкнуць	[za'mowknutsʲ]
calcular (vt)	лічыць	[li'tʃitsʲ]
carregar (o caminhão)	грузіць	[ɦru'zitsʲ]
carregar (uma arma)	зараджаць	[zara'dʒatsʲ]

Português	Bielorrusso	Transcrição
casar-se (vr)	ажаніцца	[aʐa'nitsa]
causar (vt)	спрычыніцца да ...	[spri'tʃinitsa da ...]
cavar (vt)	капаць	[ka'patsʲ]
ceder (não resistir)	саступаць	[sastu'patsʲ]
cegar, ofuscar (vt)	асляпляць	[asʲlʲap'lʲatsʲ]
censurar (vt)	папракаць	[papra'katsʲ]
cessar (vt)	спыняць	[spi'nʲatsʲ]
chamar (~ por socorro)	клікаць	['klikatsʲ]
chamar (dizer em voz alta o nome)	паклікаць	[pa'klikatsʲ]
chegar (a algum lugar)	дасягаць	[dasʲa'ɦatsʲ]
chegar (sb. comboio, etc.)	прыбываць	[pribi'vatsʲ]
cheirar (tem o cheiro)	пахнуць	['pahnutsʲ]
cheirar (uma flor)	нюхаць	['nʉhatsʲ]
chorar (vi)	плакаць	['plakatsʲ]
citar (vt)	цытаваць	[tsita'vatsʲ]
colher (flores)	рваць	['rvatsʲ]
colocar (vt)	класці	['klasʲtsi]
combater (vi, vt)	ваяваць	[vaʲa'vatsʲ]
começar (vt)	пачынаць	[patʃi'natsʲ]
comer (vt)	есці	['esʲtsi]
comparar (vt)	параўноўваць	[paraw'nowvatsʲ]
compensar (vt)	кампенсаваць	[kampensa'vatsʲ]
competir (vi)	канкурыраваць	[kanku'riravatsʲ]
complicar (vt)	ускладніць	[usklad'nitsʲ]
compor (vt)	напісаць	[napi'satsʲ]
comportar-se (vr)	паводзіць сябе	[pa'vɔdzitsʲ sʲa'be]
comprar (vt)	купляць	[kup'lʲatsʲ]
compreender (vt)	разумець	[razu'metsʲ]
comprometer (vt)	кампраметаваць	[kamprameta'vatsʲ]
concentrar-se (vr)	канцэнтравацца	[kantsɛntra'vatsa]
concordar (dizer "sim")	згаджацца	[zɦa'dʐatsa]
condecorar (dar medalha)	узнагародзіць	[uznaɦa'rɔdzitsʲ]
conduzir (~ o carro)	весці машыну	[vesʲtsi ma'ʃinu]
confessar-se (criminoso)	прызнавацца	[prizna'vatsa]
confiar (vt)	давяраць	[davʲa'ratsʲ]
confundir (equivocar-se)	блытаць	['blitatsʲ]
conhecer (vt)	ведаць	['vedatsʲ]
conhecer-se (vr)	знаёміцца	[zna'ʲomitsa]
consertar (vt)	прыводзіць у парадак	[pri'vɔdzitsʲ u pa'radak]
consultar ...	кансультавацца з ...	[kansulʲta'vatsa z ...]
contagiar-se com ...	заразіцца	[zara'zitsa]
contar (vt)	апавядаць	[apavʲa'datsʲ]
contar com ...	разлічваць на ...	[raz'litʃvatsʲ na ...]
continuar (vt)	працягваць	[pra'tsʲaɦvatsʲ]
contratar (vt)	наймаць	[naj'matsʲ]

controlar (vt)	кантраляваць	[kantralʲa'vatsʲ]
convencer (vt)	пераконваць	[pera'kɔnvatsʲ]
convidar (vt)	запрашаць	[zapra'ʃatsʲ]
cooperar (vi)	супрацоўнічаць	[supra'tsɔwnitʃatsʲ]
coordenar (vt)	каардынаваць	[kaardina'vatsʲ]
corar (vi)	чырванець	[tʃɨrva'netsʲ]
correr (vi)	бегчы	['beɦtʃɨ]
corrigir (vt)	выпраўляць	[vipraw'lʲatsʲ]
cortar (com um machado)	адсячы	[atsʲa'tʃɨ]
cortar (vt)	адразаць	[adra'zatsʲ]
cozinhar (vt)	гатаваць	[ɦata'vatsʲ]
crer (pensar)	верыць	['verɨtsʲ]
criar (vt)	стварыць	[stva'rɨtsʲ]
cultivar (vt)	расціць	[ras'tsitsʲ]
cuspir (vi)	пляваць	[plʲa'vatsʲ]
custar (vt)	каштаваць	[kaʃta'vatsʲ]
dar (vt)	даваць	[da'vatsʲ]
dar banho, lavar (vt)	купаць	[ku'patsʲ]
datar (vi)	датавацца ...	[data'vatsa ...]
decidir (vt)	вырашаць	[vira'ʃatsʲ]
decorar (enfeitar)	упрыгожваць	[uprɨ'ɦɔʒvatsʲ]
dedicar (vt)	прысвячаць	[prisvʲa'tʃatsʲ]
defender (vt)	абараняць	[abara'nʲatsʲ]
defender-se (vr)	абараняцца	[abara'nʲatsa]
deixar (~ a mulher)	кідаць	['kidatsʲ]
deixar (esquecer)	пакідаць	[paki'datsʲ]
deixar (permitir)	дазваляць	[dazva'lʲatsʲ]
deixar cair (vt)	упускаць	[upus'katsʲ]
denominar (vt)	называць	[nazɨ'vatsʲ]
denunciar (vt)	даносіць	[da'nɔsitsʲ]
depender de ... (vi)	залежаць ад ...	[za'leʒatsʲ at ...]
derramar (vt)	разліць	[raz'litsʲ]
derramar-se (vr)	высыпацца	['visɨpatsa]
desaparecer (vi)	знікнуць	['zʲniknutsʲ]
desatar (vt)	адвязаць	[ad'vʲazvatsʲ]
desatracar (vi)	адчальваць	[a'tʃalʲvatsʲ]
descansar (um pouco)	адпачываць	[atpatʃɨ'vatsʲ]
descer (para baixo)	спускацца	[ɔpu'skatsa]
descobrir (novas terras)	адкрываць	[atkrɨ'vatsʲ]
descolar (avião)	узлятаць	[uzlʲa'tatsʲ]
desculpar (vt)	прабачаць	[praba'tʃatsʲ]
desculpar-se (vr)	прасіць прабачэння	[pra'sitsʲ praba'tʃɛnnʲa]
desejar (vt)	жадаць	[ʒa'datsʲ]
desempenhar (vt)	іграць	[iɦ'ratsʲ]
desligar (vt)	тушыць	[tu'ʃɨtsʲ]
desprezar (vt)	пагарджаць	[paɦar'dʒatsʲ]

destruir (documentos, etc.)	знішчаць	[zʲniˈʃt͡satsʲ]
dever (vi)	мусіць	[ˈmusitsʲ]
devolver (vt)	адправіць назад	[atˈpravitsʲ naˈzat]
direcionar (vt)	накіроўваць	[nakiˈrɔwvatsʲ]
dirigir (~ uma empresa)	кіраваць	[kiraˈvatsʲ]
dirigir-se (a um auditório, etc.)	звяртацца	[zvʲarˈtatsa]
discutir (notícias, etc.)	абмяркоўваць	[abmʲarˈkɔwvatsʲ]
distribuir (folhetos, etc.)	распаўсюджваць	[raspawˈsʉd͡zvatsʲ]
distribuir (vt)	раздаць	[razˈdatsʲ]
divertir (vt)	забаўляць	[zabawˈlʲatsʲ]
divertir-se (vr)	весяліцца	[vesʲaˈlitsa]
dividir (mat.)	дзяліць	[d͡zʲaˈlitsʲ]
dizer (vt)	сказаць	[skaˈzatsʲ]
dobrar (vt)	падвойваць	[padˈvɔjvatsʲ]
duvidar (vt)	сумнявацца	[sumnʲaˈvatsa]

254. Verbos E-J

elaborar (uma lista)	складаць	[sklaˈdatsʲ]
elevar-se acima de ...	узвышацца	[uzvɨˈʃatsa]
eliminar (um obstáculo)	ліквідаваць	[likvidaˈvatsʲ]
embrulhar (com papel)	загортваць	[zaˈhɔrtvatsʲ]
emergir (submarino)	усплываць	[usplɨˈvatsʲ]
emitir (vt)	распаўсюджваць	[raspawˈsʉd͡zvatsʲ]
empreender (vt)	рабіць заходы па ...	[raˈbitsʲ ˈzahadɨ pa ...]
empurrar (vt)	штурхаць	[ʃturˈhatsʲ]
encabeçar (vt)	узначальваць	[uznaˈt͡ʃalʲvatsʲ]
encher (~ a garrafa, etc.)	напаўняць	[napawˈnʲatsʲ]
encontrar (achar)	знаходзіць	[znaˈhɔd͡zitsʲ]
enganar (vt)	падманваць	[padˈmanvatsʲ]
ensinar (vt)	навучаць	[navuˈt͡ʃatsʲ]
entrar (na sala, etc.)	увайсці	[uvajsˈtsi]
enviar (uma carta)	адпраўляць	[atprawˈlʲatsʲ]
equipar (vt)	абсталёўваць	[apstaˈlʲowvatsʲ]
errar (vi)	памыляцца	[pamɨˈlʲatsa]
escolher (vt)	выбіраць	[vɨbiˈratsʲ]
esconder (vt)	хаваць	[haˈvatsʲ]
escrever (vt)	пісаць	[piˈsatsʲ]
escutar (vt)	слухаць	[ˈsluhatsʲ]
escutar atrás da porta	падслухоўваць	[patsluˈhɔwvatsʲ]
esmagar (um inseto, etc.)	раздушыць	[razduˈʃɨtsʲ]
esperar (contar com)	чакаць	[t͡ʃaˈkatsʲ]
esperar (o autocarro, etc.)	чакаць	[t͡ʃaˈkatsʲ]
esperar (ter esperança)	спадзявацца	[spad͡zʲaˈvatsa]

espreitar (vi)	падглядаць	[padhˡlʲa'datsʲ]
esquecer (vt)	забываць	[zabɨ'vatsʲ]
estar	ляжаць	[lʲa'ʒatsʲ]
estar convencido	пераконвацца	[pera'kɔnvatsa]
estar deitado	ляжаць	[lʲa'ʒatsʲ]
estar perplexo	дзівіцца	[dzi'vitsa]
estar sentado	сядзець	[sʲa'dzetsʲ]
estremecer (vi)	уздрыгваць	[uz'drɨhvatsʲ]
estudar (vt)	вывучаць	[vɨvu'tʃatsʲ]
evitar (vt)	пазбягаць	[pazbʲa'hatsʲ]
examinar (vt)	разгледзець	[raz'hledzetsʲ]
exigir (vt)	патрабаваць	[patraba'vatsʲ]
existir (vi)	існаваць	[isna'vatsʲ]
explicar (vt)	тлумачыць	[tlu'matʃɨtsʲ]
expressar (vt)	выказаць	['vɨkazatsʲ]
expulsar (vt)	выключаць	[vɨklʲu'tʃatsʲ]
facilitar (vt)	палегчыць	[pa'lehtʃɨtsʲ]
falar com ...	гаварыць з ...	[hava'rɨtsʲ s ...]
faltar a ...	прапускаць	[prapus'katsʲ]
fascinar (vt)	зачароўваць	[zatʃa'rɔwvatsʲ]
fatigar (vt)	стамляць	[stam'lʲatsʲ]
fazer (vt)	рабіць	[ra'bitsʲ]
fazer lembrar	нагадваць пра ...	[na'hadvatsʲ pra ...]
fazer piadas	жартаваць	[ʒarta'vatsʲ]
fazer uma tentativa	паспрабаваць	[paspraba'vatsʲ]
fechar (vt)	зачыняць	[zatʃɨ'nʲatsʲ]
felicitar (dar os parabéns)	віншаваць	[vinʃa'vatsʲ]
ficar cansado	стамляцца	[stam'lʲatsa]
ficar em silêncio	маўчаць	[maw'tʃatsʲ]
ficar pensativo	задумацца	[za'dumatsa]
forçar (vt)	прымушаць	[primu'ʃatsʲ]
formar (vt)	утвараць	[utva'ratsʲ]
fotografar (vt)	фатаграфаваць	[fatahrafa'vatsʲ]
gabar-se (vr)	выхваляцца	[vɨhva'lʲatsa]
garantir (vt)	гарантаваць	[haranta'vatsʲ]
gostar (apreciar)	падабацца	[pada'batsa]
gostar (vt)	любіць	[lʲu'bitsʲ]
gritar (vi)	крычаць	[krɨ'tʃatsʲ]
guardar (cartas, etc.)	захоўваць	[za'hɔwvatsʲ]
guardar (no armário, etc.)	хаваць	[ha'vatsʲ]
guerrear (vt)	ваяваць	[vaʲa'vatsʲ]
hordar (vt)	атрымліваць у спадчыну	[at'rɨmlivatsʲ u 'spatʃɨnu]
iluminar (vt)	асвятляць	[asvʲat'lʲatsʲ]
imaginar (vt)	уяўляць сабе	[uʲaw'lʲatsʲ sa'be]
imitar (vt)	імітаваць	[imita'vatsʲ]
implorar (vt)	маліць	[ma'litsʲ]

importar (vt)	імпартаваць	[imparta'vatsʲ]
indicar (orientar)	паказаць	[paka'zatsʲ]
indignar-se (vr)	абурацца	[abu'ratsa]
infetar, contagiar (vt)	заражаць	[zara'ʒatsʲ]
influenciar (vt)	уплываць	[uplɨ'vatsʲ]
informar (fazer saber)	паведамляць	[pavedam'lʲatsʲ]
informar (vt)	інфармаваць	[infarma'vatsʲ]
informar-se (~ sobre)	даведвацца	[da'vedvatsa]
inscrever (na lista)	упісваць	[u'pisvatsʲ]
inserir (vt)	устаўляць	[ustaw'lʲatsʲ]
insinuar (vt)	намякаць	[namʲa'katsʲ]
insistir (vi)	настойваць	[na'stɔjvatsʲ]
inspirar (vt)	натхняць	[nath'nʲatsʲ]
instruir (vt)	інструктаваць	[instrukta'vatsʲ]
insultar (vt)	абражаць	[abra'ʒatsʲ]
interessar (vt)	цікавіць	[tsi'kavitsʲ]
interessar-se (vr)	цікавіцца ...	[tsi'kavitsa ...]
intervir (vi)	умешвацца	[u'meʃvatsa]
invejar (vt)	зайздросціць	[zaj'zdrɔsʲtsitsʲ]
inventar (vt)	выходзіць	[vɨna'hɔdzitsʲ]
ir (a pé)	ісці	[is'tsi]
ir (de carro, etc.)	ехаць	['ehatsʲ]
ir nadar	купацца	[ku'patsa]
ir para a cama	класціся спаць	[klasʲtsisʲa 'spatsʲ]
irritar (vt)	раздражняць	[razdraʒ'nʲatsʲ]
irritar-se (vr)	раздражняцца	[razdraʒ'nʲatsa]
isolar (vt)	ізаляваць	[izalʲa'vatsʲ]
jantar (vi)	вячэраць	[vʲa'tʃɛratsʲ]
jogar, atirar (vt)	кідаць	['kidatsʲ]
juntar, unir (vt)	аб'ядноўваць	[abʲad'nɔwvatsʲ]
juntar-se a ...	далучацца	[dalu'tʃatsa]

255. Verbos L-P

lançar (novo projeto)	запускаць	[zapus'katsʲ]
lavar (vt)	мыць	['mɨtsʲ]
lavar a roupa	мыць бялізну	['mɨtsʲ bʲa'liznu]
lavar-se (vr)	мыцца	['mɨtsa]
lembrar (vt)	памятаць	['pamʲatatsʲ]
ler (vt)	чытаць	[tʃɨ'tatsʲ]
levantar-se (vr)	уставаць	[usta'vatsʲ]
levar (ex. leva isso daqui)	выносіць	[vɨ'nɔsitsʲ]
libertar (cidade, etc.)	вызваляць	[vɨzva'lʲatsʲ]
ligar (o radio, etc.)	уключаць	[uklu'tʃatsʲ]
limitar (vt)	абмяжоўваць	[abmʲa'ʒɔwvatsʲ]

limpar (eliminar sujeira)	чысціць	['tʃisʲtsitsʲ]
limpar (vt)	чысціць	['tʃisʲtsitsʲ]
lisonjear (vt)	ліслівіць	[lis'livitsʲ]
livrar-se de ...	пазбаўляцца ад ...	[pazbaw'lʲatsa at ...]
lutar (combater)	змагацца	[zma'ɦatsa]
lutar (desp.)	бароцца	[ba'rotsa]
marcar (com lápis, etc.)	адзначыць	[adz'natʃitsʲ]
matar (vt)	забіваць	[zabi'vatsʲ]
memorizar (vt)	запомніць	[za'pɔmnitsʲ]
mencionar (vt)	згадваць	['zɦadvatsʲ]
mentir (vi)	хлусіць	[hlu'sitsʲ]
merecer (vt)	заслугоўваць	[zaslu'ɦɔwvatsʲ]
mergulhar (vi)	нырaць	[ni'ratsʲ]
misturar (combinar)	змешваць	['zʲmeʃvatsʲ]
morar (vt)	жыць	['ʒitsʲ]
mostrar (vt)	паказваць	[pa'kazvatsʲ]
mover (arredar)	перасоўваць	[pera'sɔwvatsʲ]
mudar (modificar)	змяніць	[zmʲa'nitsʲ]
multiplicar (vt)	памнажаць	[pamna'ʒatsʲ]
nadar (vi)	плаваць	['plavatsʲ]
negar (vt)	адмаўляць	[admaw'lʲatsʲ]
negociar (vi)	весці перамовы	['vesʲtsi pera'mɔvi]
nomear (função)	прызначаць	[prizna'tʃatsʲ]
obedecer (vt)	падпарадкоўвацца	[patparat'kɔwvatsa]
objetar (vt)	пярэчыць	[pʲa'rɛtʃitsʲ]
observar (vt)	назіраць	[nazi'ratsʲ]
ofender (vt)	крыўдзіць	['kriwdzitsʲ]
olhar (vt)	глядзець	[ɦlʲa'dzetsʲ]
omitir (vt)	прапускаць	[prapus'katsʲ]
ordenar (mil.)	загадваць	[za'ɦadvatsʲ]
organizar (evento, etc.)	зладжваць	['zladʒvatsʲ]
ousar (vt)	асмельвацца	[as'melʲvatsa]
ouvir (vt)	чуць	['tʃutsʲ]
pagar (vt)	плаціць	[pla'tsitsʲ]
parar (para descansar)	спыняцца	[spɨ'nʲatsa]
parecer-se (vr)	быць падобным	['bɨtsʲ pa'dɔbnɨm]
participar (vi)	удзельнічаць	[u'dzelʲnitʃatsʲ]
partir (~ para o estrangeiro)	ад'язджаць	[ad'ʲaʒ'dʒatsʲ]
passar (vt)	праязджаць	[praʲaʒ'dʒatsʲ]
passar a ferro	прасаваць	[prasa'vatsʲ]
pecar (vi)	грашыць	[ɦra'ʃitsʲ]
pedir (comida)	заказваць	[za'kazvatsʲ]
pedir (um favor, etc.)	прасіць	[pra'sitsʲ]
pegar (tomar com a mão)	лавіць	[la'vitsʲ]
pegar (tomar)	браць	['bratsʲ]
pendurar (cortinas, etc.)	вешаць	['veʃatsʲ]

penetrar (vt)	пранікаць	[praniˈkatsʲ]
pensar (vt)	думаць	[ˈdumatsʲ]
pentear-se (vr)	прычэсвацца	[priˈtʃɛsvatsa]
perceber (ver)	заўважаць	[zawvaˈʒatsʲ]
perder (o guarda-chuva, etc.)	губляць	[hubˈlʲatsʲ]
perdoar (vt)	выбачаць	[vibaˈtʃatsʲ]
permitir (vt)	дазваляць	[dazvaˈlʲatsʲ]
pertencer a ...	належаць	[naˈleʒatsʲ]
perturbar (vt)	турбаваць	[turbaˈvatsʲ]
pesar (ter o peso)	важыць	[ˈvaʒitsʲ]
pescar (vt)	лавіць рыбу	[laˈvitsʲ ˈribu]
planear (vt)	планаваць	[planaˈvatsʲ]
poder (vi)	магчы	[maɦˈtʃi]
pôr (posicionar)	размяшчаць	[razmʲaˈʃɕatsʲ]
possuir (vt)	валодаць	[vaˈlɔdatsʲ]
predominar (vi, vt)	пераважаць	[peravaˈʒatsʲ]
preferir (vt)	аддаваць перавагу	[addaˈvatsʲ peraˈvaɦu]
preocupar (vt)	непакоіць	[nepaˈkɔitsʲ]
preocupar-se (vr)	непакоіцца	[nepaˈkɔitsa]
preocupar-se (vr)	хвалявацца	[hvalʲaˈvatsa]
preparar (vt)	падрыхтаваць	[padrihtaˈvatsʲ]
preservar (ex. ~ a paz)	захоўваць	[zaˈhowvatsʲ]
prever (vt)	прадбачыць	[pradˈbatʃitsʲ]
privar (vt)	пазбаўляць	[pazbawˈlʲatsʲ]
proibir (vt)	забараняць	[zabaraˈnʲatsʲ]
projetar, criar (vt)	праектаваць	[praektaˈvatsʲ]
prometer (vt)	абяцаць	[abʲaˈtsatsʲ]
pronunciar (vt)	вымаўляць	[vimawˈlʲatsʲ]
propor (vt)	прапаноўваць	[prapaˈnɔwvatsʲ]
proteger (a natureza)	ахоўваць	[aˈhɔwvatsʲ]
protestar (vi)	пратэставаць	[pratɛstaˈvatsʲ]
provar (~ a teoria, etc.)	даказваць	[daˈkazvatsʲ]
provocar (vt)	правакаваць	[pravakaˈvatsʲ]
publicitar (vt)	рэкламаваць	[rɛklamaˈvatsʲ]
punir, castigar (vt)	караць	[kaˈratsʲ]
puxar (vt)	цягнуць	[tsʲaɦˈnutsʲ]

256. Verbos Q-Z

quebrar (vt)	ламаць	[laˈmatsʲ]
queimar (vt)	паліць	[paˈlitsʲ]
queixar-se (vr)	скардзіцца	[ˈskardzitsa]
querer (desejar)	хацець	[haˈtsetsʲ]
rachar-se (vr)	трэскацца	[ˈtrɛskatsa]
realizar (vt)	ажыццяўляць	[aʒitsʲawˈlʲatsʲ]

recomendar (vt)	рэкамендаваць	[rɛkamenda'vatsʲ]
reconhecer (identificar)	пазнаваць	[pazna'vatsʲ]
reconhecer (o erro)	прызнаваць	[prizna'vatsʲ]
recordar, lembrar (vt)	прыгадваць	[pri'ɦadvatsʲ]
recuperar-se (vr)	папраўляцца	[papraw'lʲatsa]
recusar (vt)	адмаўляць	[admaw'lʲatsʲ]
reduzir (vt)	памяншаць	[pamʲan'ʃatsʲ]
refazer (vt)	перарабляць	[perarab'lʲatsʲ]
reforçar (vt)	умацоўваць	[uma'tsowvatsʲ]
refrear (vt)	стрымліваць	['strimlivatsʲ]
regar (plantas)	паліваць	[pali'vatsʲ]
remover (~ uma mancha)	выводзіць	[vi'vɔdzitsʲ]
reparar (vt)	папраўляць	[papraw'lʲatsʲ]
repetir (dizer outra vez)	паўтараць	[pawta'ratsʲ]
reportar (vt)	дакладваць	[da'kladvatsʲ]
repreender (vt)	лаяць	['laʲatsʲ]
reservar (~ um quarto)	браніраваць	[bra'niravatsʲ]
resolver (o conflito)	уладжваць	[u'ladʒvatsʲ]
resolver (um problema)	рашыць	[ra'ʃitsʲ]
respirar (vi)	дыхаць	['diɦatsʲ]
responder (vt)	адказваць	[at'kazvatsʲ]
rezar, orar (vi)	маліцца	[ma'litsa]
rir (vi)	смяяцца	[smæ'ʲatsa]
romper-se (corda, etc.)	разарвацца	[razar'vatsa]
roubar (vt)	красці	['krasʲtsi]
saber (vt)	ведаць	['vedatsʲ]
sair (~ de casa)	выйсці	['vijsʲtsi]
sair (livro)	выйсці	['vijsʲtsi]
salvar (vt)	ратаваць	[rata'vatsʲ]
satisfazer (vt)	задавальняць	[zadavalʲ'nʲatsʲ]
saudar (vt)	вітаць	[vi'tatsʲ]
secar (vt)	сушыць	[su'ʃitsʲ]
seguir ...	накіроўвацца	[naki'rɔwvatsa]
selecionar (vt)	адабраць	[ada'bratsʲ]
semear (vt)	сеяць	['seʲatsʲ]
sentar-se (vr)	сесці	['sesʲtsi]
sentenciar (vt)	прысуджаць	[prisu'dʒatcʲ]
sentir (~ perigo)	адчуваць	[atʃu'vatsʲ]
ser diferente	адрознівацца	[ad'rɔzʲnivatsa]
ser indispensável	патрабавацца	[patraba'vatsa]
ser necessário	патрабавацца	[patraba'vatsa]
ser preservado	захавацца	[zaha'vatsa]
ser, estar	быць	['bitsʲ]
servir (restaurant, etc.)	абслугоўваць	[apslu'ɦɔwvatsʲ]
servir (roupa)	пасаваць	[pasa'vatsʲ]

significar (palavra, etc.)	значыць	['znatʃitsʲ]
significar (vt)	азначаць	[azna'tʃatsʲ]
simplificar (vt)	спрашчаць	[spra'ɕatsʲ]

sobrestimar (vt)	пераацэньваць	[peraa'tsɛnʲvatsʲ]
sofrer (vt)	пакутаваць	[pa'kutavatsʲ]
sonhar (vi)	сніць сны	[snitsʲ 'sni]
sonhar (vt)	марыць	['maritsʲ]
soprar (vi)	дзьмуць	['tsʲmutsʲ]

sorrir (vi)	усміхацца	[usmi'hatsa]
subestimar (vt)	недаацэньваць	[nedaa'tsɛnʲvatsʲ]
sublinhar (vt)	падкрэсліць	[pat'krɛslitsʲ]
sujar-se (vr)	запэцкацца	[za'pɛtskatsa]

supor (vt)	дапускаць	[dapus'katsʲ]
suportar (as dores)	цярпець	[tsʲar'petsʲ]
surpreender (vt)	здзіўляць	[zʲdziw'lʲatsʲ]
surpreender-se (vr)	здзіўляцца	[zʲdziw'lʲatsa]
suspeitar (vt)	падазраваць	[padazra'vatsʲ]

suspirar (vi)	уздыхнуць	[uzdɨh'nutsʲ]
tentar (vt)	спрабаваць	[spraba'vatsʲ]
ter (vt)	мець	['metsʲ]
ter medo	баяцца	[ba'ʲatsa]

terminar (vt)	заканчваць	[za'kantʃvatsʲ]
tirar (vt)	здымаць	[zdɨ'matsʲ]
tirar cópias	размножыць	[razm'nɔʒɨtsʲ]
tirar uma conclusão	рабіць вынову	[ra'bitsʲ vis'nɔvu]

tocar (com as mãos)	дакранацца	[dakra'natsa]
tomar emprestado	пазычаць	[pazi'tʃatsʲ]
tomar nota	запісваць	[za'pisvatsʲ]
tomar o pequeno-almoço	снедаць	['snedatsʲ]

tornar-se (ex. ~ conhecido)	рабіцца	[ra'bitsa]
trabalhar (vi)	працаваць	[pratsa'vatsʲ]
traduzir (vt)	перакладаць	[perakla'datsʲ]
transformar (vt)	трансфармаваць	[transfarma'vatsʲ]

tratar (a doença)	лячыць	[lʲa'tʃitsʲ]
trazer (vt)	прывозіць	[pri'vɔzitsʲ]
treinar (pessoa)	трэніраваць	[trɛnira'vatsʲ]
treinar-se (vr)	трэніравацца	[trɛnira'vatsa]
tremer (de frio)	дрыжаць	[dri'ʒatsʲ]

trocar (vt)	абменьвацца	[ab'menʲvatsa]
trocar, mudar (vt)	мяняць	[mʲa'nʲatsʲ]
usar (uma palavra, etc.)	спажыць	[spa'ʒɨtsʲ]
utilizar (vt)	карыстацца	[karis'tatsa]
vacinar (vt)	рабіць прышчэпку	[ra'bitsʲ pri'ʃɕɛpku]

vender (vt)	прадаваць	[prada'vatsʲ]
verter (encher)	наліваць	[nali'vatsʲ]
vingar (vt)	помсціць	['pɔmsʲtsitsʲ]

virar (ex. ~ à direita)	паварочваць	[pava'rotʃvatsʲ]
virar (pedra, etc.)	перавярнуць	[peravʲar'nutsʲ]
virar as costas	адварочвацца	[adva'rotʃvatsa]
viver (vi)	жыць	['ʒitsʲ]
voar (vi)	лятаць	[lʲa'tatsʲ]
voltar (vi)	вяртацца	[vʲar'tatsa]
votar (vi)	галасаваць	[ɦalasa'vatsʲ]
zangar (vt)	злаваць	[zla'vatsʲ]
zangar-se com ...	злавацца	[zla'vatsa]
zombar (vt)	кпіць	['kpitsʲ]

www.ingramcontent.com/pod-product-compliance
Lightning Source LLC
Chambersburg PA
CBHW062055080426
42734CB00012B/2660